地方上級・国家総合職・国家一般職

公務員試験

新スーパー過去問ゼミ**7**

国際関係

資格試験研究会編
実務教育出版

新スーパー過去問ゼミ7
刊行に当たって

　公務員試験の過去問を使った定番問題集として，公務員受験生から圧倒的な信頼を寄せられている「スー過去」シリーズ。その「スー過去」が，大改訂されて**新スーパー過去問ゼミ7**に生まれ変わりました。

　「7」では，最新の出題傾向に沿うよう内容を見直すとともに，より使いやすくより効率的に学習を進められるよう，細部までブラッシュアップしています。

「新スーパー過去問ゼミ7」改訂のポイント

　① 令和3～5年度の問題を増補

　② 過去15年分の出題傾向を詳細に分析

　③ 1行解説・STEP解説，学習方法・掲載問題リストなど，
　　 学習効率向上のための手法を改良

　もちろん，「スー過去」シリーズの特長は，そのまま受け継いでいます。

　　・テーマ別編集で，主要試験ごとの出題頻度を明示

　　・「必修問題」「実戦問題」のすべてにわかりやすい解説

　　・「POINT」で頻出事項の知識・論点を整理

　　・本を開いたまま置いておける，柔軟で丈夫な製本方式

　本シリーズは，「地方上級」「国家一般職［大卒］」試験の攻略にスポットを当てた過去問ベスト・セレクションですが，「国家総合職」「市役所上級」試験など，大学卒業程度の公務員採用試験に幅広く対応できる内容になっています。

　公務員試験は難関といわれていますが，良問の演習を繰り返すことで，合格への道筋はおのずと開けてくるはずです。本書を開いた今この時から，目標突破へ向けての着実な準備を始めてください。

　あなたがこれからの公務を担う一員となれるよう，私たちも応援し続けます。

資格試験研究会

本書の構成

❶学習方法・問題リスト：巻頭には，本書を使った効率的な科目の攻略のしかたをアドバイスする「国際関係の学習方法」と，本書に収録した全過去問を一覧できる「掲載問題リスト」を掲載している。過去問を選別して自分なりの学習計画を練ったり，学習の進捗状況を確認する際などに活用してほしい。

❷試験別出題傾向と対策：各章冒頭にある出題箇所表では，平成21年度以降の国家総合職，国家一般職，地方上級（全国型，関東型，中部・北陸型），市役所（C日程）の出題状況が一目でわかるようになっている。具体的な出題傾向は，試験別に解説を付してある。

テーマ別出題頻度表示の見方

テーマ別の頻出度を**A，B，C**の3段階で評価。学習の順序や力の入れ方の参考にしよう。

各テーマの出題数を合計して表示。

平成21年度以降の過去問を
- 平成21−23年度
- 平成24−26年度
- 平成27−29年度
- 平成30−令和2年度
- 令和3−5年度

に5分割。
各期間の出題数を合算して表示した。傾向の変化を大きくつかもう。

試　験　名		国家総合職					国家一般職					地方上級（全国型）				
年　度		21〜23	24〜26	27〜29	30〜2	3〜5	21〜23	24〜26	27〜29	30〜2	3〜5	21〜23	24〜26	27〜29	30〜2	3〜5
	出題数	6	6	4	4	2	3	3	3	3	1	0	1	2	3	2
A	❶国際連合	4	4	2	3	1	1	1			1		1	1	3	1
B	❷地域機構	2	2	2	1	1	2	1						1		1

頻出度

※市役所C日程については，令和5年度の情報は反映されていない。

❸必修問題：各テーマのトップを飾るにふさわしい，合格のためには必ずマスターしたい良問をピックアップ。解説は，各選択肢の正誤ポイントをズバリと示す「**1行解説**」，解答のプロセスを示す「**STEP解説**」など，効率的に学習が進むように配慮した。また，正答を導くための指針となるよう，問題文中に以下のポイントを示している。

（アンダーライン部分）：正誤判断の決め手となる記述

（色が敷いてある部分）：覚えておきたいキーワード

「**FOCUS**」には，そのテーマで問われるポイントや注意点，補足説明などを掲載している。

必修問題のページ上部に掲載した「**頻出度**」は，各テーマを**A，B，C**の3段階で評価し，さらに試験別の出題頻度を「★」の数で示している（★★★：最頻出，★★：頻出，★：過去15年間に出題実績あり，—：過去15年間に出題なし）。

❹POINT：これだけは覚えておきたい最重要知識を，図表などを駆使してコンパクトにまとめた。問題を解く前の知識整理に，試験直前の確認に活用してほしい。

❺実戦問題：各テーマの内容をスムーズに理解できるよう，バランスよく問題を選び，詳しく解説している。問題ナンバー上部の「＊」は，その問題の「**難易度**」を表しており（＊＊＊が最難），また，学習効果の高い重要な問題には❤マークを付している。

💎 **No.2** ＊＊ 必修問題と❤マークのついた問題を解いていけば，スピーディーに本書をひととおりこなせるようになっている。

なお，収録問題数が多いテーマについては，「**実戦問題❶**」「**実戦問題❷**」のように問題をレベル別またはジャンル別に分割し，解説を参照しやすくしている。

❻索引：巻末には，POINT等に掲載している重要語句を集めた用語索引がついている。用語の意味や定義の確認，理解度のチェックなどに使ってほしい。

本書で取り扱う試験の名称表記について

本書に掲載した問題の末尾には，試験名の略称および出題年度を記載している。

①**国家総合職**：国家公務員採用総合職試験，

国家公務員採用Ⅰ種試験（平成23年度まで）

②**国家一般職**：国家公務員採用一般職試験［大卒程度試験］，

国家公務員採用Ⅱ種試験（平成23年度まで）

③**地方上級**：地方公務員採用上級試験（都道府県・政令指定都市）

（全国型）：広く全国的に分布し，地方上級試験のベースとなっている出題型

（関東型）：埼玉県，千葉県，長野県など関東甲信越地方を中心に分布している出題型。

（中部・北陸型）：愛知県，三重県，富山県など中部・北陸地方を中心に分布している出題型。専門試験で社会学，経済事情等の出題があることが特徴。

　　※地方上級試験については，実務教育出版が独自に分析し，「全国型（全国型変形タイプ）」「関東型（関東型変形タイプ）」「中部・北陸型」「法律・経済専門タイプ」「その他の出題タイプ」「独自の出題タイプ（東京都，特別区など）」の6つに大別している。

④**市役所**：市役所職員採用上級試験（政令指定都市以外の市役所）

　　※市役所上級試験については，試験日程によって「A日程」「B日程」「C日程」の3つに大別している。また，「Standard」「Logical」「Light」という出題タイプがあるが，本書では大卒程度の試験で最も標準的な「Standard−Ⅰ」を原則として使用している。

本書に収録されている「過去問」について

①平成9年度以降の国家公務員試験の問題は，人事院により公表された問題を掲載している。地方上級の一部も自治体により公表された問題を掲載している。それ以外の問題は，受験生から得た情報をもとに実務教育出版が独自に編集し，復元したものである。

②問題の論点を保ちつつ問い方を変えた，年度の経過により変化した実状に適合させた，などの理由で，問題の記述を変更したり一部改題している場合がある。また，人事院などにより公表された問題も，用字用語の統一を行っている。

CONTENTS

公務員試験 新スーパー過去問ゼミ7
国際関係

カバー・本文デザイン／小谷野まさを　　書名ロゴ／早瀬芳文

国際関係の学習方法

1. 国際関係は重要科目に格上げ！

　経済活動が地球規模でグローバル化し，環境問題などが国境を越えてボーダレス化し，そして日本国内に多様な居住者がいて多文化共生化している現在，国家公務員も地方公務員も，世界情勢に無関心なままではいられなくなった。**国際関係・国際問題について専門的に語れなければ，公務員に必要な視野の広さを示せない時代になった。**

　以前は，行政系科目といえば，その中心は政治学と行政学だった。しかし，出題数で見る限り，今では政治学と国際関係が行政系の主要科目である。確かに地方上級試験では，国際関係は政治学や行政学と同じか，1問多く（関東型）出題されている程度である。しかも，東京都と特別区は例外的にこの科目自体が設定されていない。

　しかし，国家総合職の政治・国際・人文区分（Aコース）では，文字どおり「政治」と「国際」が2大科目である。事実，政治学と国際関係は10問ずつ出題され，しかも憲法とともに必須解答扱いとされている。一方，行政学は5問で選択科目である。しかも，選択科目には国際事情3問が（さらには国際法5問も）加わっている。要するに，国際関係と国際事情で総解答数の約3分の1を占めているのだ。

　さらに，**国際関係の基礎知識や時事知識は，教養試験の「政治」や「時事」で頻繁に取り上げられている。**国際的な視野を持った公務員が求められている以上，当然のことだが，すべての試験区分の受験者が，教養試験では国際関係の問題を解くことを求められているのである。**国際関係は学んで損のない汎用性の高い科目といってよいだろう。**

2. 問題演習は国際関係向きの学習法！

　科目としての国際関係の最大の特徴は「出題範囲が広い」ことだとよくいわれる。確かに出題は，地域的にも，時代的にも，いくらでも幅を広げることができる。実際の問題を見れば，些末な記述が多くてうんざりすることもある。だが，行政系のほかの科目に比べて暗記すべき事項がとりわけ多いわけでもない。政治学や行政学と比べれば，**高校の世界史・日本史の知識が活用できる範囲が大きい**し，専門知識がないとまったく太刀打ちできない法律系や経済系の科目に比べ，基礎学力でカバーできる範囲は広い。

　加えて，そもそも国際関係では，知識が問われているように見える問題が，実は考え方を確認しているだけのものだった，ということも多い。言い換えれば，**国際関係では選択肢の文章表現だけで正誤が判断できる場合も少なくない**のである。たとえば選択肢に「国民投票を行って緊急に対応策を決定した」と書かれていたとしよう。課題がなんであろうが，国民投票のような準備に時間がかかる手続きで「緊急対応」がとれるわけはない。つまり，この場合，論理的思考だけで正誤の判断が可能なのである。

　本書では問題の解説にしばしば解き方のヒントを書き込んでいる。ここでぜひ「解き方トレーニング」をしてもらいたい。実戦問題で取り上げられている事実の中には，今後は出題されそうもない些末なものも含まれている。そんなものは覚えなくてもよい。むしろ**知らない事実が出されても，選択肢の表現から論理的に思考をめぐらせて正誤を判断できるよう，「解き方トレーニング」に力を入れるべきだ。**今さらいうまでもないことだろうが，問題集中心の勉強が効率的で有効であるのは，解き方の習得ができるからである。本書の

解説はそうした視点で書かれている。

　ちなみに，重要事項をまとめた「POINT」は，ちょっとした基本書よりも詳しく，どちらかというと専門書の要点整理をしたようなレベルの内容を持っている。本書の最後には，国際関係を学ぶ際に必要となる地図も付けてある。もう基本書は不要だろう。

　必要があるとすれば時事対策本である。国際事情の勉強は教養試験対策にもなるので，試験の年になったら忘れずに買うようにしよう（もちろんお薦めは，毎年２月に出る『**公務員試験　速攻の時事**』と『**公務員試験　速攻の時事　実戦トレーニング編**』〔どちらも小社〕である）。

３．英語問題は「拾い読み」で！

　国家公務員試験では，近年，英語を使った問題が増えている。長い英文を読まされることもあり，けっこう面倒くさい。本書では，普段あまり使わない専門用語などについては「注」に訳語を付けておいたが，実際の出題にはそうしたサービスはない。なかなかやっかいである。

　しかし，**英語で出題されようが，解くのはあくまで国際関係の問題である**。英語の文章理解の問題ではないのだから，すべてを訳す必要はないし，いいたいことが完璧にわかる必要もない。**とにかく正誤判断ができる材料を探し出せればよいのである。**

　まずはキーワードが含まれていないか，ざっくり文章を眺めてみよう。当然，「"　"」で囲まれている単語があれば，それはヒントだ。それを言い換えたような単語が選択肢に含まれていれば，それだけで「当たり」のこともある。論理的思考力があれば，英語力の不足は補えるはずだ。とりあえず，面倒くさがらずに取り組む癖をつけてほしい。

４．好きなように解いてOK！

　国際関係には，どの順に勉強しなければいけないといった体系がない。高校で世界史をやっていないので歴史には抵抗があるという人は，国際政治史を最後に回して，現在の国際機関の制度を学んだり，環境問題のような国際社会問題を考えたりするほうを優先してよい。核軍縮について関心があれば，まずはそこから読めばよい。

　時間がないので「サラっとやっておきたい人」には，『**集中講義！国際関係の過去問**』（小社）のほうをお薦めする。正直，本書は「割ときちんとやりたい人」向けである。外交官をめざして国家総合職を受験する人にも役立つよう，中級レベルから最高レベルまでを盛り込んでいる。

　なお，本書は『新スーパー過去問ゼミ６』の一部改訂版である。令和に入ってからの過去問をさらに加え，国際情勢の変化も反映させた。また，ほかの参考書よりも明確に「国家総合職（政治・国際・人文区分）」を意識し，国際政治の理論を集中的に攻めている。本書を手に取ったら，まず**テーマ8**の充実ぶりを見てほしい。難関突破に不可欠なテキストであることがよくわかるだろう。

合格者に学ぶ「スー過去」活用術

公務員受験生の定番問題集となっている「スー過去」シリーズであるが，先輩たちは本シリーズをどのように使って，合格を勝ち得てきたのだろうか。弊社刊行の『公務員試験受験ジャーナル』に寄せられた「合格体験記」などから，傾向を探ってみた。

 ## 自分なりの「戦略」を持って学習に取り組もう！

テーマ１から順番に一つ一つじっくりと問題を解いて，わからないところを入念に調べ，納得してから次に進む……という一見まっとうな学習法は，すでに時代遅れになっている。

合格者は，初期段階でおおまかな学習計画を立てて，戦略を練っている。まずは各章冒頭にある「試験別出題傾向と対策」を見て，自分が受験する試験で各テーマがどの程度出題されているのかを把握し，「掲載問題リスト」を利用するなどして，**いつまでにどの程度まで学習を進めればよいか，学習全体の流れをイメージしておきたい。**

 ## 完璧をめざさない！ザックリ進めながら復習を繰り返せ！

本番の試験では，6〜7割の問題に正答できればボーダーラインを突破できる。裏を返せば**3〜4割の問題は解けなくてもよい**わけで，完璧をめざす必要はまったくない。

受験生の間では，**「問題集を何周したか」**がしばしば話題に上る。問題集は，1回で理解しようとジックリ取り組むよりも，初めはザックリ理解できた程度で先に進んでいき，何回も繰り返し取り組むことで徐々に理解を深めていくやり方のほうが，学習効率は高いとされている。**合格者は「スー過去」を繰り返しやって，得点力を高めている。**

 ## すぐに解説を読んでもOK！考え込むのは時間のムダ！

合格者の声を聞くと**「スー過去を参考書代わりに読み込んだ」**というものが多く見受けられる。科目の攻略スピードを上げようと思ったら「ウンウンと考え込む時間」は一番のムダだ。過去問演習は，解けた解けなかったと一喜一憂するのではなく，**問題文と解説を読みながら正誤のポイントとなる知識を把握して記憶することの繰り返しなのである。**

 ## 分量が多すぎる！という人は，自分なりに過去問をチョイス！

広い出題範囲の中から頻出のテーマ・過去問を選んで掲載している「スー過去」ではあるが，この分量をこなすのは無理だ！と敬遠している受験生もいる。しかし，**合格者もすべての問題に取り組んでいるわけではない。**必要な部分を自ら取捨選択することが，最短合格のカギといえる（次ページに問題の選択例を示したので参考にしてほしい）。

 ## 書き込んでバラして……「スー過去」を使い倒せ！

補足知識や注意点などは本書に直接書き込んでいこう。**書き込みを続けて情報を集約していくと本書が自分オリジナルの参考書になっていくので，**インプットの効率が格段に上がる。それを繰り返し「何周も回して」いくうちに，反射的に解答できるようになるはずだ。

また，分厚い「スー過去」をカッターで切って，章ごとにバラして使っている合格者も多い。**自分が使いやすいようにカスタマイズして，**「スー過去」をしゃぶり尽くそう！

学習する過去問の選び方

●具体的な「カスタマイズ」のやり方例

本書は全115問の過去問を収録している。分量が多すぎる！と思うかもしれないが，合格者の多くは，過去問を上手に取捨選択して，自分に合った分量と範囲を決めて学習を進めている。

以下，お勧めの例をご紹介しよう。

❶必修問題と ✔ のついた問題に優先的に取り組む！

当面取り組む過去問を，各テーマの「**必修問題**」と✔マークのついている「**実戦問題**」に絞ると，およそ全体の5割の分量となる。これにプラスして各テーマの「**POINT**」をチェックしていけば，この科目の典型問題と正誤判断の決め手となる知識の主だったところは押さえられる。

本試験まで時間がある人もそうでない人も，ここから取り組むのが定石である。まずはこれで1周（問題集をひととおり最後までやり切ること）してみてほしい。

❶を何周かしたら次のステップへ移ろう。

❷取り組む過去問の量を増やしていく

❶で基本は押さえられても，❶だけでは演習量が心もとないので，取り組む過去問の数を増やしていく必要がある。増やし方としてはいくつかあるが，このあたりが一般的であろう。

　◎基本レベルの過去問を追加（難易度「＊」の問題を追加）

　◎受験する試験種の過去問を追加

　◎頻出度Aのテーマの過去問を追加

これをひととおり終えたら，前回やったところを復習しつつ，まだ手をつけていない過去問をさらに追加していくことでレベルアップを図っていく。

もちろん，あまり手を広げずに，ある程度のところで折り合いをつけて，その分復習に時間を割く戦略もある。

●掲載問題リストを活用しよう！

「掲載問題リスト」では，本書に掲載された過去問を一覧表示している。

受験する試験や難易度・出題年度等を基準に，学習する過去問を選別する際の目安としたり，チェックボックスを使って学習の進捗状況を確認したりできるようになっている。

効率よくスピーディーに学習を進めるためにも，積極的に利用してほしい。

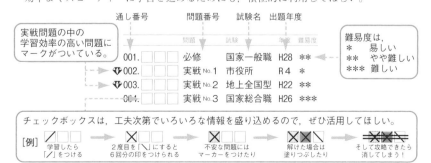

掲載問題リスト

本書に掲載した全115問を一覧表にした。 に正答できたかどうかをチェックするなどして，本書を上手に活用してほしい。

第1章 国際機構

テーマ 1 国際連合

		問題	試験	年度	難易度
001.		必修	地上全国型	H28	*
⬇002.		実戦 No.1	市役所	H30	*
⬇003.		実戦 No.2	地上全／関／中	R4	*
⬇004.		実戦 No.3	国家総合職	H24	*
005.		実戦 No.4	国家総合職	H24	**
⬇006.		実戦 No.5	国家総合職	H29	**
⬇007.		実戦 No.6	国家一般職	R4	**
⬇008.		実戦 No.7	国家総合職	H23	**
009.		実戦 No.8	国家総合職	R2	**
⬇010.		実戦 No.9	国家一般職	H29	***
011.		実戦 No.10	国家一般職	H27	***

テーマ 2 地域機構

		問題	試験	年度	難易度
012.		必修	国家総合職	H29	*
⬇013.		実戦 No.1	地上関東型	H30	*
⬇014.		実戦 No.2	国家総合職	R3	*
⬇015.		実戦 No.3	国家総合職	H29	*
⬇016.		実戦 No.4	国家総合職	R5	**
⬇017.		実戦 No.5	国家総合職	H25	**
018.		実戦 No.6	国家一般職	H22	**
019.		実戦 No.7	国家一般職	H24	**
020.		実戦 No.8	国家総合職	H23	**
⬇021.		実戦 No.9	国家一般職	H29	**
022.		実戦 No.10	国家総合職	H25	***

第2章 外交史

テーマ 3 国際関係史

		問題	試験	年度	難易度
023.		必修	市役所	H28	*
⬇024.		実戦 No.1	国家一般職	H27	*
⬇025.		実戦 No.2	国家一般職	H29	*
026.		実戦 No.3	国家総合職	H26	*
⬇027.		実戦 No.4	国家総合職	H22	*
028.		実戦 No.5	国家総合職	H24	**
029.		実戦 No.6	国家総合職	H28	**
⬇030.		実戦 No.7	国家総合職	R4	**
031.		実戦 No.8	国家総合職	R3	**
032.		実戦 No.9	国家一般職	H25	**
033.		実戦 No.10	国家一般職	R5	**
034.		実戦 No.11	国家一般職	H24	***
035.		実戦 No.12	国家一般職	H25	***

テーマ 4 日本外交史

		問題	試験	年度	難易度
036.		必修	国家総合職	R3	*
⬇037.		実戦 No.1	国家一般職	H25	*
038.		実戦 No.2	地上全／関	H24	*
⬇039.		実戦 No.3	国家一般職	R2	*
⬇040.		実戦 No.4	国家総合職	H27	**
041.		実戦 No.5	国家総合職	R4	**
⬇042.		実戦 No.6	国家一般職	H22	**
043.		実戦 No.7	国家総合職	H23	**
044.		実戦 No.8	国家総合職	H22	***
045.		実戦 No.9	国家総合職	H28	**

第1章
国際機構

試験別出題傾向と対策

試験名	国家総合職					国家一般職					地方上級 （全国型）				
年度	21-23	24-26	27-29	30-2	3-5	21-23	24-26	27-29	30-2	3-5	21-23	24-26	27-29	30-2	3-5
頻出度 出題数	6	6	4	4	2	3	3	3	3	3	0	1	2	3	2
A 1 国際連合	4	4	2	3	1	1	1	2	3	3		1	1	3	1
B 2 地域機構	2	2	2	1	1	2	2	1					1		1

　国際関係の主たる担い手は，「国家」と，複数の国家が作る「国際機構」である。国際機構には，国際連合のように，条件を満たした国家であれば地域に関係なく参加を認めるものと，地域を条件として形成されている地域機構とがある。最近では，EU（欧州連合）やASEAN（東南アジア諸国連合）など，地域機構の発展も目覚ましい。

　第1章のテーマに含まれる国連やEUは，その制度や歴史が高校の授業内容でもあることから，平成27年度の国家一般職や令和元年度の地方上級（全国型，関東型，中部・北陸型）のように，教養試験でも出題される。このため，専門試験で国際機構が取り上げられるときは，高校レベルでの基礎知識があることを前提に，やや詳しい内容になりやすい。他のテーマと絡む総合問題も多い。

　国連の活動は，国際紛争の解決から途上国の開発，さらには人権や環境の保護などにまで及んでいる。このため，国連をテーマとした問題だけでなく，さまざまなテーマの問題の選択肢に国連についての話は登場する。上記の表では出題数が少なく見えるが，だからといって国連が重要テーマでなくなったわけではないので，注意が必要だ。

　EUはすでに1つの国家のような充実した政治制度を備えている。そのためか，28年度の国家総合職では，専門科目の政治学でEUの政治制度が取り上げられた。国連同様，地域機構も選択肢レベルでの登場は多岐にわたる。出題表の数字に振り回されず，きちんと勉強しておきたい。

● 国家総合職（政治・国際・人文）

　国連については，総会と安保理はもちろん，他の国連機関も出題対象である。国際司法裁判所や経済社会理事会が選択肢に登場することもあるし，国連の組織改革や予算についての知識が問われたこともある。

　また，国連の専門機関の活動まで視野を広げた問題も多く見られる。途上国支援関連ではUNDP（国連開発計画），核軍縮関連ではIAEA（国際原子力機関）といったように，出題内容に則して関連機関への言及がなされることも珍しくはない。

地方上級 (関東型)					地方上級 (中部・北陸型)					市役所 (C日程)					
21 23	24 26	27 29	30 2	3 5	21 23	24 26	27 29	30 2	3 5	21 23	24 26	27 29	30 2	3 4	
1	1	1	4	2	0	2	0	1	1	1	1	1	3	0	
1	1	1	3	1			1		1	1	1	1	2		テーマ**1**
			1	1		1					1			1	テーマ**2**

さらに，国連とは別個の国際機関，たとえばOPCW（化学兵器禁止機関）やOECD（経済協力開発機構）などが取り上げられたこともある。国連関連の機関だけに絞らず，幅広く学習することが必要だ。

地域機構については，EUやASEANといった定番のものから，SAARC（南アジア地域協力連合）やPIF（太平洋諸島フォーラム）といったややマイナーなものまで，幅広く出題されてきた。もちろん，地域経済協力を目的とした地域機構だけでなく，NATO（北大西洋条約機構）やOAS（米州機構）のような安全保障機構も出題対象だ。

● 国家一般職

国連については，基礎知識では易しすぎると思っているのか，ややひねった問題も見られる。近年の安保理決議の内容（平成26年度）や英文で国際連盟規約や国連憲章を読ませる問題（27年度，令和3年度，4年度）がそうした例である。

地域機構では定番のEUの発展史が多く出題されてきた。アジアの地域機構なども取り上げられたことはあるが，EUは顕著に多い。まずはEUの基礎知識をしっかり整理することが大切だ。

● 地方上級

地方上級の各試験（全国型，関東型，中部・北陸型）では，国連の安全保障に関する考え方や制度がしばしば出題されてきた。国連については専門機関の特徴なども含め，やや幅広く勉強しておいたほうがよい。

地域機構では定番のEUだけでなく，アジア太平洋の地域機構までしっかりフォローしておきたい。

● 市役所

国連については安保理の制度と活動がよく出題されている。地域機構に関しても基礎知識が問われることがある。

国際連合

必修問題

集団安全保障に関する次の記述のうち，妥当なものはどれか。

【地方上級（全国型）・平成28年度】

1 **集団安全保障**とは，平和と安全の実現を目的として国家間で合意を作り上げ，集団内での武力行使に対して，他の国家が集団的に対処する仕組みをいう。

2 **国際連盟**は，第一次世界大戦後に設立された国際機関であったが，軍事的制裁を実施する場合には全加盟国の同意が必要とされたため，実効性のある対策を打ち出すことが困難であった。

3 国際連合は，安全保障理事会の常任理事国に拒否権を認めたため，侵略抑止の効果が疑問視されることとなった。そこで，各国の個別的自衛権は認めず，集団的自衛権の行使のみを認めた。

4 国際連合においては，**総会**が国際の平和と安全の維持について主要な責任を負っている。**安全保障理事会**は，総会の監督の下，国連軍の指揮等の役割を担う。

5 **朝鮮戦争**（1950〜1951年）と**湾岸戦争**（1991年）では，国際連合による集団安全保障が有効に機能した。侵略国に対して国連軍が派遣され，平和と安全が回復された後，講和条約も締結された。

難易度　＊

必修問題の 解説

　国際連盟・国際連合とその理念についての基礎問題である。国際連合については定番の国連軍についての選択肢が２つも出ている（**4**と**5**）。誤りの選択肢は，いずれも基礎知識と簡単な論理的思考で見抜ける。

1 ◎　集団安全保障は１国の違反に集団で制裁を加えることを前提とする。

　正しい。集団安全保障という考え方は，同盟と勢力均衡による安全保障という昔ながらの想定を否定する。全国家が参加する安全保障機構を作り，もしそのうちの１メンバーが他国に対する武力行使などを行ったら，**他のすべてのメンバーで制裁を加える**。こうした前提を作っておけば，１国の独善的な戦争行為は抑制されるだろうと考えるのである。

2 ✕　国際連盟には軍事的制裁を発動する権限が認められていなかった。

　制裁は主として経済的なものに限られていた。制裁力が弱ければ抑止効果は低く，結果として第二次世界大戦の勃発を止めることができなかった。なお，国際連盟においては，すべての決議において「全加盟国の同意が必要」とされていた。これも国際連盟が機能不全に陥る要因の一つとなった。

3 ✕　国際連合は個別的自衛権の行使を認めている。

　国連憲章第51条は加盟各国の個別的ならびに集団的自衛権の行使を認めている。そもそも「侵略抑止の効果が疑問視される」中で，個別的自衛権の行使を認めなければ，各国は自国の防衛に大きな不安を抱くことになるだろう。

4 ✕　国連では，安全保障理事会が国際社会の平和と安全の維持に関して主要な責任を負っている。

　武力紛争が起きた場合の制裁について決めるのも「安保理」である。また，国連軍の指揮にも総会は関与しない。

5 ✕　これまで正規の国連軍が派遣されたことはない。

　国連憲章の規定では，国連軍を組織する場合，加盟各国は軍隊や資金を提供しなければならないが，現実的には難しく，また時間も要する。そのため軍事制裁が必要となったケースの多くでは，**国連の軍事制裁活動に自発的に協力する国だけが軍隊を派遣する「多国籍軍」方式**がとられてきた。朝鮮戦争の時も，湾岸戦争の時も，派遣されたのは正式には「国連多国籍軍」であった。

正答 **1**

FOCUS

　国連が集団安全保障のための国際機関である以上，軍事的制裁についての選択肢が多く見られるのは当然だろう。国連軍がこれまで組織されたことがない点を含め，勘違いしやすい箇所をしっかりマークしながら基礎知識を覚えていこう。

重要ポイント 1 ▶ 国際連合の設立

（1）集団安全保障

　国際連合は、集団安全保障の理念の上に設立された国際機関である。

　集団安全保障＝ある国が戦争を起こそうとした場合、世界が1つになってその国に制裁を加えることで戦争の発生を予防しようという考え方。

　　→軍事同盟の必要性が低下し、同盟どうしが激突する世界大戦を防ぐ効果が期待される。

（2）国際連盟の課題の克服

　集団安全保障のメカニズムで最初のものは**国際連盟**（League of Nations）で、第一次世界大戦の講和条約（ベルサイユ条約）に基づいて設立された。しかし、下記の制度上の問題などから、第二次世界大戦の勃発を止めることができなかった。この反省のもとに、1945年に発足した**国際連合**（United Nations、以下「国連」）では、これらの課題の克服が図られている。

●国際連盟の問題と国際連合による打開策

国際連盟の問題	具体的内容	打開策
加盟国の不備	アメリカの不参加（上院がベルサイユ条約を批准せず）。ソ連の加盟遅延（1934年加盟、1939年除名）。日本やドイツなどの脱退（日本は満州事変で1933年に脱退、ドイツも1933年脱退）。	現在は地球上のほとんどの国が国連に加盟。加盟国は190か国以上。
決定方式の不備	総会や理事会では全会一致制＝事実上すべての国に拒否権を付与。	多数決制度を採用。
制裁の不備	経済制裁中心で、それが効果を持たない場合でも、軍事制裁の発動は不可。	経済制裁などに加え、軍事制裁も可能。

（3）国際連合の設立課程

1941年 大西洋会談	米英の首脳会談。国際連盟に代わる新しい国際機関の創設を盛り込んだ「大西洋憲章」を発表。
1944年 ダンバートン・オークス会議	米英中ソの代表が「国連憲章の草案」を協議。
1945年2月 ヤルタ会談	米英ソの首脳会談。安全保障理事会において「大国の拒否権」を認めることで合意。
1945年4月 サンフランシスコ会議	連合国の代表が集まり「国連憲章を採択」。

重要ポイント2 　国際連合の組織

（1）国連の主要機関

①**総会**：全加盟国が参加する審議機関。

②**安全保障理事会（安保理）**：平和と安全保障に関する課題について国連の最終的
な意思を決定する機関。国連事務総長の選出や新規加盟についての勧告権も持つ。

　　理事国は，アメリカ，ロシア，イギリス，フランス，中国の常任理事国5か国
と，総会で地域ごとに選出される非常任理事国10か国の合計15か国。非常任理事
国の任期は2年で，連続してなることはできない。

総　会	安　保　理
すべての加盟国が参加。 （現在，193か国）	15の理事国で構成。 （米ロ英仏中は常任理事国）
社会経済問題などを幅広く担当。	安全保障問題など重要事項を担当。
主権国家平等の原則 1国1票の多数決。 （原則は過半数，重要事項は3分の2以上）	**大国中心主義の原則** 常任理事国には拒否権。 決議には9か国以上の賛成が必要。
決議は加盟国を拘束しない。	決議は加盟国を拘束する。

③**経済社会理事会**：経済・社会問題を担当する理事会。理事国は54か国。国連専門
機関やNGOなどとの連携も担当する。

④**信託統治理事会**：施政を一時的に他国に委託する制度を運営する理事会。すでに
信託統治が行われている国はなく，もはや機能していない。

⑤**国際司法裁判所**：国連がオランダのハーグに設置している常設の裁判所。国境画
定といった国家間の問題を国際法に基づき解決する司法機能を果たすほか，国連
機関から法律的解釈について意見を求められた際には勧告的意見を表明する。

　　裁判は，当事国すべての同意が得られた場合に行われる。裁判は一審制で，上
訴の制度はない。裁判官は国籍の違う15人が務める。

⑥**国連事務局**：国連の運営を担う事務部門。代表は「事務総長」で，国連の各部局
の統括のほか，国際紛争の調停などにも当たる。

（2）補助機関と専門機関

①**国連補助機関**：総会などが設置する国連の内部機関。代表的なものには次のよう
なものがある。

UNHRC	人権理事会	加盟国の人権の状況をチェックし，人権侵害など に早急に対処するための常設の理事会。名前は 「理事会」だが，実態は補助機関。2006年，国連 創設60周年を機に人権委員会を格上げして創設。

OHCHR	国連人権高等弁務官事務所	人権保護を目的に活動する国連機関。人権理事会の事務も担当。
UNHCR	国連難民高等弁務官事務所	難民の保護と帰還の支援を担う国連機関。1950年に設置された。
UNICEF	国連児童基金	子どもに対する援助，保健の改善，権利の擁護などを行う国連機関。
UNEP	国連環境計画	地球環境に関する国際活動を推進する国連機関。
UNDP	国連開発計画	途上国の経済社会開発のためのプロジェクトを推進する国連機関。
UNCTAD	国連貿易開発会議	発展途上国の経済開発のために行われる国連の会議。
WFP	世界食糧計画	食糧欠乏国への食糧援助，天災の被災国に対する緊急食糧援助，農作物増産のための設備整備などを担う国連機関。
UNU	国連大学	国連の学術機関。本部は東京。

②**国連専門機関**：国連とは別個に設立されたが，国連と連携協定を結んで特別の協力関係を保っている機関。国連発足以前から存在するものも含まれている。代表的なものには次のようなものがある。

ILO	国際労働機関	労働問題を扱う国際機関。ベルサイユ条約に基づき，国際連盟と提携する機構として1919年に創設された。各国の政府，使用者，労働者の3者の代表に議席が与えられている。
UNESCO	国連教育科学文化機関	教育・科学・文化における国際協力をめざす国際機関。世界遺産の登録活動でも有名。2017年，政治的偏向を理由にアメリカのトランプ大統領が脱退を表明した。
WHO	世界保健機関	健康な生活の実現をめざして，各国の保健制度の充実を図る国際機関。
FAO	国連食糧農業機関	世界の食糧生産と分配を改善し，飢餓の撲滅を図る国際機関。
IMF	国際通貨基金	通貨の安定を図る国際機関。国際収支赤字国に対する短期の融資などを行う。決議は1国1票制ではなく，出資金に応じて票数を割り当てる加重投票制で行われる。
IBRD	国際復興開発銀行（通称：世界銀行）	開発途上国の経済発展に向けた融資を行う国際機関。現在は類似の機能を果たす専門機関4つと合わせ「世銀グループ」を構成している。

UPU	万国郵便連合	加盟国間の国際郵便のルールを調整する国際機関。1874年に発足。
WIPO	世界知的所有権機関	特許，商標，著作権といった知的財産権の保護を世界的に実施するための国際機関。1970年に設立された。
ICAO	国際民間航空機関	民間航空に関する国際ルールを定め運用する国際機関。

重要ポイント 3 国連軍とPKO

（1）制裁措置

安保理は，国際法に違反する軍事行為を停止させるために，全加盟国に違反国に対する制裁措置をとるよう指示できる。制裁措置には，経済制裁などの非軍事的な制裁と武力行使を伴う軍事制裁がある。

（2）国連軍と多国籍軍

国連軍	多国籍軍
国連加盟国が軍隊や資金を出して組織する軍隊。	国連の軍事制裁活動に自発的に協力する国が派遣する軍隊。
国連憲章に設置が定められている。	国連憲章には明確な規定がない（「6章半活動」と呼ばれる）。
指揮権は国連が行使する。	原則として，指揮権は参加各国が保有する。
各国との特別協定の締結が難しく，国連軍はこれまで組織されたことがない。	国連軍が組織できないことから，代わりに軍事制裁の実施を担ってきた。例：朝鮮戦争（1950年），湾岸戦争（1991年）など。

（3）PKO

国連安保理は，軍事制裁とは別に，軍事紛争終結後の再発防止のために軍隊を含む国連要員を派遣する。これが国連の平和維持活動（PKO＝Peace Keeping Operation）である。

PKO	軍事制裁
武器は原則として自衛のためにしか用いない。	相手の軍隊等に対し，武器を用いて積極的に攻撃を行う。
派遣には原則として紛争当事国の同意が必要である。	安保理の決議があれば，相手国の同意は必要ない。
PKO協力法に基づき，日本も参加できる。	憲法の制約があることから，日本は攻撃活動には参加できない。

PKOについては，1992年に当時のガリ事務総長が「平和への課題」という提言の中で，強制的に停戦を実現することを目的に，受入国の同意がなくても派遣できるPKOを提言した。これを「平和執行部隊」と呼ぶ。ソマリアやボスニアに派遣されたが，その武力行使により紛争がかえって悪化してしまい，その後は派遣されなくなった。

重要ポイント 4 　国連と日本

(1) 国連への貢献

①**国連加盟**：日本は日ソ共同宣言によってソ連との関係が改善した1956年に加盟した。

②**分担金**：国連の諸経費を賄うために各国に課せられている国連への拠出金。経費全体に対する各国の分担率はその国の経済力に応じて決定されている。日本の分担率はアメリカ，中国に次ぐ世界第3位である。

③**PKO**：日本は1992年に「**PKO協力法（国際平和協力法）**」を定め，この年からPKOに自衛隊員などを派遣してきた。この法では，派遣の条件として，停戦合意の存在，関係国の派遣承諾，中立性の維持，紛争再開の際の撤収，最小限の武器使用の五原則を定めている。

　2015年の改正では，業務に必要な武器使用権限が見直され，PKOに従事する他国軍部隊や非政府組織の職員などを救援する「駆け付け警護」が認められた。

　日本はこれまで数多くのPKOに要員を派遣してきた。多くの自衛官（1000人以上規模）が参加したPKOには，国連カンボジア暫定機構（1992～1993年），国連兵力引き離し監視隊（ゴラン高原，1996～2013年），国連東ティモール暫定行政機構（2002～2004年），ハイチ国連安定化ミッション（2010～2013年），国連南スーダン共和国ミッション（2011～2017年）がある。

(2) 今後の課題

①**敵国条項**：国連は，第二次世界大戦を「連合国（United Nations）」側で戦った国だけで組織された。そのため，国連憲章には「敵国条項」が置かれ，連合国の敵国だった国が平和を害する行動をした場合には，国連安全保障理事会の許可がなくても軍事制裁を加えてよいとされた。この条項は死文化したと考えられているが，まだ削除されていない。

②**安保理改革**：日本は，国連の活動に多大な貢献をしているにもかかわらず，いまだに安全保障理事会の常任理事国にはなれていない。

　日本は，2005年以降，ブラジル，ドイツ，インドと「G4」を結成し，常任理事国の6か国増加（G4＋アフリカ2国）と非常任理事国の4か国増加という案をまとめ，各国への働きかけを続けている。

実 戦 問 題 **1** 基本レベル

No.1 国際連合に関する次の記述のうち，妥当なものはどれか。

【市役所・平成30年度】

1 総会は，すべての加盟国によって構成され，その表決は過半数の賛成で決するが，五大国のうち一か国でも反対した場合，採択は行われない。

2 経済社会理事会は，経済および社会問題全般に関して審議する機関であり。理事会は五大国すべてを含む，15か国によって構成されている。

3 国際司法裁判所は，国際紛争の平和的解決のために設置された機関であり，国家のみが事件を付託でき，加盟国はその判決に拘束される。

4 事務総長は安全保障理事会が任命するため，歴代の事務総長はすべて，五大国のいずれかの国の出身者である。

5 国連の職員は国連と自身の出身国に忠誠を誓う義務を負っているため，国際的職員として認められていない。

No.2 国際法と国際組織に関する次の記述のうち，妥当なものはどれか。

【地方上級（全国型／関東型／中部・北陸型）・令和4年度】

1 国連憲章は，総会で3分の2以上の賛成により改正案が採択された後，安全保障理事会の常任理事国を含む全加盟国の3分の2以上が批准すれば，改正される。

2 国連事務総長は，国際平和と安全が脅かされる事態が発生した状況において，特に緊急の必要がある場合には，軍事措置を決定する権限を持っている。

3 安全保障理事会の常任理事国は，国際慣習法である「大国一致の原則」に基づき，手続事項および実質事項の決議において，拒否権を有する。

4 2021年末時点で，アメリカ，中国，ロシアが「国際刑事裁判所（ICC）に関するローマ規程」を批准していないため，国際刑事裁判所の設立は実現していない。

5 国際司法裁判所（ICJ）は，国際紛争を国際法に従って解決する機関であるが，国家だけでなく，個人や民間組織も訴訟当事者となることがある。

✦ No.3 * 国際連合（国連）に関する次の記述のうち，妥当なのはどれか。

【国家総合職・平成24年度改題】

1 　国連の経費は，国連憲章において，加盟各国が負担することとされており，国連通常予算の各国の分担率は，基本的には各国の支払い能力に基づき，具体的な分担率を国連総会において決定することとされている。ただし，特定の加盟国に過度に依存するのは適当でないとの配慮から分担率には上限が設定されている。2022年から2024年における国連通常予算の日本の分担率は，8.033％と決定され，米国，中国に次ぎ加盟国中第3位となっている。

2 　安全保障理事会は，5か国の常任理事国と選挙により選出される16か国の非常任理事国とで構成される。非常任理事国は，任期は2年で，地域間の均衡を配慮して，アジア，アフリカ，ラテンアメリカ，東欧，西欧その他の各地域ごとに一定数が選出され，また，連続して任期を務めることが認められている。日本は，現在までに加盟国中では最も多く非常任理事国を務めている。安全保障理事会の決定は，手続き事項を除き，構成する21か国のうち14か国以上の賛成を必要とするが，常任理事国のうち1か国でも反対した場合は成立しない。

3 　国際司法裁判所は，国連の主要な司法機関として，条約，協定の解釈など国家間で発生した国際法上の紛争のほか，戦争犯罪や人道に対する罪についても処理する機関で，国連総会と安全保障理事会が別個に実施する選挙で選出された15人の裁判官で構成される。同一国から選出される裁判官の数についての制限はなく，同一期間において，日本から複数名の裁判官が選出されていたこともある。また，国際司法裁判所に係属する事件の訴訟当事者となれるのは国家のみであり，個人，非政府組織，民間企業などからの申し立てを処理することはできない。

4 　国連創設60周年を機に開催された国連首脳会合において，国連が，創設以降，安全保障，開発，人権，環境などの分野で，課題解決のために中心的な役割を果たしてきたことが確認された。他方，国連の機能が複雑化するにつれて生じてきた，組織の肥大化や縦割りの弊害，非効率性，不透明性についての批判がなされたため，平和維持活動については，簡素化による規模の縮小を目的として，国連事務局の関係組織を，新たに設立された平和構築委員会の下に整理統合する組織改革が行われた。

5 　国連の主要機関である経済社会理事会は，経済，社会，文化，教育，保健，人権の分野における国際的な課題について研究と報告を行い，総会や国際労働機関，国連食糧農業機関などの関係する専門機関に勧告することなどを任務とする機関で，経済制裁に関する勧告については，核実験実施国に対するそれも含め重要な任務の一つとなっている。経済社会理事会の取り扱う分野が広範囲であるため，その活動にかかる人材および資金は，国連全体の約70％を占め，また，「麻薬委員会」，「開発計画委員会」など多くの委員会が下部機関として設置されている。

No.4 国連憲章は，安全保障理事会に対して，「平和に対する脅威，平和の破壊又は侵略行為（aggression）」の存在を認定したうえで，国際の平和及び安全を維持し又は回復するために必要な措置について勧告・決定する権限を与え（第39条），これを前提としつつ，自衛権行使（第51条）を例外として個別国家による武力行使を禁止（第２条第４項）した。安保理による強制措置発動の前提となるのは，「平和に対する脅威，平和の破壊又は侵略行為」の存在について，拒否権を持つ常任理事国が認識を共有することである。そこで，安保理による平和に対する脅威等の認定に関する次の記述のうち，妥当なのはどれか。

【国家総合職・平成24年度】

1 「平和に対する脅威，平和の破壊又は侵略行為」の存在を認定するに当たって安保理が従うべき基準は，国連憲章の条文中には明記されていない。特に「平和に対する脅威」についてなんら定義は与えられておらず，安保理の裁量の範囲は大きい。たとえば湾岸危機の際に安保理が認定したのは，平和の破壊であり，侵略行為や平和に対する脅威ではなかった。

2 冷戦期に独立を達成した途上国では，体制選択をめぐる国内対立が東西両陣営間の影響力の拡大競争と重なり，朝鮮戦争やベトナム戦争のように国際化された内戦が頻発した。しかし，これらについて米ソの脅威認識は一致しなかったため，安保理はそれが平和の破壊を構成すると認定することはなかった。

3 冷戦期の安保理は国内問題への関与を自制するという方針を貫いた。そのため，人種差別政策をとる南アフリカの情勢に関しても，アフリカ諸国をはじめとして途上国から厳しい非難が浴びせられたにもかかわらず，安保理はそれが平和に対する脅威を構成すると認定しなかった。

4 安保理常任理事国はすべて核保有国であるため，核兵器を含む大量破壊兵器をめぐる評価については極めて慎重である。それゆえ，大量破壊兵器を新たに保有する国家が登場することに関してすら，安保理はそれが平和に対する脅威を構成すると認定したことはない。

5 テロに対しては自衛権を根拠に武力行使を行う米国の姿勢に配慮して，安保理は，テロの被疑者の引き渡しを求める安保理決議を履行しないリビアやアフガニスタンに対してもそれが平和に対する脅威を構成すると認定したことはない。

実戦問題 **1** の解説

No.1 の解説 国際連合

1 ✕ 五大国の反対が採決に影響するのは安全保障理事会である。

アメリカ，イギリス，フランス，ロシア，中国を「五大国」として扱い，そのうちの1か国でも反対すると議案が否決されるというのは安全保障理事会の話である（一般に「拒否権」と呼ばれる）。総会にはそうした特別国の規定はなく，多数決制が採用されているが，**重要事項の採決では出席国の3分の2以上の賛成が必要とされる。**

2 ✕ 経済社会理事会では，五大国に対する特別扱いはない。

五大国が「常任理事国」となっている安全保障理事会と異なり，**経済社会理事会の理事国は54か国で，任期はいずれも3年である。**当然，経済社会理事会の理事国が「五大国すべてを含む」としている点も誤りである。

3 ◎ 国際司法裁判所に提訴できるのは国家だけである。

正しい。国際司法裁判所は**国家間の問題を国際法に基づき解決する機関である。**そのため，国家が訴訟を提起し，当事国すべての同意があった場合にのみ，裁判が行われる。

4 ✕ 五大国出身者が事務総長になった例はない。

国連事務総長は，国連の運営に特定の大国の強い影響が出ないよう，慎重に選出されている。そのため，国連憲章に規定があるわけではないが，これまで五大国から事務総長が出たことはない。

5 ✕ 国連職員は国連にのみ責任を負う。

国連職員は出身国に忠誠を尽くし，その利益のために働く者ではなく，**中立的立場で国連のために働く国際公務員である。**

No.2 の解説 国際法と国際組織

1 ◎ 国連憲章の改正には

総会と安全保障理事会の3分の2以上の賛成が必要である。

しかも，**安全保障理事会の決議では5つの常任理事国すべてが賛成していなければいけない。**国連は加盟国の増加等を背景に，1960年代と1970年代に4回の条項改正を行った。

2 ✕ 国連事務総長には軍事措置を決定する権限はない。

ただし，国際の平和および安全の維持を脅威すると認める事項について，安全保障理事会の注意を促すことができる。

3 ✕ 手続事項については拒否権の行使は認められていない。

実質事項と手続事項とあるので，決議の方法が異なるはずだと想像がつく。いわゆる五大国の拒否権は実質事項に対しては行使できるが，**手続事項には適用されない。**手続事項は，五大国すべての賛成がなくても，15の理事国のうちの9か国以上が賛成すれば決定となる。

4 ✕ **国際刑事裁判所は2003年に設立された。**

国際刑事裁判所は1998年に創設が合意され，規程が2002年に発効し，2003年にオランダのハーグに設置された。**戦争犯罪などについて責任のある個人を訴追・処罰できる。**

5 ✕ **個人や民間組織は国際司法裁判所の当事者にはなれない。**

国際司法裁判所は国家間の法律的紛争について裁判を行うので，**当事者となりうるのは国家だけである。**

No.3 の解説 国際連合 →問題はP.24 **正答1**

国際連合に関する軽い応用問題。基礎知識の活用で解ける。

1 ◎ **各国の分担率は総会において決定される。**

正しい。国連予算の**分担率の上限は22%，下限は0.001%**である。本問出題当時の日本の分担率は12.530%だったが，その後下げられたため選択肢の記述を修正した。順位も22%を分担するアメリカに次ぐ第2位だったが，2019 - 2021年の分担率より中国に抜かれて第3位になっている。

2 ✕ **安保理の非常任理事国は10か国である。**

非常任理事国の地域配分は，アフリカが3か国，アジア太平洋が2か国，西欧その他（オーストラリア等）が2か国，ラテンアメリカが2か国，東欧が1か国である。任期は2年で，続けて再任されることは認められていない。また，**安保理の議決には15か国の理事国の9か国以上の賛成を必要とする。**ただし，実質事項の決議においては，5つの常任理事国の1か国でも反対した場合には否決となる（拒否権）。

3 ✕ **国際司法裁判所では国籍が違う15人が裁判官を務める。**

国際司法裁判所の訴訟では国家だけが当事者となれる。個人や法人には当事者適格は認められない。また，**戦争犯罪や人道に対する罪を扱うのは「国際刑事裁判所」である。**

4 ✕ **平和構築委員会は，**

紛争解決後の平和構築と復旧に向けた統合戦略を提案する組織である。

平和構築委員会は2005年に国連に創設された。当時，創設60周年を迎えた国連では，業務の拡大と多様化，さらにはコンプライアンスの強化に対応すべく組織改革が提唱・推進されたが，このことと平和構築委員会の創設とは無関係である。

➡ 平和維持活動については安全保障理事会に権限がある点に注意。

5 ✕ **経済制裁を決めるのは安全保障理事会である。**

なお，**経済社会理事会は多くの補助機関や地域委員会を持つ。**そのうち，機能委員会と呼ばれているものには，「人口開発委員会」「社会開発委員会」「女性の地位委員会」「麻薬委員会」などが含まれている。

No.4 の解説 国連安保理

1 ◎ 国連憲章は「平和に対する脅威」を定義していない。

正しい。国連憲章第 1 条は，国際連合の目的として「国際の平和及び安全を維持すること。そのために，**平和に対する脅威の防止及び除去**と侵略行為その他の平和の破壊の鎮圧とのため有効な集団的措置をとること並びに平和を破壊するに至る虞のある国際的の紛争又は事態の調整または解決を平和的手段によって且つ正義及び国際法の原則に従って実現すること」と定めているが，そこでも「平和に対する脅威」が何かは明示されていない。

2 ✕ 朝鮮戦争では安保理が北朝鮮を「平和の破壊者」と認定した。

国連軍（多国籍軍）が派遣されたという基礎知識があれば，安保理がなんらかの認定をしたはずだと気づいたに違いない。

3 ✕ 南アフリカ共和国の政策と行動に対し，安保理は
「国際平和と安全に対する脅威とみなす」と決議したことがある。

当時，南アフリカ共和国は人種差別政策をとっていただけでなく，周辺諸国に軍事介入したり核兵器を開発したりしていた。この状況を打開するために，安保理は南アフリカ共和国を「平和に対する脅威」と認定し（決議418，1977年），加盟国に対し同国への武器の販売や譲渡を禁じた。

4 ✕ 核兵器開発国に対し，安保理は
「平和に対する脅威」と認定したことがある。

たとえば北朝鮮の核開発に対する安保理決議は，北朝鮮の行為を「平和に対する脅威」と認定している。

5 ✕ 安保理はテロに対しても「平和に対する脅威」と認定してきた。

実際，そうした認定の下に，リビアのカダフィ政権やアフガニスタンのタリバンに対して制裁措置等を決定した。

➡ 1〜5までのすべての選択肢が否定表現の文末を持った文で終わっている。なかでも，2，4，5は「ことはなかった」「ことはない」という英語にすると「never」に当たる表現で終わっている。いうまでもなく，「never」を含んだ文は1度でもそうした事例があれば誤りになる。表現に注意することも，選択肢の誤りを見抜くうえでは重要である。

実戦問題❷　応用レベル

＊＊

◆ **No.5**　国際連合の専門機関等に関する次の記述のうち，妥当なのはどれか。

【国家総合職・平成29年度】

1　国際通貨基金（IMF）は，1944年のブレトン・ウッズ会議で採択されたIMF協定に基づいて設立され，1975年のキングストン合意によって変動相場制から固定相場制に移行し，その後は，加盟国の為替政策の監視を主な任務として行っている。その活動の一つが，国際収支問題を抱える加盟国に一時的に信用を供与することであり，1990年代終わりに生じたアジア通貨危機により，タイ，インドネシア，韓国および中国に対してIMFの融資が行われた。

2　世界保健機関（WHO）は，1946年の国際保健会議で採択されたWHO憲章に基づいて設立された機関であり，主な活動として，感染症その他疾病の撲滅事業の促進，世界各地の難民の国際的保護等を行っている。2011年に，WHOの総会はパレスチナの正式な加盟を承認したが，これに反対した米国は分担金の支払を停止した。

3　1919年に設立された国際労働機関（ILO）は，政府，使用者，労働者の各代表からなる三者構成の原則をとっており，全加盟国が参加する国際労働総会，わが国も政府側の常任理事を務める理事会等で構成されている。労働の基本的権利に関するILO条約について，ILO加盟国は，未批准であっても，これらの条約に掲げる原則の実行についての進捗を報告しなければならない。

4　国連開発計画（UNDP）は，1961年の国連総会の決議により，多国間食糧援助に関する共同計画の実施組織として設置された機関であり，主な活動として，食糧が欠乏している貧しい人々への食糧の提供，天災等の緊急事態により生じた食糧不足に対する緊急援助を行っている。2010年にハイチを襲った大地震の際には，自前の輸送手段を活用して，緊急支援を実施した。

5　世界銀行を構成する一つの機関である国際開発協会（IDA）は，1945年に設立されて以来，中所得国や信用力のある貧困国に融資や保証，分析・諮問サービスなどを提供している。1950年代後半からは，利息支払もできない可能性があるために融資を受けられない国が現れるようになったことから，より緩やかな条件で融資する組織として国際復興開発銀行（IBRD）が創設された。IBRDによる融資の原資のほとんどは加盟国からの出資金で賄われている。

No.6 20世紀に作られた安全保障の仕組みに関する次の記述のうち，妥当なのはどれか。

【国家一般職・令和4年度】

1 第一次世界大戦後の国際秩序に「民族自決」の考え方を導入することを「14か条」で唱えた米国のF.ローズヴェルト大統領は，それを「ワシントン体制」の中核をなす国際連盟の設立を通じて実現しようとした。ただし米国は，議会が反対したため国際連盟に参加できなかった。

2 国際連盟が大国の離反を招いて機能しなかった反省から，1945年に設立された国際連合では，安全保障理事会において第二次世界大戦の戦勝国である米・英・ソの三大国に拒否権が与えられた。後の安保理改革の際に，拒否権を持つ常任理事国は5か国に増加した。

3 冷戦時代に米国を中心とする自由主義諸国は，ワルシャワ条約機構（WTO）を設立したが，ソ連を中心とする共産主義諸国は，北大西洋条約機構（NATO）を設立して対抗した。両者の設立根拠となったのは，国連憲章第51条に定められた集団安全保障である。

4 第二次世界大戦後に米国は，日本，韓国，フィリピンなどの東南アジア諸国連合（ASEAN）諸国，オーストラリア，ニュージーランドと安全保障条約を結び，アジア太平洋地域でも地域機構による集団防衛体制を導入した。

5 冷戦中に生まれた国連平和維持活動を，D.ハマーショルド国連事務総長は「憲章6章半」の活動と呼んだ。ただし，冷戦後の国連平和維持活動は，頻繁に憲章第7章の権限を与えられ，さらに多数の文民職員も動員して広範な活動を行うようになった。

No.7 国際社会における価値や理念にかかわる次の記述のうち，妥当なのはどれか。

【国家総合職・平成23年度】

1 「地球公共財（global public goods）」とは1970年代から「地球規模の共有資源（global commons）」の同義語として使われている。国連開発計画（UNDP）は，地球環境の保全という目標が途上国の発展の権利を過度に制約しかねないことを恐れてこの概念を用いていない。

2 「人間の安全保障（human security）」とは，ルワンダやコソボなどにおける人道的破局状況を回避するために，コフィ・アナン国連事務総長がその報告「平和への課題」の中で提唱した国連平和維持活動の目標である。従来の同活動とは異なり，人道的救援物資の運搬を確保するために国連ミッションに武力行使権限を容認する必要が説かれた。

3 「国際の平和と安全（international peace and security）」とは，国際連合創設の目的として，国連憲章の目的規定の冒頭に掲げられている。その憲章第39条は，安全保障理事会に，平和に対する脅威，平和の破壊または侵略行為の存在を認定するとともに，国際の平和および安全を維持・回復するために勧告・決定する権限を与えている。

4 「保護する責任（responsibility to protect）」とは，9.11テロ事件を契機として米国の保守系政治組織が打ち出した概念である。国家には国際的なテロ組織による攻撃から自国民を保護する責任があるため，テロ組織を取り締まる意思と能力を持たない国家に対しては自衛権を法的根拠として武力行使を行うことができるとされた。

5 「持続可能な開発（sustainable development）」とは，もともと2000年の国連ミレニアム宣言において先進諸国の援助政策の目標として初めて定式化されたもので，その後この概念は世界的に使われるようになった。開発の推進，貧困の解消を，地球環境の保全と両立させることが強調された。

【国家総合職・令和2年度】

1 1992年に発表されたB.ブトロス・ガリ国際連合事務総長による報告書『平和への課題』では，国連の平和機能を「予防外交」「平和創造」「平和維持」「紛争後の平和構築」に整理した。平和構築は，2000年の『ブラヒミ・レポート』でも取り上げられ，平和構築と平和維持や平和創造などが密接不可分であり，統合的に実施していくべきであるという考え方が提示された。その後，2005年に国連平和構築委員会（PBC）が国連総会と安全保障理事会の下に設立された。

2 国連平和維持活動（PKO）は，国連憲章に定める集団安全保障体制が冷戦期に機能不全に陥っていたことから考案された活動である。冷戦期のPKOには自衛以外での武器使用が認められ，紛争当事者間に停戦合意が成立していない場合でも紛争の最終的解決のために派遣された。冷戦後，PKOの活動は多様化しているものの文民要員の参加は認められていないため，軍事部隊が政治プロセスの促進から人権擁護活動までさまざまな平和構築活動を行っている。

3 平和構築の場面ではDDR（Disarmament, Demobilization, Reform）と呼ばれる活動を実施する場合が多い。これは，戦闘員の武装解除・動員解除・治安部門の改革のことであり，戦争に従事していた兵員から武器を回収し，軍事機構から離して非武装の市民に戻すとともに，戦時に肥大化した軍事部隊，警察機構を適切な規模と性質を持つものに作り変えることをさす。DDRは国連や国際機関等の支援の下に実施されている。

4 南アフリカでは，アパルトヘイト時代の人権侵害について事実を調査するとともに，加害者の告白や謝罪を通じて和解と共生を図っていくことを目的として真実和解委員会が設置された。この委員会は人権NGOが設置した非公式なものだったことから，政府は調査に応じる義務がなく，人権侵害の実態に関する公的な情報の入手は困難であり，十分な事実解明を行うことができなかった。

5 コソボ紛争では，ユーゴスラビア連邦共和国からの分離独立をめざすアルバニア系住民とこれを抑えようとするセルビアとの間で紛争が繰り返され大量の難民が発生したが，1999年，国連安保理決議に基づく北大西洋条約機構（NATO）軍の空爆を経て停戦が実現した。その後，国際刑事裁判所（ICC）において，S.ミロシェビッチ元ユーゴスラビア大統領がコソボ紛争でのアルバニア系住民に対するジェノサイドの責任者として起訴され，2006年に有罪判決が下された。

実戦問題 **2** の 解説

No.5 の解説 　国連専門機関

→問題はP.29　**正答3**

1 ✕　アジア通貨危機でIMFの融資を受けたのは,
タイ,インドネシア,韓国の3か国であった。

1997年のアジア通貨危機は,ドルと自国通貨の為替レートを固定する「ドルペッグ制」を採用していたタイから始まり,アジア各国に広がった。タイ,インドネシア,韓国の3か国はIMFに支援を申し入れた。IMFに加えて世界銀行やアジア開発銀行も融資を実施し,日本も二国間支援を積極的に行った。中国が含まれている点が間違いである。

2 ✕　難民保護を行っているのはUNHCR（国連難民高等弁務官事務所）である。

WHOは感染症などの疾病に関する国際的取組みを進める国連専門機関である。一方,難民の保護や帰還支援などを担当するUNHCRは国連補助機関である。なお,**パレスチナの加盟を2011年に承認したのはUNESCO（国連教育科学文化機関）である。**これに反発したアメリカが分担金の支払を停止したという点は正しい。

3 ◎　ILO加盟国は,条約の実行に関する法律等の現状を
未批准であっても報告しなければならない。

正しい。ILOで締結された条約は,労働者の保護の観点から,批准が強く促されている。加盟国は,たとえ未批准であっても,**条約で扱われている事項について,自国の法律や慣行の現況をILOに報告しなければならない**とされている。

➡ 未批准ならば報告の義務を負わないだろう,という先入観を持っていると引っかかってしまうので,注意が必要である。

4 ✕　UNDPは
途上国の経済社会開発のためのプロジェクトを推進する国連機関である。

1961年に創設された食糧援助のための国連機関はWFP（世界食糧計画）である。2010年のハイチ地震直後の緊急支援では,6週間で400万人が食糧援助を受けたとされている。ちなみに,「計画（programme）」が付く国連機関は,**UNDP（国連開発計画）,WFP（世界食糧計画）**のほかに,**UNEP（国連環境計画）**がある。

5 ✕　国際復興開発銀行の俗称が「世界銀行」である。

1944年にブレトン・ウッズ協定によって設立が決まった「世界銀行」は,開発途上国向けに長期融資を行う国連専門機関である。その後,1956年に国際金融公社（IFC）,1960年に国際開発協会（IDA）,1966年に国際投資紛争解決センター（ICSID）,1988年に多数国間投資保証機関（MIGA）が設立された。いずれも世界銀行が行う途上国への融資の便宜を図るための専門機関で,合わせて「世銀グループ」と呼ばれている。このうち,**IDAは最貧国を対象に,無利子あるいは極めて緩やかな条件で融資を行っている。**また,IFCは途上国の民間セクター向けの開発支援を担っている。

20世紀に作られた安全保障の仕組み →問題はP.30 **正答 5**

　「20世紀に作られた安全保障の仕組み」についての問題となっているが，取り上げられているのは，国際連盟，国連安全保障理事会，国連平和維持活動，そして安全保障関係の地域機構である。正答の選択肢**5**の内容はかなり専門的だが，選択肢**1**から**3**までは基礎知識で解ける。

1✕ 国際連盟の設立につながる提案をしたのはウィルソン大統領である。

「ローズヴェルト大統領」を「**ウィルソン大統領**」に変えれば正しくなる。世界史の基礎知識で誤りとわかる。

2✕ 国際連合の発足当初から安全保障理事会の常任理事国は5か国であった。

常任理事国を5か国にして拒否権を認めるという決定は，**1945年2月のヤルタ会談**で決まった。なお，中国の代表権は国連発足当初は中華民国にあった。

3✕ 自由主義諸国が設立したのがNATOである。

NATOが北大西洋条約機構である以上，北大西洋に面していないソ連や東欧諸国が組織したという記述がおかしいことは，地図を頭に思い浮かべただけでわかる。もちろん，**ソ連を中心とした共産主義国の軍事同盟がワルシャワ条約機構**である。

4✕ アメリカが東南アジアで創設した集団防衛体制は，
ASEAN諸国を網羅したものではない。

アメリカは1954年に**東南アジア条約機構（SEATO）を設立**した。この集団防衛体制のメンバーは，アメリカ，イギリス，フランス，パキスタン，タイ，フィリピン，オーストラリア，ニュージーランドの8か国であった。1967年に創設されたASEANはアメリカとの集団防衛体制を築いてはいない。

5◎ 冷戦後のPKOでは強制措置の行使が容認されることがあった。

正しい。PKOは，国連憲章の第6章にある自発的な紛争解決と第7章が定める強制措置の間のものとして，**「6章半」の活動**と言われてきた。しかし，冷戦後は憲章第7章に基づく能動的な武力行使権限を認められたPKOが，ソマリア，ルワンダ，ハイチ，スーダンなどに派遣されていった。

No.7 の解説 国際政治の理念

→問題はP.31 **正答3**

　　国連あるいは国連の専門機関などによって導入され，現在では一般的に使われるようになっている用語についての問題である。意味だけでなく提唱された経緯などにも触れていることから，本書では国連のテーマに含めた。

1 ✕ 「地球公共財」は1999年のUNDPの報告書のタイトルであった。

同報告書は，地球規模に影響を及ぼす課題の克服には「地球公共財」の概念が不可欠であると主張している。

2 ✕ 「人間の安全保障」は，「平和への課題」において提唱されたわけではない。

「人間の安全保障」の概念は，戦争がない状態だけを見て「安全保障」が達成されたとは考えず，**貧困，飢饉，感染症，災害，環境破壊**などから人々が**守られている状態**になっていないと真の「安全保障」が実現したとはいえないと考える。1990年代後半から広く使われるようになった。ちなみに，「平和への課題」は1992年当時のブトロス・ガリ国連事務総長が発表した報告書で，平和執行部隊（＝受入国の同意がなくても派遣されるPKO）の創設などが提案された。

3 ◎ 国連憲章第1条は，国際連合の目的として最初に
「国際の平和及び安全を維持すること」を掲げている。

正しい。また，第39条には「安全保障理事会は，平和に対する脅威，平和の破壊又は侵略行為の存在を決定し」，「国際の平和及び安全を維持し又は回復するために勧告をし」，または「いかなる措置をとるかを決定する」と書かれている。なお，この場合の措置には，経済制裁等の非軍事的措置（第41条）および軍事的措置（第42条）が含まれる。

4 ✕ 「保護する責任」は，破綻した国家のように自国民の保護ができない国について，その国民の保護は国際社会が担うとする概念である。

2000年頃から提案され，2006年の国連安保理決議で再確認された。人道を理由とした介入となるが，内政不干渉に優先してよいと理解されている。

5 ✕ 「持続可能な開発」は1980年代後半に提唱され，1992年の国連環境開発サミットの行動計画（アジェンダ21）で定式化された。

「持続可能な開発」は「将来の世代の欲求を満たしつつ，現在の世代の欲求も満足させるような開発」のことで，具体的には**環境保護と経済開発を両立させようという理念**も意味する。

No.8 の解説 平和構築

→問題はP.32 **正答1**

1 ◎ 国連は2005年に平和構築委員会を設置した。

正しい。国連は，紛争を防止するだけでなく，**紛争後の平和構築と復旧**に向けた調整機能を充実させるため，2005年，安保理と総会に対し報告・提案する諮問機関として**平和構築委員会**を設置した。この委員会は31か国で構成され，日本も「主要財政貢献国枠」で参加している。

なお，ガリ事務総長の「平和への課題」についてはP.156を参照のこと。

2 ✕ PKOでは文民要員の派遣が当初から行われている。

冷戦後のPKOは，伝統的な停戦・軍事監視に加え，人道支援や選挙監視なども行うようになり，**文民の役割は増大**した。日本が1992年のPKO法の成立後に最初に派遣したのも文民（国連アンゴラ監視団の選挙監視要員）であった。また，冷戦期のPKOは停戦合意後に派遣されていた。

3 ✕ DDRのRは「社会復帰」である。

DDRは国連が実施・支援する武装解除活動で，「Disarmament（武装解除），Demobilization（動員解除），**Reintegration（社会復帰）**」の頭文字である。アフガニスタンにおけるDDRでは日本が主導的役割を果たした。

4 ✕ 南アフリカの真実和解委員会は，法律に基づき公式に設置された。

南アフリカでは，1994年，全人種が参加した初の民主的選挙で，ネルソン・マンデラ率いるアフリカ民族会議を中心とする新政府が誕生した。その直後に「国民統合・和解促進法」が制定され，**アパルトヘイト（人種隔離）政策がとられていた時代の人権侵害を調査する「真実和解委員会」が設置された**。同委員会は公開の聴聞会で被害者や遺族から証言を集め，1998年に大統領に最終報告書を提出した。

5 ✕ 国際刑事裁判所（ICC）は2002年に誕生した

個人の国際犯罪を裁く常設の国際裁判所である。

国際刑事裁判所（ICC）は，設立条約が発効した2002年7月より前の国際犯罪についての管轄権はない。ミロシェビッチ元大統領の「人道に対する罪」についての裁判は，1993年の安保理決議に基づいて設置された**旧ユーゴスラビア国際刑事裁判所**に付託されたが，被告が2006年に収監先で死亡したため，判決は出ていない。

実戦問題 **3**　発展レベル

***
No.9　国際連合憲章からの抜粋であるア，イ，ウの英文のうち，国連による集団安全保障の強制措置に関する条文の内容として妥当なもののみをすべて挙げているのはどれか。

【国家一般職・平成29年度】

ア：The parties to any dispute, the continuance of which is likely to endanger the maintenance of international peace and security, shall, first of all, seek a solution by negotiation, enquiry, mediation, conciliation, arbitration, judicial settlement, resort to regional agencies or arrangements, or other peaceful means of their own choice.

イ：Should the Security Council consider that measures provided for in Article 41 would be inadequate or have proved to be inadequate, it may take such action by air, sea, or land forces as may be necessary to maintain or restore international peace and security. Such action may include demonstrations, blockade, and other operations by air, sea, or land forces of Members of the United Nations.

ウ：Nothing in the present Charter precludes the existence of regional arrangements or agencies for dealing with such matters relating to the maintenance of international peace and security as are appropriate for regional action, provided that such arrangements or agencies and their activities are consistent with the Purposes and Principles of the United Nations.

1　ア

2　イ

3　ア，イ

4　ア，ウ

5　イ，ウ

No.10 ア～ウの英文は，国際的な条約（議定書などを含む）からの抜粋である。それぞれの条約が採択あるいは署名された年と条約名称（通称）の組合せとして妥当なのはどれか。また，英文の一部を省略している場合もある。

【国家一般職・平成27年度】

ア：The Parties to this Protocol,

Being Parties to the United Nations Framework Convention on Climate Change, hereinafter referred to as "the Convention",

In pursuit of the ultimate objective of the Convention as stated in its Article 2,《中略》

Have agreed as follows:《中略》

　Article 3

1. The Parties included in Annex I shall, individually or jointly, ensure that their aggregate anthropogenic carbon dioxide equivalent emissions of the greenhouse gases listed in Annex A do not exceed their assigned amounts, calculated pursuant to their quantified emission limitation and reduction commitments inscribed in Annex B and in accordance with the provisions of this Article, with a view to reducing their overall emissions of such gases by at least 5 per cent below 1990 levels in the commitment period 2008 to 2012.

《後略》

イ：The High Contracting Parties,

In order to promote international co-operation and to achieve international peace and security by the acceptance of obligations not to resort to war,《中略》

　Article 16

Should any Member of the League resort to war in disregard of its covenants under Articles 12, 13 or 15, it shall ipso facto be deemed to have committed an act of war against all other Members of the League, which hereby undertake immediately to subject it to the severance of all trade or financial relations, the prohibition of all intercourse between their nationals and the nationals of the covenant-breaking State, and the prevention of all financial, commercial or personal intercourse between the nationals of the covenant-breaking State and the nationals of any other State, whether a Member of the League or not.

It shall be the duty of the Council in such case to recommend to the several Governments concerned what effective military, naval or air force the Members of the League shall severally contribute to the armed forces to be used to protect the covenants of the League.

《後略》

ウ：The States concluding this Treaty, hereinafter referred to as the "Parties to the Treaty", Considering the devastation that would be visited upon all mankind by a nuclear war and the consequent need to make every effort to avert the danger of such a war and to take measures to safeguard the security of peoples,

Believing that the proliferation of nuclear weapons would seriously enhance the danger of nuclear war, 《中略》

Have agreed as follows: 《中略》

Article 3

1. Each Non-nuclear-weapon State Party to the Treaty undertakes to accept safeguards, as set forth in an agreement to be negotiated and concluded with the International Atomic Energy Agency in accordance with the Statute of the International Atomic Energy Agency and the Agency's safeguards system, for the exclusive purpose of verification of the fulfilment of its obligations assumed under this Treaty with a view to preventing diversion of nuclear energy from peaceful uses to nuclear weapons or other nuclear explosive devices. Procedures for the safeguards required by this Article shall be followed with respect to source or special fissionable material whether it is being produced, processed or used in any principal nuclear facility or is outside any such facility. The safeguards required by this Article shall be applied on all source or special fissionable material in all peaceful nuclear activities within the territory of such State, under its jurisdiction, or carried out under its control anywhere.

《後略》

	ア	イ	ウ
1	1997年 京都議定書	1945年 国際連合憲章	1986年 原子力事故援助条約
2	1992年 国連気候変動枠組条約	1950年 アラブ連盟条約	1968年 核不拡散条約
3	1987年 モントリオール議定書	1919年 国際連盟規約	1986年 原子力事故援助条約
4	1997年 京都議定書	1919年 国際連盟規約	1968年 核不拡散条約
5	1987年 モントリオール議定書	1945年 国際連合憲章	1980年 核物質保護条約

実戦問題 **3** の 解説

No.9 の解説　国連憲章

→問題はP.37　**正答2**

　国連憲章の各条文をそのまま引用している。国連広報センターによる日本語訳は以下のとおり。

英文の要旨

　ア　いかなる紛争でも継続が国際の平和及び安全の維持を危うくする虞のあるものについては、その当事者は、まず第一に、交渉、審査、仲介、調停、仲裁裁判、司法的解決、地域的機関又は地域的取極の利用その他当事者が選ぶ平和的手段による解決を求めなければならない（第33条－1）。

　イ　安全保障理事会は、第41条に定める措置では不充分であろうと認め、又は不充分なことが判明したと認めるときは、**国際の平和及び安全の維持又は回復に必要な空軍、海軍または陸軍の行動をとることができる。**この行動は、国際連合加盟国の空軍、海軍又は陸軍による示威、封鎖その他の行動を含むことができる（第42条）。

　ウ　この憲章のいかなる規定も、国際の平和及び安全の維持に関する事項で地域的行動に適当なものを処理するための地域的取極又は地域的機関が存在することを妨げるものではない。但し、この取極又は機関及びその行動が国際連合の目的及び原則と一致することを条件とする（第52条－1）。

　アは第6章「紛争の平和的解決」、**イ**は第7章「平和に対する脅威、平和の破壊及び侵略行為に関する行動」、**ウ**は第8章「地域的取極」の条文である。このうち、**集団安全保障の強制措置、すなわち軍事制裁に関するものは、イだけである。**よって、**2**が正答である。

　ちなみに、**イ**で言及されている第41条には「安全保障理事会は、その決定を実施するために、兵力の使用を伴わないいかなる措置を使用すべきかを決定することができ、且つ、この措置を適用するように国際連合加盟国に要請することができる。この措置は、経済関係及び鉄道、航海、航空、郵便、電信、無線通信その他の運輸通信の手段の全部又は一部の中断並びに外交関係の断絶を含むことができる」と書かれている。

No.10 の解説　国際条約

→問題はP.38　**正答4**

　国連や国連活動に関係が深い条約の問題。大変そうに見えるが、基礎知識があって基本用語の英語がわかれば、比較的簡単に解答できる。

英文の要旨

　ア　この議定書の参加国は、気候変動に関する国際連合枠組条約の締約国として、この条約の究極的な目標を達成するため以下のとおり合意した。

　　第3条1

　　　付属書Ⅰの国は、付属書Aの温室効果ガスの二酸化炭素換算の人為的排出量全体を、2008から2012年の約束期間において1990年の水準よりも少な

くとも５％削減するとの視点から算定された割当量を超えないものとする。
　イ　締約国は，国際協調を促進し，戦争に訴えないとの義務を受諾することで
　　国際的な平和と安全保障を達成するために，以下を定める。
　第16条
　　この条約の各条の規定を無視して戦争に訴えた加盟国は，他の全加盟国に
　対して戦争行為を行ったとみなされる（以下，経済制裁の具体策）。
　ウ　この条約の締結国は，核戦争が全人類を壊滅させることを念頭に，またこ
　　うした戦争の危険を回避するためにあらゆる努力を払い，人々の安全を保障
　　するための措置をとる必要を念頭に，核兵器の拡散が核戦争の危険を著しく
　　高めると信じ，以下のように合意した。
　第３条１
　　締約国である非核保有国は，原子力が平和利用から核兵器や他の核爆発装
　置に転用されることを防止するため，国際原子力機関（IAEA）と交渉・締
　結された協定に定められた保障措置を受諾する。

ア：1997年の京都議定書の内容。

　二酸化炭素（carbon dioxide）や目標年限などから京都議定書とわかったは
ずだ。最初の部分（１行目と２行目）に，気候変動枠組条約の名前があり，
そのメンバーであることを踏まえて議定書（protocol）の当事国（Parties）
になっているのだと示されていることからも，京都議定書だとわかる。ちな
みに，モントリオール議定書は，「オゾン層の保護のためのウィーン条約」
の具体的内容（対象物質の特定等）を定めたものである。

イ：1919年の国際連盟規約の内容。

　英語で**国際連盟**が「**League of Nations**」であると知っていれば，すぐ
にわかる。そうでなくても，第16条の冒頭に集団安全保障の理念が示されて
いるので，国際連合（United Nations）という単語がない以上，国際連盟だ
と判断できる。

ウ：1968年の核不拡散条約の内容。

　アと**イ**までで正答は**4**と確定できるが，念のために**ウ**を見ると，５行目に
「proliferation of nuclear weapons」とある。これで「核兵器の拡散」に関す
る話であると確認できる。

必修問題

東南アジアにおける国際連携等に関する次の記述のうち,妥当なのはどれか。

【国家総合職・平成29年度】

1 **東南アジア諸国連合(ASEAN)** は,2000年代に入り,さらなる統合を推進し,組織を強化する動きを見せており,2007年には**ASEAN憲章**が採択された。同憲章では,法の支配,民主主義,人権尊重,グッド・ガバナンス等の諸原則が明記され,加盟国の内政への不干渉の原則が維持された。また,意思決定は協議とコンセンサスに基づくこととされ,コンセンサスが得られない場合には首脳会議に委ねられる。

2 2003年に採択された第二ASEAN協和宣言では,安全保障共同体,経済共同体,社会・文化共同体からなる**ASEAN 共同体**を設立することについて合意され,ASEANでは,2020年の3共同体の発足に向けたさまざまな取組みが進められている。また,共同体の構想に当たっては欧州連合(EU)が参考とされ,ASEAN共同体の設立に当たって議会を設置することや単一通貨を導入するための準備が進められている。

3 ASEAN諸国とわが国,中国,韓国による**ASEAN+3**首脳会議は,1990年代終わりに生じたアジア通貨危機への対応を通じ,地域協力の枠組みとして急速に発展した。しかし,その協力分野は通貨や金融が中心であったことから,2005年には,米国,オーストラリア,ニュージーランドを加えた新たな枠組みとしてASEAN+6と称される**東アジア首脳会議(EAS)** が始動し,ASEAN+3の枠組みは発展的に解消された。

4 **ASEAN地域フォーラム(ARF)** は,アジア太平洋地域における政治・安全保障問題に関する対話と協力の多国間枠組みとして,1994年から設置されている。27の国と機関が参加し,信頼醸成,予防外交,紛争解決,復興支援という4段階を設定して対話を進めることとしているが,コンセンサスを重視して制度化を急がない漸進的なペースによる会議運営が特徴のため,2017年3月現在も準備段階であり,まだ一度も開催されていない。

5 **アジア欧州会合(ASEM)** は,相互尊重および相互利益に基づく平等な関係の下,アジアと欧州の共通の関心事項について,オープンで包括的な対話と協力を行う枠組みとして,バンコクで第1回首脳会合が開催された。政治,経済,社会・文化等の3つの分野を活動の中心とし,近年ではアフリカ諸国の参加が拡大し,2017年3月現在は53の国と機関によって構成されている。首脳会合は非公式会合として形式にとらわれず,不定期に

開催されるのが特徴である。

難易度 ＊

必修問題の解説

　ASEANと関連会合についての基礎問題である。**1**と**2**がASEANそのものを，**3**がASEAN＋3を，**4**がASEAN地域フォーラムを，そして**5**がASEMを取り上げている。加盟国についての知識があるだけで**3**と**5**の選択肢の正誤の判断は容易にできる。あとは時事常識があれば解けるだろう。

1 ◎ ASEAN憲章においても内政不干渉の原則は維持された。

　正しい。互いに内政不干渉の原則を尊重するというのが創設以来のASEANの基本原則であり，これはASEAN憲章にも盛り込まれた。また，ASEANの意思決定方式についても，創設以来のコンセンサス重視が継承されたが，重要な事項について意見の一致が見られない場合には，**意思決定を首脳会議に委ねることも盛り込まれた**。

2 ✕ ASEANの3共同体はすでに2015年12月に発足した。

　ASEANはすでに1990年代からAFTA（ASEAN自由貿易地域）の設立をめざしてきたが，3つの共同体のうちのAEC（ASEAN経済共同体）は，これをさらに進め，貿易自由化に加え，サービスや投資の自由化や熟練労働者の移動の自由化を推進し，**EU型の単一市場の実現**を図るとしている。ちなみに，「単一通貨を導入するための準備」を進めているという事実も，議会を設置するという話もまだない。

3 ✕ ASEAN＋3の枠組みは今も維持されている。

　また，東アジア首脳会議は，ASEAN＋3にオーストラリア，ニュージーランド，インドを加えてスタートし，現在はこれらにアメリカとロシアを加えた**計18か国で行われている**。

4 ✕ ARFは毎年開催されている。

　このフォーラムは，①信頼醸成の促進，②予防外交の進展，③紛争へのアプローチの充実，という**3段階のアプローチ**を設定し，閣僚会合（外相会合）を中心に，さまざまなレベルでの会合が，**毎年，ASEAN議長国において開催されている**。なお，ARFは安全保障の会合としては珍しく，インド，パキスタン，北朝鮮が参加している。1994年から2017年までずっと「準備段階」というのはいくらなんでも長すぎるので，読んだとたんにすぐ誤りとわかったはずだ。

5 ✕ ASEMは2年ごとに定期開催されている。

1996年にバンコクで第1回が開催されて以来，**ASEM首脳会合は2年ごとにアジアとヨーロッパで交互に開催されている**。また，閣僚会合や専門家会合なども開かれている。アジアとヨーロッパの対話の場なので，「アフリカ諸国の参加」という事実はない。

正答 **1**

●ASEAN関連の国際的枠組み

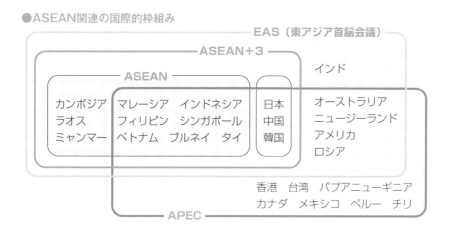

FOCUS

　地域機構については，なんといっても加盟国がどこかが重要である。加盟国は時代とともに変化するので，その点にも注意をしなければならない。EUであれば当初の加盟国にイギリスが含まれていたか，ASEANであればどういう経緯で加盟国が拡大したのか，しっかりと確認しておこう。

　この問題ではASEAN憲章が取り上げられているが，同様にEUについても基本条約への言及が多い。EUの基本条約はEUの発展とともに変更されてきた。どの基本条約によって統合がどのように進展していったのか，きちんと整理しておくことが大切である。

─ POINT ─

重要ポイント 1 **世界の主要地域機構**

（1）欧州と南北アメリカ（EUについては重要ポイント2を参照）

NATO （北大西洋条約機構）	1949年に発足したヨーロッパ諸国とアメリカ，カナダの軍事同盟。冷戦終結後，ソ連陣営に属した中央・東欧諸国からの参加国が相次いだ。また，「NATOロシア理事会」が設置された2002年以降，ロシアも準加盟国扱いとなっている。1995年以降，周辺国の紛争解決（ボスニア，コソボ等）やテロ対策（アフガニスタン）を目的に軍隊を派遣している。 **加盟国**：30か国。北米・欧州以外からはトルコも参加。
OSCE （全欧安全保障協力機構）	ヨーロッパの安全保障について話し合うために1975年に設立された全欧安全保障協力会議（CSCE）を，1995年に機構化。安全保障だけでなく，人権や人道分野なども活動対象に含めている。 **加盟国**：全ヨーロッパを網羅する57か国。
NAFTA （北米自由貿易協定） USMCA （米国・メキシコ・カナダ協定）	北米3国の自由貿易協定。1988年に合意された米加自由貿易協定にメキシコが加わる形で1994年に成立した。2017年に登場したアメリカのトランプ大統領が再交渉を求め，2018年10月，3か国は新協定USMCAに合意した。 **加盟国**：アメリカ，カナダ，メキシコ。
SICA （中米統合機構）	1992年に設立された中米諸国の地域機構。経済圏としての地域の発展だけでなく治安対策などでも政策協調を図る。1960年から断続的に形成されてきた「中米共同市場」を受け継ぎ，今は関税同盟の設立をめざしている。 **加盟国**：コスタリカ，グアテマラ，パナマなど8か国。
アンデス共同体	1969年に設立された「アンデス地域統合」を引き継いで1996年に創設。2006年には「アンデス自由貿易圏」を設置した。共通外交政策の策定にも取り組む。 **加盟国**：ボリビア，コロンビア，エクアドル，ペルー。
メルコスール （南米南部共同市場）	1995年に発足した南米諸国の地域経済機構。域内関税の原則撤廃と対外共通関税の設定＝関税同盟をすでに達成（準加盟国は域内撤廃のみ参加）。 **加盟国**：ブラジル，アルゼンチンなど6か国。ほかに準加盟国が6か国。
太平洋同盟	2011年に設立された歴史の浅い地域経済機構。域内の関税をほとんど撤廃しているのが特徴。アジア・太平洋地域との経済関係の強化をめざす。 **加盟国**：メキシコ，コロンビア，ペルー，チリ。
OAS（米州機構）	アメリカ主導で1951年に発足した地域防衛機構。域外からの侵略に対して共同行動をとることとされている。 **加盟国**：南北アメリカ大陸とカリブ海の35か国。

(2) アジア・太平洋（ASEANについては重要ポイント3を参照）

APEC （アジア太平洋経済協力会議）	自由貿易を尊重するアジア・太平洋地域の国・地域による緩やかな経済協力の枠組み。1989年，日本からの働きかけもあって，第1回会議が提唱国のオーストラリアで開催された。 APECは，2006年以降，FTAAP（アジア太平洋自由貿易圏）の実現を重要課題に掲げている。実現するとGDPでは世界の5割をカバーする巨大な自由貿易圏が誕生することになる。 **加盟国**：ロシア，中国，韓国，日本，台湾，香港，フィリピン，ブルネイ，ベトナム，タイ，マレーシア，シンガポール，インドネシア，パプアニューギニア，オーストラリア，ニュージーランド，チリ，ペルー，メキシコ，アメリカ，カナダの21の国と地域（台湾と香港が「地域」として加盟している）。
SAARC （南アジア地域協力連合）	南アジア諸国の地域協力機構。1985年設立。南アジア自由貿易圏（SAFTA）も設定している。 **加盟国**：インド，パキスタン，バングラデシュ，スリランカ，ネパールなど8か国。
SCO （上海協力機構）	中国，ロシアと中央アジア4か国の地域連合として2001年に設立。テロ対策や安全保障対策も主要議題とするのが特徴。 **加盟国**：原加盟国は中国，ロシア，カザフスタン，キルギス，タジキスタン，ウズベキスタン。2017年にインド，パキスタンが，2023年にイランが加盟。
アラブ連盟	1945年に創設されたアラブ世界の政治協力機構。 **加盟国**：中東・北アフリカの22か国・機構。
GCC （湾岸協力理事会）	1981年に創設された中東の王国の地域機構。あらゆる分野での政策協調を図る。1983年には自由貿易地域を設定，2003年には関税同盟となり，2008年には市場統合を実現させた。通貨統合に向けた準備も進めている。また，1985年以降，軍事面での協力も行っており，1991年の湾岸戦争では合同軍を派遣した。 **加盟国**：サウジアラビア，アラブ首長国連邦など6か国。
PIF （太平洋諸島フォーラム）	南太平洋の島国の地域機構として1971年に創設（2000年に名称変更）。 **加盟国**：オーストラリア，ニュージーランド，フィジーなど16か国。
ASEM （アジア欧州会合）	1996年に発足。アジアとヨーロッパの地域間協力の強化が目的。隔年で首脳会合を開催。 **加盟国**：アジア側（21か国と1機関）と欧州側（30か国と1機関）の合計51か国と2機関。

（3）アフリカ，ユーラシア

AU （アフリカ連合）	1963年設立のアフリカ統一機構（OAU）を発展させる形で2002年に発足。平和・安全保障理事会を持ち，アフリカにおける国家間紛争を調停したり，国連PKOに積極的に参加したりしている。 **加盟国**：アフリカの55の国・地域。
EAC （東アフリカ共同体）	1970年代に設立されたが国家間紛争によって解体し，改めて2001年に再スタートした。2005年には関税同盟の発足を決め，2010年までに域内関税の撤廃，対外共通関税の導入などを実現させた。 **加盟国**：東アフリカのケニア，タンザニア，ウガンダなど6か国（南スーダンの加盟を2016年に承認）。
ECOWAS （西アフリカ諸国経済共同体）	1975年に設立。域内の経済統合を推進するとともに防衛相互援助も実施している。 **加盟国**：西アフリカの15か国。
SADC （南部アフリカ開発共同体）	南アフリカ共和国による経済的支配に対抗するために1980年に設立された「南部アフリカ開発調整会議」が，アパルトヘイト撤廃後の1992年に名称変更した地域機構。1994年には南アフリカ共和国も加盟した。経済統合をめざしているほか，紛争解決のための政治活動も行っている。 **加盟国**：アフリカ南部の16か国。
CIS （独立国家共同体）	ソ連の崩壊によって独立した15の共和国のうち，バルト3国を除く12か国が1991年に設立した緩やかな共同体。 **加盟国**：ロシアなど。ジョージアは脱退，ウクライナは脱退手続き中。
ユーラシア経済連合	ロシアを中心とした旧ソ連諸国の地域経済機構。資本・商品・労働の移動を自由化し，市場統合を進める。2015年1月発足。 **加盟国**：ロシア，ベラルーシ，カザフスタン，アルメニア，キルギス。

重要ポイント **2** EU（欧州連合）

（1）統合の過程

①名称変更と経済統合

EUの発展は，①3共同体時代，②EC時代，③EU時代に分けて整理できる。

●欧州統合の進展

3共同体時代 （1950年代）	資源の共同利用	1952年：資源の共同利用などを目的に，**欧州石炭鉄鋼共同体**（ECSC）を設立。 1958年：**欧州経済共同体**（EEC），**欧州原子力共同体**（EURATOM）を設立。 1962年：**共通農業政策**を導入。協力関係を農業にまで拡大。
EC時代 （1967年〜）	関税同盟	1967年：3共同体は運営を統合し，**EC（欧州共同体）**を設立。 1968年：域内では関税を廃止し，**対外共通関税**を導入。
	市場統合	1993年：ヒト・モノ・サービス・カネの**域内自由移動**が可能に。
EU時代 （1993年〜）	経済通貨統合	1993年：ECはEU（欧州連合）へと名称変更。**共通外交・安全保障政策**を導入。 1999年：経済通貨統合＝欧州中央銀行（ECB）による**共通通貨ユーロの導入**。

②加盟国の推移

創設メンバー

 フランス，ドイツ*，イタリア，オランダ，ベルギー，ルクセンブルク

⬇

周辺諸国への拡大（北欧・南欧など）

 1973年　イギリス，デンマーク，アイルランド
 1981年　ギリシャ
 1986年　スペイン，ポルトガル
 1995年　オーストリア，スウェーデン，フィンランド

⬇

冷戦後の拡大（東欧・地中海）

 2004年　エストニア，ラトビア，リトアニア，ポーランド，チェコ，
     スロバキア，ハンガリー，スロベニア，キプロス，マルタ
 2007年　ルーマニア，ブルガリア
 2013年　クロアチア
 2020年　イギリス離脱

 EU加盟国は27か国に

*創設当時は
「西ドイツ」

48

③基本条約

1952年	パリ条約	欧州石炭鉄鋼共同体の設立
1958年	ローマ条約	欧州経済共同体，欧州原子力共同体の設立
1967年	ブリュッセル条約	3共同体の運営を統合し，ECが誕生
1987年	単一欧州議定書	市場統合に向けた基本条約の修正
1993年	欧州連合条約 （マーストリヒト条約）	欧州共同体（経済通貨統合など），共通外交安全保障政策，司法・内務協力を3本柱と規定。共通市民権（選挙権）も導入。
1999年	アムステルダム条約	加盟国の「建設的棄権」を認めて，多数決による決定を容易にした。
2003年	ニース条約	EUの東方拡大を踏まえた修正基本条約。新たな加盟国の票数や議席数を規定。一部の加盟国だけで政治統合を進められるようにする「先行統合」の制度も創設。
2004年	憲法条約（署名）	政治統合の促進をめざしたが，フランスとオランダが条約案を国民投票で否決。加盟各国の批准が得られず，発効しなかった。
2009年	改革条約 （リスボン条約）	憲法条約に代わる基本条約。加盟国拡大に対応するために意思決定方式を変更（二重多数決）。欧州議会に共同立法権を付与。

（2）EUの主要組織

欧州理事会	加盟国首脳らによる最高決定機関（EUサミット）。 常任議長（任期2年半）は，「EU大統領」として対外的にEUを代表する。
EU理事会	加盟国の関係閣僚による意思決定機関。政策分野ごとに開催。
欧州委員会	EUの執行機関（行政府）。委員長はEUの「首相役」。
欧州議会	諮問機関＋共同決定機関。議員は加盟国ごとに直接選挙で選出。
欧州対外行動庁 （外務省訳は欧州対外活動庁）	EUの「外務省」。「外務大臣」に相当する外務・安全保障政策上級代表の下に置かれている。

　なお，EUの各理事会の議案の可決には，「55％以上の加盟国の賛成」と「賛成国の人口の合計がEU人口の65％以上を占める」の2条件を満たすことが必要（二重多数決）。ただし，外交，財政，社会政策など一部では，全会一致方式が維持されている。

重要ポイント 3 ASEAN（東南アジア諸国連合）

（1）ASEANの発展

①加盟国の増大

> 創設メンバー
>
> 1967年　フィリピン，インドネシア，シンガポール，
> 　　　　タイ，マレーシア
>
> ↓
>
> 周辺諸国への拡大
>
> 1984年　ブルネイ
> 1995年　ベトナム
> 1997年　ラオス，ミャンマー
> 1999年　カンボジア
>
> 2022年　東ティモールを加盟国として承認。正式加盟時期は未定。

②**政策協調**：ベトナム戦争への対応を意識して創設されたものの，当初の目的はあくまでも経済・文化・科学技術における協力（＝軍事同盟ではない）。

　　1976年以降は，政治分野における協力も正式の目的に追加した。

③**ASEAN憲章**：2008年，新たな行動規範となるASEAN憲章が発効。法的根拠を持つ多国間組織になった。

④**経済統合**：1990年代から**AFTA（ASEAN自由貿易地域）**の設立に着手。域内の関税撤廃を進めてきた。

　　2015年12月には「経済共同体」「政治・安全保障共同体」「社会・文化共同体」の3つからなる**ASEAN共同体**を設立。AEC（ASEAN経済共同体）では「単一市場」の構築を図り，サービスや投資の自由化，さらには熟練労働者の移動の自由化などが進められる。

（2）ASEAN関連会合

　ASEANは，首脳会議に合わせて，周辺諸国との関連首脳会議を開いている。そのほか，ASEANを含む各種の国際的枠組みが存在する。

ASEAN	東南アジア10か国。
ASEAN＋3	ASEAN10か国＋日中韓3か国。ASEAN首脳会議に合わせて開催。
東アジア首脳会議（EAS）	ASEAN＋3に，インド，オーストラリア，ニュージーランド，アメリカ，ロシアを加えた18か国。2005年からASEAN首脳会議に合わせて開催。
ASEAN地域フォーラム（ARF）	ASEAN諸国が周辺各国と安全保障問題を話し合う会議。北朝鮮を含む26か国と1機関（EU）が参加。

実戦問題 **1** 　基本レベル

No.1 　地域統合に関する次の記述のうち，妥当なものはどれか。

【地方上級（関東型）・平成30年度】

1　ASEANは，東南アジア10か国による地域協力機構であり，その域内には約10億人が居住している。2020年末までに，ASEAN共同体の発足をめざしている。

2　NAFTAは，1994年にアメリカとカナダの間で発効した自由貿易協定である。2002年にメキシコが加盟申請したものの，アメリカがこれを拒否し続けている。

3　MERCOSURは，南米のすべての国々が参加している関税同盟である。非民主主義国も加盟しているため，民主主義が遵守されていないと批判されることも多い。

4　EUは，欧州諸国が結成している国際機構である。2017年にイギリスが離脱を表明したが，同年中にはソビエト連邦を構成していたベラルーシとウクライナが加盟した。

5　AUは，アフリカ統一機構（OAU）を改組して2002年に発足した地域協力機構である。50を超えるアフリカ諸国が加盟し，域内の経済成長などをめざしている。

No.2 欧州連合（EU）に関する次の記述のうち，妥当なのはどれか。

【国家総合職・令和３年度】

1 冷戦下においては欧州統合の動きが活発になった。1950年代には，英国を中心とした欧州石炭鉄鋼共同体（ECSC）の設立の後，欧州経済共同体（EEC），欧州原子力共同体（EURATOM）が発足し，続く1960年代にはこれらは欧州共同体（EC）にまとめられた。この欧州統合の流れは経済分野にとどまらず，同じく1960年代に欧州安全保障協力会議（CSCE）が開催される等，安全保障面での統合の進展も見られた。

2 EU加盟を希望する国は，欧州理事会に加盟を申請しなければならない。コペンハーゲン基準とは，その国がEU加盟国となった場合に従うべき基準であり，その内容は政治的基準，経済的基準，宗教的基準に大別される。2004年には，多くの中・東欧諸国がEUに加盟したため，現在はこのコペンハーゲン基準を満たすよう，各国で改革が進められているところである。

3 EUは，冷戦末期には西側・東側の区別なく拡大を続けてきた。一方で，トルコは1987年にEU加盟申請をし，2005年から正式な加盟交渉が開始されているが，ロマを中心とした少数民族への抑圧や，言論・報道の自由の制限等の国内の人権問題等から，2021年3月現在では加盟交渉が難航している。

4 EUは，加盟国間で締結する国際条約を法的根拠に欧州統合を進めようとしており，2004年には欧州憲法条約が調印されたが，一部の加盟国での国民投票において批准が否決されて未発効に終わった。その後，欧州理事会の常任議長職の創設条項の削除等，同条約の内容を修正・簡素化したリスボン条約が調印されたが，同じく一部の加盟国での国民投票で批准が否決されて発効には至らなかった。

5 チュニジアで起こった「ジャスミン革命」を発端として，北アフリカや中東の民主化運動である「アラブの春」が起こった。その後，これらの地域での内戦や紛争，テロに伴う治安悪化，政府からの迫害や人権侵害等から逃れた難民がEU諸国にも押し寄せるようになった。2015年にはEU加盟国での難民申請者数は120万人以上となり過去最高を記録した。

No.3 欧州統合の歴史に関する次の記述のうち，妥当なのはどれか。

【国家総合職・平成29年度】

1 オーストリアのR.クーデンホーフ＝カレルギーは，欧州を舞台として甚大な被害をもたらした第二次世界大戦への反省から，戦後，欧州の統合による平和の維持と共同市場の結成を通じた繁栄を訴える汎ヨーロッパ運動を推進した。これを受けてフランスのC.ドゴール大統領は，アメリカ合衆国をモデルとした「ヨーロッパ合衆国」の創設による欧州の統合を訴えた。

2 1952年に発効したパリ条約によって設立された欧州石炭鉄鋼共同体（ECSC）は，西ドイツ，フランス，イタリア，ベルギー，オランダ，デンマークの6か国を原加盟国とし，加盟国域内で産出される石炭と鉄鋼を共同管理することを目的としたものであり，以後の欧州連合（EU）成立に至る統合の端緒となった。この取組みは，西ドイツのR.シューマン外相によって提唱されたものであり，ECSCの設立には西ドイツが強いリーダーシップを発揮した。

3 1958年に発効したベルリン条約によって，貿易障壁の撤廃による自由市場の形成，共通の経済政策，加盟国間の生活水準の是正を目的として，欧州経済共同体（EEC）が設立された。ただし，加盟国間における具体的な制度の調整に時間を要したため，EEC加盟国による関税同盟の成立は，1986年の単一欧州議定書の採択まで達成されなかった。

4 1967年に発効したブリュッセル条約により，欧州石炭鉄鋼共同体（ECSC），欧州原子力共同体（EURATOM）および欧州経済共同体（EEC）のそれぞれの執行機関（委員会）を統合して，欧州共同体（EC）委員会が創設された。この後，ECにおいては，英国等の新たな加盟による領域の拡大と，通貨協力の取組み等による統合の深化が進められた。

5 1993年に発効したマーストリヒト条約によって，欧州共同体（EC）を第1の柱，共通外交・安全保障政策を第2の柱，共通通貨の創設を第3の柱とするいわゆる神殿構造のEUが成立した。その後，2009年に発効したリスボン条約により，この構造は廃止されてさらなる統合の深化が図られ，EU域内市民の直接選挙によるEU大統領職が創設された。

No.4 アジアにおける地域協力に関する次の記述のうち，最も妥当なのはどれか。

【国家総合職・令和5年度】

1　1990年代以降アジアは域外との協力関係の発展を模索し，1996年にシンガポールのゴー・チョクトン首相の呼びかけにより，アジアとアフリカの関係強化をめざしたASEMが開催された。ASEMでは政治，経済，文化といった幅広い分野で活動を行っており，首脳会合が2年ごとに開催されているが，日本，中国，韓国は参加していない。

2　東南アジア地域における地域協力の枠組みとして，1967年にタイ，インドネシア，マレーシア，シンガポール，フィリピンの5か国によりASEANが形成された。2003年，安全保障共同体，経済共同体，社会・文化共同体からなるASEAN共同体の実現をめざした第二ASEAN協和宣言が採択された。

3　1989年，アジア太平洋地域における政治統合をめざし，キャンベラにおける閣僚会議においてAPECが発足した。APECはコンセンサス方式による合意形成や加盟国の自主性の尊重などの運営の基本原則を掲げた。米国は，APECの発足当時東アジア諸国との貿易摩擦が激化しており，当初加盟していなかったが，1991年の中国加盟後にAPECに加わった。

4　TPP協定は，シンガポール，中国，ニュージーランド，チリの4か国により締結された経済連携協定を原型とする，知的財産など非関税分野を含む包括的な経済連携協定である。日本は当初参加交渉に加わっていたが，米国のトランプ大統領がTPP交渉から離脱することを表明した機会に合わせ，日本もTPP交渉を中断した。

5　1966年，米国のイニシアティブによりアジア開発銀行が設立された。設立に当たっては世界銀行との重複が論点になったが，世界規模の開発支援は世界銀行，アジア地域固有の事情に対するきめ細やかな支援はアジア開発銀行と役割分担が整理された。設立以降，アジア開発銀行は米国の強い影響下にあり，本部はマニラに設置され，歴代総裁は米国から選出されている。

No.5 地域機関などに関する次の記述のうち，妥当なのはどれか。

【国家総合職・平成25年度】

1 南アジア地域協力連合（SAARC）はインド，パキスタンなどの南西アジアの7か国を原加盟国とする地域協力の枠組みである。SAARC憲章では経済社会開発や文化面での協力などの非政治領域での協力をSAARCの目的としているほか，印パ対立などを背景とした域内の緊張を緩和するべく二国間や地域の係争事項を首脳会議において討議することとしており，SAARCの枠組みによってカシミール地域の帰属決定に関する住民投票が実現した。

2 米州機構（OAS）は1951年に発足した汎米国際機関である。当初OASは米国の影響の下，1962年にキューバへの制裁決議を行うなど反共政策を推進していたが，米州開発銀行の創設や米州人権条約の採択など，経済社会開発面での活動も強化するようになった。近年では民主主義の擁護・促進もOASの目的の一つとなっており，1990年に設置された民主主義促進室を活動主体として米州各国での選挙監視活動や法整備支援を行っている。

3 アフリカ連合（AU）は，アフリカ大陸とその周辺島嶼の諸国を包括する地域機関であり，アフリカ統一機構（OAU）が発展改組されて発足した。AUはOAUと同様，厳格な内政不干渉原則を採用しているが，近年ではソマリア情勢などを背景に，紛争予防・解決能力を強化するべく，紛争担当部門を独立させる機構改革を推進しており，今後総会の下に平和安全保障理事会やアフリカ待機軍を創設することが構想されている。

4 太平洋諸島フォーラム（PIF）はオーストラリア，ニュージーランドなど大洋州に位置する16か国・地域で構成された組織であり，政治・経済・安全保障など幅広い分野において域内共通の関心事項の討議を行っている。近年，援助国を中心とした域外国との対話も開始しており，2012年の5月にはわが国とPIF間の対話の場として初めて太平洋・島サミット（PALM1）が開催され，環境・気候変動や海洋問題，人間の安全保障などについて議論された。

5 欧州評議会（Council of Europe）は民主主義の擁護および人権保護の推進を理念として1949年に設立された。欧州評議会の目的は人権，民主主義および法の支配の擁護であり，1953年に発効した欧州人権条約に基づき，欧州人権裁判所が設置されている。その他，加盟国の防衛問題への取組みも行われており，1975年に旧東側諸国の国境固定化などを内容とするヘルシンキ宣言を行い，冷戦終了前の東西陣営の軍事的緊張感を緩和することに貢献した。

実戦問題 **1** の解説

No.1 の解説 地域統合

1 ✕ ASEAN（東南アジア諸国連合）は
2015年に「ASEAN共同体」を発足させた。

ASEAN共同体は，「経済共同体」「政治・安全保障共同体」「社会・文化共同体」からなり，このうち「経済共同体」は単一市場の構築をめざしている。なお，**ASEAN域内の人口は6億5000万人ほどである**（2018年）。

2 ✕ メキシコはNAFTA（北米自由貿易協定）のメンバーであった。

1988年に合意された米加自由貿易協定にメキシコが加わったものが，**1994年に成立したNAFTA**である。なお，2017年に発足したアメリカのトランプ政権の求めに応じ，3か国は自由貿易のルールに関する再交渉を行い，2018年に**USMCA（アメリカ，メキシコ，カナダ協定）に合意した。**

3 ✕ すべての南米諸国がMERCOSUR（メルコスール：南米南部共同市場）に加盟しているわけではない。

メルコスールの加盟国は6か国で，準加盟国が6か国である。しかし，ベネズエラが2016年12月から事実上の加盟停止状況にあるなど，南米諸国を網羅している地域機構といえる状況にはない。

4 ✕ ベラルーシとウクライナはEU（欧州連合）に加盟していない。

ベラルーシはEUには加盟していないだけでなく，加盟申請もしていない。一方，ウクライナは2023年6月にEUの加盟候補国になり，正式に加盟交渉を始めた。なお，**イギリスのEU離脱は2020年1月に実現した。**

5 ◎ AU（アフリカ連合）の前身はOAU（アフリカ統一機構）である。

正しい。OAU時代と異なり，AUはより積極的に域内の紛争の抑止に関与し，**経済統合にも前向きに取り組んでいる。**

No.2 の解説　欧州連合

→問題はP.52　**正答5**

1 ☒ **イギリスはECSCの設立に参加していない。**

ECSC設立を主導したのは独仏で，3共同体時代（ECSC, EEC, EURATOM）の加盟国はフランス，西ドイツ，イタリア，オランダ，ベルギー，ルクセンブルクの6か国であった。**イギリスの参加はECができてしばらくした1973年のことである。**なお，CSCEが創設されたのは1975年であり，その点でもこの選択肢は間違っている。

2 ☒ **EUの加盟条件に宗教的基準は含まれていない。**

EUに加盟するための基準には，民主主義，法の支配，人権の尊重，マイノリティの尊重と保護といった**政治的条件**と，市場原理や競争に関する**経済的条件**，そして**EUの目的遵守などの義務**が含まれているが，宗教的基準といったようなものはない。

3 ☒ **EUの誕生は1993年である。**

トルコは1987年にECに加盟申請をしたが認められず，改めて1998年にEUに加盟申請し，2005年から正式に加盟交渉が始まった。交渉が停滞している理由の1つは少数民族問題であるが，「ロマを中心」は**「クルド人を中心」が適切である**（ロマも一定数いるが，クルド人のほうが圧倒的に多い）。

4 ☒ **リスボン条約は2009年に発効した。**

憲法条約は**フランスとオランダが国民投票で否決**したために発効できなかったが，これを改めたリスボン条約は2009年に発効した。なお，**欧州理事会の常任議長職**（事実上の大統領職）はリスボン条約でも維持された。

5 ◎ **2015年，EUは「欧州難民危機」への対処に追われた。**

正しい。中東の政治情勢の変化を受けて，2015年，EUに100万人を超す難民・移民が押し寄せ，**「欧州難民危機」と呼ばれる事態**となった。その後は難民が経由地とするトルコとEUとで対応策を講じ，EUに向かう難民・移民は減少していった。

No.3 の解説　欧州統合

→問題はP.53　**正答4**

1 ✕ クーデンホーフ＝カレルギーが汎ヨーロッパ運動を推進したのは
第一次世界大戦の後である。

また，これを受けて「ヨーロッパ連邦」構想を国際連盟において提唱したの
は，**当時のフランスのブリアン外相であった**。ドゴールはこの運動とは無関
係である。

2 ✕ ECSCの原加盟国は，
西ドイツ，フランス，イタリア，ベルギー，オランダ，ルクセンブルクである。

原加盟国にデンマークは含まれていない。また，シューマンはフランス外相
であった。シューマンは，石炭と鉄鋼の共同管理案を積極的に推進し，
ECSC（欧州石炭鉄鋼共同体）の設立を実現させた。

3 ✕ EEC諸国の関税同盟は，ECを創設した翌年の1968年に実現した。

EECは1958年の「ローマ条約」で設立された。そして，1962年には共通
農業政策を導入するなど，一部の経済政策の共通化を実現させた。一方，関
税同盟は1968年になって成立した。3つの共同体の執行機関を統合してEC
が創設された1967年の翌年のことであった。なお，1986年の「単一欧州議定
書」は市場統合を実現させるための基本条約の修正である。

4 ◎ 1973年にECは初めて加盟国の増加に踏み切った。

正しい。ECの加盟国拡大は，イギリス，アイルランド，デンマーク（1973
年），ギリシャ（1981年），スペイン，ポルトガル（1986年）と続いた。その
後，EUになってから，オーストリア，スウェーデン，フィンランド（1995
年）が加盟した。冷戦が終わると東欧諸国なども加盟するようになり，2013
年にはクロアチアを加えて28か国にまで拡大した。

5 ✕ 欧州連合の3本柱は，
欧州共同体，共通外交安全保障政策，司法・内務協力の3つである。

1993年のマーストリヒト条約は欧州連合が「3本柱」構造を持つと規定し
た。共通通貨の導入は，このうちの「欧州共同体」の柱に含まれる。また，
この条約において，**欧州市民権が導入され**，欧州議会の議員はEU市民の直
接選挙で選出されることとなった。なお，事実上のEU大統領は「欧州理事
会常任議長」が務めており，**市民から直接選挙で選ばれているわけではな
い**。

No.4 の解説　アジアにおける地域協力

→問題はP.54　**正答2**

1 ✕ ASEMには日本，中国，韓国も参加している。

ASEM（アジア欧州会合）はアジアと欧州の連携強化を図るための会合である。

➡ ASEMはAsia-Europe Meetingの略語である。アジアとアフリカなら「E」ではなく，「A」になるはずだ。

2 ◎ ASEANは「ASEAN共同体」の創設を決め，実現させた。

正しい。**ASEAN共同体は2015年末に正式に誕生した**。このうち，経済共同体では地域を1つの経済圏として統合を進めるとしている。

3 ✕ APECにはアメリカも中国も当初から参加している。

APECは経済協力を進めるための緩やかな枠組みで，**政治統合をめざす組織ではない**。なお，コンセンサスに基づく合意形成を重視している点は正しい。

4 ✕ 日本はアメリカのTPP離脱後もTPP交渉を積極的に進めた。

2005年にTPPの元となった経済連携協定に署名した4か国は，**シンガポール**，**ニュージーランド**，**チリ**，そして**ブルネイ**である。2017年のアメリカ離脱後も残りの11か国は交渉を続け，2018年12月に「**TPP11（CPTPP，包括的および先進的なTPP協定）**」を発効させた。

5 ✕ アジア開発銀行の歴代総裁は日本から選出されている。

アジア開発銀行は日本のイニシアティブで創設された。日本とアメリカが最大の出資国だが，総裁は日本（財務省）から選ばれている。

1 × SAARCは経済，社会，文化に関する地域協力機構である。

インドとパキスタンの政治的・軍事的対立を踏まえれば，SAARCが経済協力を中心に据えた地域機構になっているであろうことは想像が付くだろう。もちろん，カシミール地域の帰属に関する住民投票などがこの枠組みで行われたという事実はない。

2 ◎ OASは加盟各国の民主化の確立支援にも取り組んでいる。

正しい。OASの加盟国は南北アメリカを網羅する35か国である。もともとは反共主義に基づく安全保障同盟の色彩が強かったが，現在は選挙監視活動で重要な役割を果たすなど，地域の民主化の確立に力を入れている。

3 × AUには平和・安全保障理事会がある。

AUでは，アフリカ地域における紛争解決に積極的に取り組むため，規約上，**加盟国への介入も可能とされている**。また，常設のアフリカ待機軍も導入が決定しているが，現在は地域ごとに待機軍が編成されている段階にある。

4 × 太平洋・島サミットは日本主導の地域会議である。

太平洋・島サミットは日本が太平洋島嶼国と関係強化を図るための会合であり，日本とPIFとの対話の場という位置づけではない（実際には大半の参加国がPIFの加盟国である）。

5 × ヘルシンキ宣言は全欧安全保障協力会議（CSCE）で採択された。

最初の文は正しい。ただし，欧州評議会は第3文にある防衛問題への取組みは行っていない。ちなみに，**ヘルシンキ宣言は1975年に全欧安全保障協力会議（CSCE）で採択された**もので，冷戦時代に東西陣営間の信頼醸成措置の創設を提唱するなど，東西の緊張緩和に貢献した。

なお，この会議は1994年に機構化が図られ，現在は**全欧安全保障協力機構（OSCE）**として，北米，欧州，中央アジアの57か国が加盟する世界最大の地域安全保障機構になっている。

実戦問題２　応用レベル

**
No.6　ヨーロッパ統合に関する次の記述のうち，妥当なのはどれか。

【国家一般職・平成22年度】

1　クーデンホーフ＝カレルギー伯爵は，1923年に『パン・ヨーロッパ』を出版して，その後のパン・ヨーロッパ運動を組織した。彼は，1929年に国際連盟総会の場で「ヨーロッパ連邦」構想を提案したブリアン仏首相に対しては批判的な姿勢を貫き，1930年代に入ると，ナチス・ドイツを中心にヨーロッパ統一を図ろうとしていたヒトラーをパン・ヨーロッパ運動の名誉総裁に推戴した。

2　シューマン仏外相は，1950年５月にヨーロッパ石炭鉄鋼共同体（ECSC）設立を求める演説を行った。しかし，仏独の歴史的和解を主目的として，ECSCという超国家機構への「主権の委譲」を手段とするシューマンの構想に対して，まずイギリスとイタリアが不参加の姿勢を示し，次にベネルクス諸国も大国主導の統合だと批判して，結局は，ECSC創設の試みは失敗した。

3　ドゴール仏大統領は，1961年および1967年にイギリス政府のヨーロッパ経済共同体（EEC）への加盟を拒否した。しかし，アイルランドとデンマークについては，両国がフランスの主導的立場を脅かさないことを理由にドゴールが加盟を認め，1960年代に両国はEECへの正式加盟を果たした。他方，イギリスのEEC加盟が実現するのは，ドゴールの退陣後にポンピドゥー政権が誕生して以降の1970年代初頭になった。

4　1993年11月に発効したマーストリヒト条約は，共通外交安全保障政策（CFSP）という文言を明記したが，共通防衛政策に関する具体的な明文規定は含んでいなかった。しかし，1998年12月に英仏首脳がサンマロ会議で共同宣言を発出して，CFSPの枠組みの中で共通防衛政策を模索すべきであると合意したことをきっかけに，ヨーロッパ安全保障防衛政策（ESDP）が発展することになり，2003年２月発効のニース条約によってその法的根拠が明文により規定された。

5　マーストリヒト条約発効後，ヨーロッパ連合（EU）の外相理事会の常任議長国（英，独，仏）の外相が，EU代表として国際会議に参加するなど，EUの「外務大臣」としての役割を担っていたが，2009年12月に発効したリスボン条約では，その明文規定に基づき，CFSP担当上級代表というポストが新設され，一貫したEU外交の担い手になることとされた。

地域協力に関するア～エの記述のうち，妥当なもののみをすべて挙げて
いるのはどれか。

【国家一般職・平成24年度】

ア：アジア太平洋経済協力（APEC）は，1993年以降毎年，首脳（経済リーダー）
　会合を開いて，貿易・投資の自由化を推進すべく交渉を重ねてきた。しかし，
　東南アジア諸国連合（ASEAN）と日中韓からなる ASEAN＋3 の枠組みに対
　抗すべく，2010年から米国がオーストラリアなどと一緒に環太平洋パートナー
　シップ（TPP）協定交渉を開始したために，アジア太平洋地域に自由貿易圏を
　作る構想が APEC首脳会合で取り上げられることはなくなった。

イ：東アフリカ地域では，ケニア，タンザニア，ウガンダの3か国が，1970年代
　には軍事紛争を含む政治対立を深めていたが，1999年には東アフリカ共同体
　（EAC）設立条約に調印した。これら諸国に隣接するルワンダやブルンジでは
　1990年代には内戦が勃発したが，その後の和解や和平のプロセスが進展して，
　2007年にはEACに加盟するまでに至った。

ウ：ソビエト社会主義共和国連邦は1991年末に解体して，旧ソ連15共和国は，独立
　国家共同体（CIS）を創設した。リトアニアとポーランドに挟まれたロシア連邦の
　飛び地だったカリーニングラードは，1998年にはCISの枠組みの中で，リトアニア
　への帰属が認められた。リトアニアが，2004年にヨーロッパ連合（EU）に加盟
　してCISを脱退して以降も，カリーニングラードの帰属に変化はない。

エ：ヨーロッパ連合（EU）は，加盟27か国に共通の外交・安全保障政策を実施
　する体制を強化するために，2009年12月に発効したリスボン条約において，い
　くつかの制度・機構改革を規定していた。その結果，たとえば，2010年12月に
　は，ヨーロッパ委員会やEU理事会事務局のスタッフ以外に，加盟各国外務省
　から出向するスタッフも勤務する組織として，EU版の外務省といえるヨーロ
　ッパ対外活動庁（EEAS）が発足した。

1　ウ

2　イ，ウ

3　イ，エ

4　ウ，エ

5　ア，イ，エ

No.8　欧州をめぐる政治情勢に関する次の記述のうち，妥当なのはどれか。

【国家総合職・平成23年度改題】

1　欧州連合の新しい基本条約となる「リスボン条約」は，アイルランドが2009年
　10月に行った再国民投票で賛成を取り付け，最後に残ったチェコが11月に批准し

たため，同年12月に発効した。同条約の発効により，機構改革の面では，常任の欧州理事会議長の任命，EU外務・安全保障政策上級代表の任命，欧州対外活動庁の創設等，また，それ以外の面では，共通外交・安全保障政策実施体制の強化，欧州議会・各国議会の権限強化等が行われ，さらに，特定の国にとっての死活的な問題が他の国から軽視されることがないよう，意思決定手段については多数決制の適用分野が縮小された。

2　サブプライム・ローンに端を発する世界経済・金融危機に対応するため，2008年9月，サルコジ仏大統領は国連総会において首脳会合の開催を提案した。その結果，同年11月に主要先進国に新興国を加えた主要経済国で構成されるG20サミットがワシントンDCで開催されたが，その際，このG20を国際経済協力の第一のフォーラムとし，定例化することが決定された。2010年のトロント・サミットで合意された「G20トロント・サミット宣言」では，欧州における金融危機対策として，これまで各国において独自に行われていた金融政策について，欧州中央銀行（ECB）および各国中央銀行からなる欧州中央銀行制度（ESCB）を通じて単一の金融政策として行うことが盛り込まれた。

3　2009年12月の気候変動枠組条約第15回締約国会議（COP15）において，EUは，2020年までに1990年比で温室効果ガス排出量を少なくとも20％削減し，さらに他の先進国が相応の排出削減を約束すること，および各途上国がその責任と能力に応じて適切な貢献をすることを条件として30％削減することを表明した。会議では，主要国首脳が，今後の法的枠組みの基盤となることを期待した「コペンハーゲン合意」を作成したが，これは全会一致での合意には至らなかった。このため，2020年の温室効果ガス排出削減義務の設定，京都議定書以降の新たな枠組みの構築は先送りとなった。

4　ギリシャでは，2009年10月の政権交代後，それまで6％程度と見られていた2009年財政赤字が約13％となる見込みであることが対外的に明らかになったことにより，同国政府へのEUおよび市場の信頼が失墜し，ギリシャ国債の格下げが行われた。ドイツやフランスなどヨーロッパ主要国の金融機関は大量のギリシャ国債を保有しており，ギリシャへの支援策が検討されたが，約200億ユーロの国債が償還期限を迎える2010年5月までにEUとIMFの支援が決まらず，同国は債務不履行（デフォルト）に陥った。

5　2017年6月，イギリスで総選挙が行われ，保守党が第一党となったものの，どの政党も過半数に届かない結果となった。これを受け，保守党は，労働党が従来から提案していた，「ユーロ導入に向けた工程表」を受け入れる方針に転換することとしたため，労働党との連立協議に道が開けた。協議の結果，保守党のメイ党首が新首相に就任し，イギリスでは戦後初となる連立政権を発足させた。

No.9 　国際政治経済制度に関する次の記述のうち，妥当なのはどれか。

【国家一般職・平成29年度】

1 　1952年に発足した欧州石炭鉄鋼共同体（ECSC）を起源に持つ欧州共同体（EC）は，地域的な経済協力機構として，加盟国を拡大させ続けた。1993年に欧州連合（EU）に生まれ変わり，単一市場は北欧や東欧にまで広がった。ただし，共通の外交・安全保障政策はとられていない。

2 　東南アジア諸国連合（ASEAN）は，地域の安定を図りながら共産主義の脅威に対抗することを目的として，1967年に設立された。域内の著しい経済成長を背景として，さまざまな広域地域制度を推進しており，その結果，アジア太平洋経済協力（APEC）は消滅した。

3 　1995年に設立された世界貿易機関（WTO）は，貿易に関する規則が遵守されているかを監視し，貿易紛争を解決する国連の関連機関である。WTOの設立に伴って紛争解決手続は強化されたが，サービス貿易や知的財産権等の新分野での規則作りは回避された。

4 　1994年に発効した「海洋法に関する国際連合条約」は，伝統的な海洋とその資源の自由な利用の原則を修正し，領海，排他的経済水域，大陸棚等に関する規則を整備した。これによって新しい海洋法秩序が生まれた。

5 　国際的な経済格差を背景にして，20世紀後半から途上国に対する政府開発援助（ODA）が活発に行われるようになった。1961年に国連経済社会理事会（ECOSOC）の傘下に開発援助委員会（DAC）が設立され，援助の方針等も定められるようになった。

No.10 **アジア地域における連携，協力などに関する次の記述のうち，妥当なのはどれか。**

【国家総合職・平成25年度】

1 環太平洋パートナーシップ（TPP）はシンガポール，ブルネイ，チリ，ニュージーランドの4か国の間で2006年に発効した連携協定に，米国，オーストラリア，ベトナムなどが加わりアジア太平洋地域における経済自由化の達成を目標として交渉が開始された。2011年までに，知的財産の保護，労働者の権利保護については共通のルールが策定され，物品の貿易に関する関税の撤廃やセーフガードなどの貿易救済措置については引き続き交渉が行われている。

2 東南アジア諸国連合（ASEAN）加盟諸国へは，1990年代以降，わが国や欧米諸国などから労働集約型産業の移転が行われ，ASEAN諸国は，先進国向けの最終財の加工・組立拠点となった。また，ASEANは，グローバリゼーションの進展に対応して周辺諸国との経済連携を進めており，2000年代半ばまでには，中国，韓国それぞれとの包括的経済協力枠組協定が発効し，わが国とは日・ASEAN包括的経済連携協定が2008年に発効した。

3 1997年に発生したアジア通貨危機に対して，わが国は，通貨危機国に対する融資や為替市場への協調介入による支援を行った。また，通貨危機の背景には，アジア諸国が利用できる緊急流動性が不足していたことがあるとされたため，危機が発生する場合に，効率的に支援が行えるようアジア地域を対象に金融支援を行う常設の国際機関の設置についてわが国が提案し，この提案に基づきわが国，中国を中心としたアジア諸国からの拠出によるアジア通貨基金（AMF）が創設された。

4 アジア欧州会合（ASEM）は，相互尊重と平等の精神に基づき，アジア・欧州両地域の協力関係を強化することを目的として，1996年に開始され，わが国も参加国となっている。首脳会合のほか，経済，外務，財務，科学技術，環境分野などの閣僚会合，高級実務者会合などが開催され，政治，経済，社会・文化分野におけるさまざまな課題について参加国に国内制度の整備を義務づける宣言が発出されている。

5 アジア太平洋経済協力（APEC）は，アジア太平洋地域における経済発展とその持続を目的として発足し，発足当初は，貿易・投資の自由化・円滑化，経済・技術協力の推進などを具体的な課題としていた。しかしながら，これらの課題は各国間の直接交渉における議題と重複するようになってきたことなどから，ここ数年の首脳会議では取り上げられておらず，食糧安全保障，人間の安全保障，テロ対策などについての集中的な議論が行われている。

実戦問題 **2** の解説

1 ✕ ブリアンは，クーデンホーフ＝カレルギーの支持を得て，
ヨーロッパ連邦構想を提唱した。

「パン・ヨーロッパ運動」はナチス・ドイツの台頭によって**頓挫した**。ヒトラーを名誉総裁に推戴した，という事実はない。

余談ながら，このリヒャルト・クーデンホーフ＝カレルギーの母は日本人である。

2 ✕ ECSCは1952年に創設された。

フランスの提案については，**西ドイツのほか，イタリア，オランダ，ベルギー，ルクセンブルクが賛同した**。一方，イギリスは「主権の委譲」という発想を嫌って，ECSCには不参加の姿勢を示した。

3 ✕ イギリス，アイルランド，デンマークは1973年にECに加盟した。

フランスのドゴール大統領は，イギリスのEECへの加盟要請に反対し続けた（1963年と1967年）。アメリカの影響力がイギリスを通じて及んでくることに対する警戒感があったためといわれている。1969年にドゴールが退陣すると，ようやくEECの加盟国拡大が図られるようになった。最初に加盟が認められたのは，**イギリス，アイルランド，デンマークの3か国であった**。

4 ◎ EUには欧州防衛機関が置かれている。

正しい。EUでは「外務・安全保障政策上級代表」の下，共通の安全保障防衛政策がとられている。このうち，防衛については，2004年から防衛能力の向上や軍備協力の促進などを目的とした**「欧州防衛機関」が置かれている**。

5 ✕ EUの「外務大臣」に相当する職は，
1999年のアムステルダム条約で創設された。

EUの外務大臣に相当する職は，アムステルダム条約当時は「共通外交・安全保障政策上級代表」と呼ばれていた。リスボン条約からは**「外務・安全保障政策上級代表」となり**，EUを対外的に代表する外相としての任務に加え，同時に創設された「欧州対外行動庁」を指揮してEUの外交政策と安全保障政策の策定に当たることとなった。

No.7 の解説 地域機構　　　　　　　　→問題はP.62　**正答3**

ア✕ APECは，2006年以降，
FTAAP（アジア太平洋自由貿易圏）の実現を重要課題に掲げている。
また，TPPはそもそもアメリカが開始したものではなく，**Ｐ４グループ
（シンガポール，ブルネイ，チリ，ニュージーランド）の自由貿易協定を拡
大したものである。** シンガポールやブルネイを含んでいる以上，当然TPP
はASEAN＋3に対抗するために設立されたものではない。

イ◯ 東アフリカ共同体には
内戦で疲弊したルワンダ，ブルンジが参加している。
正しい。さらに，2016年には南スーダンの加盟も認められた。なお，EAC
は2005年に関税同盟への移行を始め，**2010年までに域内関税の撤廃や対
外共通関税の導入を実現させた。**

ウ✕ カリーニングラードは現在もロシアの飛び地である。
バルト海に面した不凍港であるカリーニングラードは，ソ連時代から軍事拠
点として重要視されてきた。ソ連が崩壊する過程で，それを簡単に他国に譲
り渡すとは思えない。現在もロシアの飛び地となっている。

エ◯ 欧州対外行動庁は事実上のEU外務省である。
正しい。欧州対外行動庁（欧州対外活動庁）は，**EUの外務大臣に相当する
「外務・安全保障政策上級代表」** の下で，EUの対外政策を担う官庁である。
EU事務局の対外関係部門と加盟国外務当局から出向したスタッフにより構
成されている。

よって，正答は**3**である。

➡ 選択肢の組合せを見ると，**ウ**と**エ**の正誤が重要であることがわかる。**ア**が正しいと**5**が
正答だとすぐにわかってしまうので，**ア**以外の選択肢を読む必要がなくなる。そういう
問題は出しにくいはずなので，**ア**の正誤にはこだわらなくてもよい。**ウ**のカリーニング
ラードの話はその必要があったからソ連時代から飛び地だったわけで，ロシアになった
からといって，領土の一部をそう簡単に他国に渡すだろうかと考えれば，誤りの可能性
が高いことに気づけるだろう。こうして**ア**と**ウ**だけで正答が導き出せる。

「欧州をめぐる政治情勢」に関する出題である。当然,当時の時事が多く取り上げられているので,選択肢**5**については一部を修正した。時事的な内容のものも基礎知識や常識である程度の絞り込みができるようにトレーニングしてほしい。

1 ✗ 多数決の対象政策分野が拡大された。

リスボン条約は1国の反対で統合に悪影響が出ないよう,理事会における特別多数決の対象を拡大した。

2 ✗ 欧州中央銀行制度の単一金融政策は,
基本的にユーロ圏諸国を対象とするものである。

G20の枠組みでは,1999年から財務相・中央銀行総裁の会議が開かれてきた。2008年からの首脳会合について,国連で呼びかけられたから開催されるようになったという話は怪しい。しかも,G20の枠組みで欧州の金融制度の統一を決定したような記述になっている。かなり無理な話になっていることにすぐ気づけなければならない。

➡ 後半の表現は「欧州」となっており,ユーロ加盟国のことか,EU加盟国のことか,欧州諸国全体のことか不明瞭である。国家経済を左右する金融政策を全欧州諸国が統一するなど,ありえない。

3 ◎ 温室効果ガスの排出量の削減交渉で,EUは積極的な提言を行った。

正しい。新たな温暖化対策の国際的枠組みとなる「パリ協定」が2015年12月に採択される前の話である。ゆえに2009年の「コペンハーゲン合意」についての知識は現時点ではもう不要になっているが,当時のことを考える際,温室効果ガスの排出量の削減についてはEUが先導役になっていたことを想起することは可能だろう。

4 ✗ ギリシャはデフォルト（債務不履行）に陥らなかった。

ユーロ加盟国であるギリシャがデフォルトになったとすれば,歴史的な重大事になる。実際には,EUとIMFの協調融資を受け,ギリシャはデフォルトを免れた。

5 ✗ 2017年の総選挙後,イギリスでは保守党が単独政権を樹立し,
メイ首相の続投が決まった。

ただし,保守党は下院の多数を持たないため,北アイルランドの地域政党から閣外協力を得ている（＝連立政権ではない）。なお,この選挙で,EU離脱に反対している労働党は議席を増やしたが,保守党との連立協議などはしていない。もちろん,保守党がユーロを受け入れるわけはない。

No.9 の解説 | 国際政治経済制度 →問題はP.64　**正答4**

　1と**2**が地域機構，**3**と**5**が経済関係の国際機構（テーマ9参照），**4**は国家の領域（テーマ7参照）を取り上げている。総合問題である。

1☒　EUは1993年から共通外交・安全保障政策を採用している。

　EUの共通外交・安全保障政策は，1993年から各国の政策を協調させる形で（＝主権の制限をしない形で）発達してきた。2009年発効のリスボン条約後は，**事実上の外務大臣に当たる「外務・安全保障政策上級代表」と事実上の外務省に当たる「欧州対外行動庁」**が置かれるようになった。

2☒　APECは21の国と地域によって構成され，

　首脳会議をはじめ，大臣会合や専門家会合を毎年開いている。

　確かにASEANは，**ASEAN＋3やEAS（東アジアサミット）といった広域地域制度**を発達させてきたが，台湾やラテンアメリカ諸国を包含する制度は持たない。したがって，これらも含むAPECが消滅するような事態は，現状では考えられない。

3☒　サービス貿易や知的財産権のルール作りは，WTOの設立前に行われた。

　サービス貿易や知的所有権については，GATT時代の1986〜1993年に行われた**ウルグアイ・ラウンドで規定が作られ**，その後，WTO協定の一部となった。紛争解決手続が強化されたという点は正しい。

4◎　海洋法条約によって，

　領海は12カイリ，排他的経済水域は200カイリまでと定められた。

　正しい。国連海洋法条約は，領海，接続水域，排他的経済水域，大陸棚，公海，深海底など，海洋に関する諸問題について包括的に規律している。1982年に国連海洋法会議において採択され，**1994年に発効した**。日本は，1983年に署名し，1996年6月に批准した。

5☒　開発援助委員会（DAC）は，OECD（経済開発協力会議）の委員会である。

　OECDには「先進国クラブ」というあだ名がある。その委員会である開発援助委員会（DAC）は，先進国が行う途上国援助の在り方について検討している。ODAに関する先進各国の取組みについては，**DACの基準や統計が用いられることが多い**。なお，経済社会理事会の下部組織として途上国援助を行う中心的機関はUNDP（国連開発計画）である。1966年に，それまで経済社会理事会の下で援助を担当してきた「国連特別基金」と「国連拡大技術援助計画」が統合し発足した。

　　アジア地域の経済協力という観点からアジアの地域機構を取り上げた問題である。内容には時事的な要素も盛り込まれている。些末な知識も含まれているが，細部の表現に注意して読み進めると意外に簡単に誤りを見つけられる。

1✕ **TPP交渉は2015年10月に大筋で合意し，2016年2月に署名された。**
　　最初の文は正しい。第2文にある一部分野で「共通ルールが策定」は事実に反する。なお，TPP交渉は2017年にアメリカが脱退表明したことから，発効条件が満たされず，不成立に終わった。これを受けて，アメリカを除くTPP参加11か国（TPP11）は，TPP協定の内容を基本的に維持した新協定**CPTPP**（包括的および先進的なTPP）に署名した。CPTPP協定は2018年12月に発効した。

2◎ **ASEANはすでに日本，中国，韓国，インドなどと**
　　包括的な経済協力に向けた協定を締結している。
　　正しい。ちなみに，日本はASEAN全体との経済連携協定（EPA）に加え，**ASEAN加盟7か国とも二国間のEPAを発効させている**（シンガポール，マレーシア，タイ，インドネシア，ブルネイ，フィリピン，ベトナム）。

3✕ **AMF構想は米中やIMFの反対で実現しなかった。**
　　下から3行目の「提案し」までは合っているが，通貨管理を国際機関（＝IMF）ではなく地域機構が行うことについては国際社会の理解が得られず，実現しなかった。

4✕ **ASEMは自由な意見交換の場である。**
　　ASEMはアジアと欧州の合計51か国と2機関が参加するオープンで包括的な「対話と協力の枠組み」である。各国に「国内制度の整備を義務づける」という部分以外の記述は正しい。
　　➡「国内制度の整備を義務づける」というのは，ある意味，主権の制限を意味する。アジアと欧州の多くの国々が参加している以上，「義務づけ」は無理だろう，と判断できる。

5✕ **APECは自由貿易圏の設立をめざしている。**
　　太平洋を取り囲む21の国と地域が加盟するAPECは，「**開かれた地域主義（open regionalism）**」を掲げ，貿易の自由化や経済協力を中心に，多くの分野で政策協調を進めている。今も経済協力はこの地域機構の主要課題であり，近年は**FTAAP（アジア太平洋自由貿易圏）の設立**をめざした協議が続けられている。
　　➡ 本来の目的である経済協力を議論しないというのは，名前を変えなければならないほどの話である。「ありえない！」と一蹴してほしい。

第2章
外交史

テーマ ❸ 国際関係史
テーマ ❹ 日本外交史

試験別出題傾向と対策

試験名	国家総合職					国家一般職					地方上級 (全国型)				
年度	21 | 23	24 | 26	27 | 29	30 | 2	3 | 5	21 | 23	24 | 26	27 | 29	30 | 2	3 | 5	21 | 23	24 | 26	27 | 29	30 | 2	3 | 5
出題数	6	2	3	3	4	4	4	3	3	0	2	2	0	0	1
A ③国際関係史	4	2	1	3	2	1	3	3	2		2				
B ④日本外交史	2		2		2	3	1		1			2			1

この章では「外交史」を学ぶ。とはいえ，国際関係にかかわる過去の出来事をすべてこの章で取り上げるわけではない。民族紛争などについては第4章，経済にかかわる歴史は第5章などと，テーマに応じた分類を行っている。

この章で取り上げる外交史では，主としてアメリカと日本に焦点を当てている。テーマ3の「国際関係史」でアメリカ外交史を多く取り上げるのは，第二次世界大戦後の国際政治ではアメリカが覇権国家だったからであり，また米ソの冷戦がこの時期の国際政治の基本構造となっていたからである。実際，過去問を見ると，それぞれのアメリカ大統領がどのように冷戦に対処したかが，非常に多く出題されている。

日本の対外政策については，この章で扱う外交史としての出題のほか，平和や貿易といったテーマで，選択肢としての登場がよく見られる。日本が果たしてきた国際貢献の歴史については，視野を広く持って，勉強しておくべきだ。

● 国家総合職（政治・国際・人文）

アメリカ外交について，大統領ごとの外交の特徴を理解しておく必要がある。出題内容がウィルソン大統領の政策など第二次世界大戦以前にまで及ぶことがあるので，少なくとも20世紀以降については網羅的に学習しておきたい。

アメリカが話題になりやすいためか，英語問題もよく出題されている。大統領の演説を読んで，誰のものかを判断し，その大統領の外交政策の特徴を選択肢から選ばせるといった込み入った出題も見られた（平成22年度）。また，冷戦についても英語の文章を読ませる問題が出されたことがある（28年度）。引用された文章はイギリスのチャーチル首相の「鉄のカーテン演説」であった。

一方，日本外交史では，網羅的な出題は少なく，範囲を絞り込んで史実の詳細を問う問題が多い。世界史や日本史の知識があることを前提にしているのか，年代を限定した出題（1990年代以降など）や，相手国を限定した出題（日中関係や日アジア関係など）が一般的になっている。

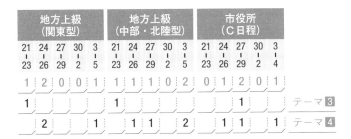

● 国家一般職

　国家一般職の外交史についての出題では，基礎知識を求める傾向が一貫して見られる。出題頻度も高く，欧米外交史と日本外交史，さらには各国事情・地域事情（テーマ11）を合わせると，例年5問の出題のうちの1問以上が歴史に割り当てられている（なお，本書では国際機構の歴史についてはテーマ1あるいは2に分類している）。

　欧米諸国の外交史については，基本的に冷戦期が中心だが，平成27年度のように近代西洋史の知識を求めたケースもある。アメリカ外交については，ややひねりを効かせて，英語による出題をした年もあった（24年度）。難易度を高めるために，範囲を広げたり，英語で出題したりといった工夫は，今後もなされるものと考えてよい。

● 地方上級

　外交史の出題頻度はそこそこといったところだ。注目しておきたいのは，欧米諸国の政治史よりも日本の政治史のほうが出題されやすい点である。特に中部・北陸型では，外交史に近年の話題を加えた問題がよく出されている。国際紛争でも援助でも，要するに話題が何であっても，日本政府が国際問題にどう対応してきたか，歴史的経緯も含めて関心を寄せておくべきだ。

● 市役所

　大統領選挙があったためか，平成28年度は珍しくアメリカ大統領ごとの外交政策を取り上げた問題が出された。しかし，市役所ではアメリカ外交史よりも日本外交史を出すのが一般的である。今後も「しっかり学ぶべきは日本」と思って，日米関係史を中心に試験対策を進めてほしい。

国際関係史

必修問題

　アメリカ合衆国の各政権において行われた戦争に関する次の記述のうち，妥当なのはどれか。

【市役所・平成28年度】

1　ウィルソン政権は，第一次世界大戦が勃発するとともに武器貸与法を成立させ，ドイツと戦うイギリスを積極的に支援した。その後，ドイツの**無制限潜水艦作戦**をきっかけとして，ドイツに対して宣戦布告を行い，第一次世界大戦後に参戦した。

2　F.ローズヴェルト政権は，日本による「満州」や中国，東南アジアへの進出に反対しつつも，一貫して対日交渉を継続した。そして，**真珠湾攻撃**があるまでは第二次世界大戦に参戦せず，対日経済制裁を行うこともなかった。

3　トルーマン政権は，**朝鮮戦争**が勃発すると，国際連合安全保障理事会の決議を取り付け，「国連軍」の中心として参戦した。その後，中華人民共和国が義勇軍を派遣すると，マッカーサーが中国本土への核兵器の使用を強く主張したため，トルーマン大統領は彼を解任した。

4　ケネディ政権は，ベトナムのホーチミン政権への介入方針を改め，「**紛争のベトナム化**」を唱えて同国から軍を撤退させた。その後，ホーチミン政権が南北ベトナムを統一したことから，ケネディ大統領は統一ベトナムとの国交を正常化した。

5　レーガン政権は，イラクのフセイン政権がクウェートに侵攻すると，国際連合安全保障理事会の決議なしに多国籍軍を組織してイラク軍と交戦した。そして，ソ連がこれを批判したことから米ソ関係が悪化し，いわゆる**新冷戦の時代**に突入した。

難易度　＊

必修問題の解説

　アメリカ大統領ごとの外交政策の特徴についての基礎問題である。ただし，戦争との関連に絞っていることと，第二次世界大戦以前にまで視野を広げている点で，やや難易度が高い。登場する大統領はすべて重要である。また，名前が出ていなくても，選択肢**4**ではニクソンを，選択肢**5**ではブッシュ（父）についての知識が求められている。

1 ✕ **武器貸与法はルーズベルト政権下の1941年に成立した。**

ウィルソン大統領は，第一次世界大戦（1914〜1918年）の勃発時には，アメリカ伝統の孤立主義の外交原則を遵守し，**中立の立場をとっていた**。しかし，ドイツの無制限潜水艦作戦をきっかけに中立を放棄し，1917年にドイツに宣戦布告した。

一方，第二次世界大戦（1939〜1945年）では，アメリカは当初やはり中立の立場をとっていたが，ドイツとイタリアの支配地域の拡大を脅威と受け止め，1941年3月にイギリスなど連合国側諸国を支援するための「武器貸与法」を成立させて，**事実上の参戦に踏み切った**。その後は同年12月に真珠湾攻撃があり，アメリカは日本に，次いでドイツとイタリアに宣戦布告した。

2 ✕ **ルーズベルト政権は日本に対し経済制裁を実施した。**

アメリカは，日本軍がフランス領のインドシナに軍を進めたことに反発し，**1941年7月には対日資産凍結を，8月には日本に対する石油の全面禁輸措置を実施した**。いずれの経済制裁も真珠湾攻撃の前に行われた。

3 ◎ **トルーマンは朝鮮戦争における原爆使用を認めなかった。**

正しい。朝鮮戦争（1950〜1953年）では，ソ連が安保理を欠席する中，アメリカを中心とする**国連多国籍軍（通称「国連軍」）**が派遣された。韓国側を支援する「国連軍」によって北朝鮮軍は朝鮮半島北部に追い詰められていったが，すると今度は中国が義勇軍を送って北朝鮮を支援し「国連軍」に反撃した。その際，米軍のマッカーサー司令官は，トルーマン大統領に中国東北部における原爆の使用を願い出たが拒否され，解任された。

4 ✕ **ベトナムからのアメリカ軍の撤退はニクソン政権が決定した。**

南ベトナムの内戦への介入を本格化させたのはケネディ政権においてであり，次のジョンソン政権で北ベトナムと直接的に戦うことになった。アメリカ軍の犠牲が多くなる中，「紛争のベトナム化」を掲げて米軍を引き上げさせたのはニクソン大統領であった。なお，**アメリカとベトナムが国交を回復するのはクリントン大統領時代の1995年である**。

5 ✕ **湾岸戦争（1991年）はブッシュ（父）政権下で行われた。**

アメリカを中心とする多国籍軍がイラクと戦った「湾岸戦争（1991年）」は，イラクがクウェートに軍事侵攻したことに対する制裁として，**国連安保理の決議を受けて実施された**。また，これによって「米ソ関係が悪化」したわけではない。なお，新冷戦の発端は**1979年のソ連のアフガニスタン侵攻**である。湾岸戦争の時点では，すでに冷戦は終結している。

正答 3

FOCUS

　国際関係の歴史については，個々のアメリカ大統領の外交政策を軸に，ソ連との関係などを整理していくのがよいだろう。

重要ポイント 1　冷戦史

（1）米ソ冷戦の確立（1945〜1955年）

　第二次世界大戦後，アメリカ合衆国とソビエト社会主義共和国連邦（ソ連）は「冷戦」と呼ばれる対立関係に入る。

（以下，米国＝西側陣営（アメリカと西欧諸国），ソ連＝東側陣営（ソ連と東欧諸国）

1947年	米国：**マーシャル・プラン発表** →欧州諸国との連携強化と共産化防止に向け，経済復興を支援。 ソ連：**コミンフォルム結成** →欧州の共産党・労働党との政治的連携の強化。
1949年	米国：**北大西洋条約機構（NATO）創設** →北米と西欧諸国の軍事同盟。 ソ連：**経済相互援助会議（COMECON）創設** →東欧諸国との経済連携を強化。
1955年	ソ連：**ワルシャワ条約機構創設** →ソ連と東欧諸国との軍事同盟。 米国：**西ドイツNATO加盟**（再軍備）

●資本主義と共産主義の対立構造（＝冷戦構造）を反映した出来事

1949年	東西ドイツが別個に国家を樹立。
1949年	中華人民共和国が誕生（中華民国は台湾へ）。
1950年	朝鮮戦争が勃発。

（2）デタント期（1950年代半ばから1970年代前半）

　冷戦が激しくなる一方で，緊張緩和の動きが見られるようになった。

1953年	ソ連：**スターリン死去** →ソ連がアメリカとの平和共存路線に転換。
1955年	**ジュネーブ巨頭会議**（米ソ英仏の首脳が参加） →「雪解け時代」入り。
1957年	スプートニク・ショック →ソ連がロケット＝ミサイルの技術開発でアメリカをリードしたことが発覚。 →ミサイル競争時代。
1961年	ソ連：**ベルリンの壁建設**
1962年	**キューバ危機**＝米ソ核戦争の危機 →危機回避後，米ソ首脳間のホットライン設置。
1968年	ソ連：**プラハの春** →チェコスロバキアの民主化運動をソ連などが軍事力で制圧。
1972年	第1次戦略兵器制限交渉（SALTⅠ）締結 →米ソによる核ミサイルの軍縮の始まり。

(3) 冷戦崩壊期（1970年代後半～1991年）

1979年	ソ連：アフガニスタンに侵攻 →アメリカはSALTⅡの批准を中止。「新冷戦」時代入り。
1980年	米国：モスクワ五輪ボイコット →ソ連は1984年のロサンゼルス五輪に不参加。
1983年	米国：戦略防衛構想（スターウォーズ計画） →米ソの軍拡が宇宙に拡大。
1985年	ソ連：ゴルバチョフ政権誕生 （改革路線＝ペレストロイカへの転換） →新デタント時代が到来。
1989年	東欧諸国の民主化 →米ソ首脳が冷戦終結を発表（マルタ会談）。 →ベルリンの壁崩壊（東西ドイツの往来自由化）。
1990年	東西ドイツ統一
1991年	ソ連邦崩壊（15の共和国は独立）

第2章

外交史

重要ポイント 2 **冷戦構造下での戦争**

（1）朝鮮戦争（1950〜1953年）

1948年	朝鮮半島に，共産主義を掲げる朝鮮民主主義人民共和国（北朝鮮）と自由主義陣営に属する大韓民国（韓国）の2国家が誕生
1950年　6月	北朝鮮が韓国の武力併合を目的に南部に軍事侵攻
7月	国連決議に基づき**国連軍**（実質は米軍中心の多国籍軍）が参戦 →北朝鮮による半島統一目前に形勢が逆転，逆に半島の大半を国連軍が制圧。
10月	**中国義勇軍**が北朝鮮を支援 →国連軍を押し戻し，北緯38度線で膠着。
1953年	休戦協定成立

（2）ベトナム戦争

1954年	ジュネーブ休戦協定 →内戦状態だったベトナムが南北2国に分断。 　北には共産主義国，南には資本主義国。
1960〜1963年	北ベトナムとの統一を求める「南ベトナム民族解放戦線」のゲリラ活動が本格化 →ケネディ政権は「軍事顧問団」（＝軍隊）を派遣し，南ベトナムを支援。
1965年	ジョンソン政権が北ベトナムを空爆 →アメリカと北ベトナムの本格的な戦争の開始。
1971年	ニクソン政権が「戦争のベトナム化」を発表 →ベトナムからの米軍撤退方針を明示。
1973年	ベトナム和平協定が成立 →米軍撤退（南北ベトナム間の戦闘は継続）。
1975年	南北ベトナムの統一

重要ポイント 3 **アメリカ大統領と外交政策（主要大統領のみ）**

ウィルソン （1913〜1921年）	第一次世界大戦に参戦。戦後のパリ講和会議では国際連盟の創設を提唱。ベルサイユ条約に盛り込まれたが，アメリカは上院の反対で不参加。
F. ルーズベルト （1933〜1945年）	ドイツに対抗するイギリスを支援して第二次世界大戦に参戦。真珠湾攻撃後は日本との「太平洋戦争」を遂行。
トルーマン （1945〜1953年）	拡大するソ連の影響力を押しとどめる**封じ込め政策**を採用。自由主義諸国を積極的に支援することをアメリカの外交指針とする**トルーマン・ドクトリン**を発表。

第2章

外交史

アイゼンハワー (1953～1961年)	当初は対ソ強硬外交を展開し，核兵器も使って報復するという**大量報復戦略**を採用。スターリン死去後は，米ソは緊張緩和の時代を迎え，米ソ首脳会談も開催。
ケネディ (1961～1963年)	米ソ核戦争のおそれがあった「**キューバ危機**」に直面。ソ連がミサイル基地を提供しようとしていたキューバの周辺海域を海上封鎖した結果，ソ連が譲歩し，核戦争の危機は回避された。
ジョンソン (1963～1969年)	議会からの「戦時権限」付与をきっかけに，ベトナム戦争に本格介入。
ニクソン (1969～1974年)	国務長官などを務めたキッシンジャーの巧みな現実主義的外交を受け入れ，中ソ対立を利用して電撃的に**米中関係を正常化**。一方で，米中接近を利用してソ連に譲歩させ，**核軍縮を実現**。ベトナム戦争からの撤退も決定。
カーター (1977～1981年)	理想主義的な**人権外交**を推進。人権に配慮しない途上国への援助を手控えたため途上国が反発。ソ連はこれをチャンスととらえ，1979年に**アフガニスタンに軍事侵攻**。
レーガン (1981～1989年)	ソ連を「悪の帝国」と呼ぶなど**対ソ強硬策**を唱え，宇宙兵器で核ミサイルを撃破する戦略防衛構想を推進した。1985年にソ連にゴルバチョフ政権が誕生すると対話路線に転換。
ブッシュ（父） (1989～1993年)	**米ソの冷戦が終結**。隣国クウェートに軍事侵攻したイラクに対する国連の軍事制裁（＝湾岸戦争）では，多国籍軍の中心国として，最先端の武器でイラクを攻撃。
クリントン (1993～2001年)	パレスチナ和平に注力。ソマリアにおける平和強制を目的とした国連多国籍軍に参加するが，紛争がかえって悪化し撤退。
ブッシュ（子） (2001～2009年)	アメリカ同時多発テロをきっかけに「**テロとの戦い**」を積極的に遂行。アフガニスタンのタリバン政権はアメリカ軍の報復攻撃により崩壊。2003年には大量破壊兵器の存在を名目に「イラク戦争」を行い，フセイン政権を崩壊させた。
オバマ (2009～2017年)	**「核なき世界」の実現**に向けた努力が評価され，2009年のノーベル平和賞を受賞。2015年には国交断絶以来54年ぶりに**キューバとの国交回復**を実現。
トランプ (2017～2021年)	アメリカ第一主義を掲げ，TPP，イラン核合意，INF（中距離核戦力）全廃条約から離脱。2020年11月には「パリ協定」からも離脱した（バイデン政権下で復帰）。
バイデン (2021年～)	21世紀は「民主主義と専制主義（権威主義）の闘い」になるという認識のもと，中国やロシアに対する警戒感を表明。米英豪3か国の軍事同盟AUKUS（オーカス）を発足。日米豪印（クアッド）の首脳会合も定例化。

❖ **No.1**　冷戦期の国際関係に関する次の記述のうち，妥当なのはどれか。

【国家一般職・平成27年度】

1　1947年，ソ連は東欧諸国の経済復興への大規模援助を行う相互安全保障法による援助（MSA）を表明するとともに，ヨーロッパ各国の共産党間の情報交換と活動の調整を行い，連携を強化するための機関として共産党・労働党情報局（コミンフォルム）を結成した。

2　1949年1月に米国をはじめとする12か国によって，集団安全保障機関としての北大西洋条約機構（NATO）が設立されると，同年4月，ソ連と東欧諸国は軍事同盟（COMECON）を設立し，軍事面における結束を図って西側陣営に対抗した。

3　1962年のキューバ危機の翌年，米ソは部分的核実験禁止条約（PTBT）を共同提案した。これは，合法的な核保有国の数を，その時までに核保有を宣言していた5か国に限定しようとするもので，同年締結され，米国，ソ連，英国，フランス，中国の5か国の参加で始まった。

4　1968年，チェコスロバキアのプラハの春と呼ばれる改革運動に対して，ソ連は，社会主義諸国全体の利益と安全は1つの社会主義国の主権に優越するという主張を展開し，軍事介入を行おうとしたが，米国との緊張関係や世界的な反戦平和運動もあり，軍事介入は回避された。

5　1985年にソ連共産党書記長となったゴルバチョフが，国内で社会全般にわたる斬新な改革（ペレストロイカ）を進め，新思考外交を展開するようになると，レーガン政権も核軍備管理，核軍縮のための交渉に応じ，1987年，米ソ間で中距離核戦力（INF）全廃条約が締結された。

✦ **No.2** 第二次世界大戦以後の歴史に関する次の記述のうち，妥当なのはどれか。

【国家一般職・平成29年度】

1 冷戦期の世界では，米ソの間の全面対立は回避されたが，ヨーロッパの新興独立諸国を中心にした地域では，米ソが政府や反政府勢力に支援し合う形の代理戦争が多発した。同様に，アジアでも朝鮮戦争や中印国境紛争が起こった。

2 1962年にソ連がベルリンに中距離核ミサイル基地の建設を始めたことから，米ソ間の緊張が高まり，核戦争の危機が訪れた。陸路の封鎖で対抗する米国にソ連が譲歩して建設が中止された後，両国の首脳間にホットラインが結ばれるなどの措置がとられた。

3 米国のR.ニクソン大統領は，1971年，中国を訪問することを発表し，翌年2月に訪中した。この米中和解の背景には，中ソ対立やベトナム戦争終結に向けた動きがあった。日本からも1972年9月に田中角栄首相が訪中し，1978年に日中平和友好条約が締結された。

4 1985年にソ連共産党書記長に就任したM.ゴルバチョフは，ペレストロイカと呼ばれた弾圧政策を導入してソ連の建て直しを図る一方，米国との間では核軍縮などを進めた。しかし，1989年のビロード革命により東欧で次々と共産主義政権が倒れた後，ソ連も1991年に分裂した。

5 2001年9月11日に米国のニューヨークとワシントンD.C.で発生したテロ事件は，米国によるテロ勢力の駆逐をめざしたソマリア侵攻に発展した。2009年のイラク戦争などを含めたその後の一連の事件を「テロとの戦い」と総称することもある。

第2章

外交史

　冷戦の展開に関する次の記述のうち，妥当なのはどれか。

【国家総合職・平成26年度】

1　H.キッシンジャーは，東西陣営の対立が激化する中で，米国の軍事的な優位を確保し，反共主義的なイデオロギーを掲げてソ連封じ込め政策を展開した。1971年の劇的な米中和解は，そうしたソ連に対抗するイデオロギー外交の産物であった。

2　1962年のキューバ・ミサイル危機で核戦争寸前に迫る緊張がもたらされたが，その後，東西間には1963年の部分的核実験禁止条約や1968年の核兵器不拡散条約の締結など，一定程度のデタントが実現した。だが，1968年にソ連がチェコスロバキアの自由化改革を軍事力で封殺すると，西側諸国は強く反発し，再び東西陣営の対立が激化して新冷戦と呼ばれる事態に至った。

3　J.カーター米国大統領は，人権外交を推進するとともにデタントを求め，第二次戦略兵器制限交渉（SALTⅡ）妥結や中国との国交樹立を果たした。同時期にソ連も軍縮を開始し，アンゴラとエチオピアから撤退する動きを見せた。しかし，1979年のイラン革命とソ連のアフガニスタン侵攻で国際情勢は一挙に悪化し，デタントの気運は後退した。

4　1989年には，ポーランド，ハンガリー，チェコスロバキアで次々に共産党政権が選挙で倒れ，自由化・民主化を掲げる勢力が政権を握った。同年には東西ドイツの間でもベルリンの壁が崩壊し，翌年には東西ドイツが統一を実現した。東欧諸国のこれらの体制転換に軍事力行使をも辞さない構えで圧力をかけ続けたソ連も，保守派による軍事クーデターの失敗を経て1991年に解体した。

5　F.フクヤマは1989年に発表した論文で「歴史の終わり」を唱えた。それは，共産主義の崩壊を前にして，人類史におけるイデオロギー上の進化の過程が最終点に到達したと考え，西側の自由民主主義こそが政治の最終形態になったという主張であった。

No.4 次の文章は，あるアメリカ合衆国大統領が，安全保障上の重大な決定を行うに際して国民に訴えかけた演説の抜粋であるが，この演説を行った大統領の外交政策などに関する記述として，妥当なのはどれか。

【国家総合職・平成22年度】

To halt this offensive buildup a strict quarantine* on all offensive military equipment under shipment to Cuba is being initiated.

《中略》

It shall be the policy of this nation to regard any nuclear missile launched from Cuba against any nation in the Western Hemisphere as an attack by the Soviet Union on the United States, requiring a full retaliatory response upon the Soviet Union.

［注］＊quarantine：隔離封鎖

1 大統領当選直後に発表した「ニュー・ルック戦略」により，均衡予算に基づいた健全な経済を確立し，かつ，強力な防衛体制も維持するという課題に応えようとした。そして，通常兵器よりもコストが低い核兵器への依存を高め，侵略に対して自らの選ぶ方法と場所において即座に報復攻撃を加えるという「大量報復戦略」を唱えた。

2 米ソ両政府を直接つなぐ通信線（ホットライン）開設を実現するとともに，米英ソ3国間で地下実験を除く核実験を禁止する条約（部分的核実験禁止条約）に調印した。また，当時の南ベトナムの共産主義化の防止に強い関心を向け，在任中に1万人を超える軍事顧問団を送り込んだ。

3 それまで国交関係がなかった中華人民共和国に安全保障担当の大統領補佐官を秘密裏に派遣し，自らも同国へ訪問する旨発表して世界を驚愕させた。その翌年，同国に続いて，ソ連も訪問し，米ソ戦略兵器制限条約（SALT I）に調印するなどデタント（緊張緩和）を推進した。

4 大統領就任演説で「われわれの人権に対する関与は絶対的なものでなければならない」と宣言し，「人権外交」を標榜した。ソ連軍のアフガニスタン侵攻の報に接すると，ハイテク，穀物などの分野で対ソ連経済制裁を発表し，翌年に予定されていたモスクワオリンピックのボイコットを呼びかけた。

5 ソ連を「悪の帝国」と呼んで非難するなどソ連との対決姿勢を前面に出し，軍事予算を大幅に増額して軍備の増強を進め，核兵器を無力化する防衛システムの構築をめざす戦略防衛構想（SDI）を発表した。その後，「ペレストロイカ（立て直し）」を標榜するソ連共産党書記長とは軍縮交渉を進め，ソ連との中距離核戦力（INF）全廃条約に調印した。

実戦問題 **1** の解説

No.1 の解説 冷戦 →問題はP.80 **正答5**

1 ✕ ソ連は1949年に東欧経済相互援助会議を組織した。

東西冷戦の初期段階で，アメリカとソ連がどのようにして自陣の結束を強化していったかが問われている。ソ連は1947年にコミンフォルムを組織して政治的結束を図ったが，**経済的結束の強化は1949年の東欧経済相互援助会議（COMECON）の創設によって図られることになった**。なお，**相互安全保障法は1951年のアメリカの法律で**，同盟国に対する経済援助策（マーシャル・プランのような援助政策）を一本化したものである。

2 ✕ ソ連と東欧諸国の軍事同盟はワルシャワ条約機構である。

「COMECON」は上にあるように「東欧経済相互援助会議」のことである。**ソ連と東欧諸国の軍事同盟は「ワルシャワ条約機構」で**，NATOの設立からかなり後の1955年に設立された。

3 ✕ 部分的核実験禁止条約はアメリカ，ソ連，イギリスによって締結された。

部分的核実験禁止条約は，**大気圏内，宇宙空間，水中における核実験を禁止した**。これにより，核実験が認められるのは地下だけになった。核兵器の開発で遅れをとっていたフランスと中国はこの条約に反発し，参加しなかった。また，中国は当時まだ核保有国でもなかった。

4 ✕ ソ連は「プラハの春」を阻止するために軍事介入した。

1968年8月，ソ連軍を中心とするワルシャワ条約機構軍はチェコスロバキアに侵攻し，全土を占領下に置いた。これを正当化するために，ソ連は「社会主義諸国全体の利益は，1つの社会主義国の主権に優越する」という論理を掲げた。**制限主権論（ブレジネフ・ドクトリン）と呼ばれている**。

5 ◎ 新冷戦時代はゴルバチョフの登場で終わりを告げた。

正しい。1980年代前半は新冷戦時代であった。アメリカのレーガン大統領は，ソ連を「悪の帝国」と呼び，軍備の増強を図った。しかし，1985年にソ連のリーダーが改革派のゴルバチョフに代わると，事態は一変し，米ソは協力して軍縮を進めるようになった。1987年のINF全廃条約はその大きな成果である。なお，この条約は**核兵器を廃絶した初の条約である**。

No.2 の解説 米ソ外交史　　　　　　　　　→問題はP.81　**正答3**

1 ✕ **インドは中印国境紛争の時代，非同盟主義を掲げていた。**

米ソの代理戦争だとすると，中国はソ連側，インドはアメリカ側となる。**中国とインドは1962年11月に大規模な国境紛争を引き起こしたが**，すでにこの時期，中国はソ連と「中ソ対立」状況にあったし，インドはネルー首相が「非同盟・中立」の外交を推進していた。後にネルーはソ連に近づくが，いずれにしても米ソの代理戦争とはいえない。

2 ✕ **1962年の核戦争の危機は「キューバ危機」と呼ばれている。**

ベルリンではなくキューバである。このキューバ危機では，ケネディ政権が**キューバを「海上封鎖」**した。ソ連が譲歩して危機が回避され，その後にホットラインが設置されたことなどの記述は妥当である。なお，1961年のベルリンの壁建設を「ベルリン危機」と呼ぶことがある。

3 ◎ **ニクソン訪中を受けて，**

日本も田中角栄首相が訪中し，国交正常化を果たした。

正しい。日中の国交正常化は1972年に実現したが，日中の平和友好条約は，交渉が難航し，ようやく**1978年に福田赳夫内閣において締結された**。

4 ✕ **ペレストロイカはゴルバチョフ政権における一連の改革政策である。**

ペレストロイカは「弾圧政策」ではない。**市場経済，民主政治，情報公開など，あらゆる面で改革を総称したときの呼び名である**。また，「ビロード革命」は紛争も流血の惨事もなく，織物のビロードのように滑らかに行われた**チェコスロバキアの民主化改革だけを表す言葉である**。なお，この民主化の後，連邦国家であったチェコスロバキアは，1993年に連邦を解消してチェコとスロバキアに分離した。これは「ビロード離婚」と呼ばれる。

5 ✕ **アメリカ同時多発テロ事件後，アメリカはアフガニスタンに侵攻した。**

アメリカは，同時多発テロ事件の首謀者であるアルカイダの引き渡しに応じなかったことから，2001年10月に有志連合を組織して，**アフガニスタンのタリバン政権を打倒するための軍事侵攻を行った**。ソマリアではない。なお，アフガニスタンでは同年12月に暫定政府が発足し，新憲法の制定や新大統領の選挙を経て2004年に正式に新政府が発足した。

　　冷戦史を取り上げているが，理論に言及した選択肢も含まれている。専門性の高い問題であるといってよい。

1 ✕ **キッシンジャー外交は極めて現実的であった。**

　　キッシンジャーは当時の中ソ対立を利用して，ベトナム戦争で低下したアメリカの威信の回復を図った。すなわち，**まず米中関係を正常化し，それによりソ連を牽制しつつ米ソ核軍縮を実現させた。**あえて社会主義国の中国に接近したことから見ても，「イデオロギー外交の産物」といえないのは明らかである。なお，「封じ込め政策」はトルーマン政権時代の対ソ外交を象徴する言葉である。

2 ✕ **「新冷戦」とは1980年代前半の米ソ関係を特徴づける言葉である。**

　　1979年のソ連のアフガニスタン侵攻を契機に，1980年代前半に米ソ関係が悪化した時代状況を「新冷戦」と呼ぶ。アメリカはレーガン大統領時代であった。**この新冷戦はソ連の指導者にゴルバチョフが就任する1985年まで続いた。**

　　なお，チェコスロバキアの自由化運動の弾圧に，アメリカは1960年代に進められてきたデタントの流れを中断したくないとの思惑から，積極的には介入しなかった。

3 ✕ **ソ連はむしろアフリカ諸国への介入姿勢を強めた。**

　　人権外交を弱腰と見たソ連は，途上国地域における勢力拡大を図り，アンゴラ内戦にキューバ兵を送ったり，エチオピアに軍事支援をしたりした。

4 ✕ **ソ連は東欧諸国の体制転換に軍事的圧力をかけなかった。**

　　改革路線を指向したソ連のゴルバチョフは，東欧諸国が社会主義から自由民主主義の体制へと改革を進めた際，これに軍事介入する姿勢を見せなかった。

5 ◎ **フクヤマは民主主義と自由主義による安定的な体制が普及すれば歴史的大事件は起きなくなると考えた。**

　　正しい。冷戦時代が終わったことを受け，フクヤマは「歴史の終わり」という論文で，国際社会における価値観対立の歴史が民主主義と自由主義の勝利で終わると主張した。そして，自由民主主義体制では革命や戦争は起こらず，ゆえに歴史的出来事はなくなると述べた。

No.4 の解説　アメリカ大統領の外交政策 →問題はP.83　正答2

英文の要旨

　攻撃的な建設を止めるため，キューバに海上輸送中のすべての攻撃的軍事装備に対する厳しい隔離封鎖に着手する。

　キューバから西半球のどこかの国に向けて核ミサイルが発射されれば，それはソ連によるアメリカへの攻撃とみなし，ソ連に対する全面的な報復を必要に思うというのがアメリカの政策である。

　英文の演説内容がキューバ危機についてのものである以上，これを行ったのが**ケネディ大統領（在任1961～1963年）**であることもすぐにわかったはずである。あとは選択肢のどれがケネディについてのものかを検討すればよい。こういう場合，選択肢は時代順になっていることが多い。ヒントとして使える。

1 ✕ 大量報復戦略はアイゼンハワー政権が唱えた。

　アイゼンハワー大統領（在任1953～1961年）は，ソ連の侵略には核兵器で反撃すると述べた。

2 ◎ ケネディ政権下で，キューバ危機後の米ソ関係は好転した。

　正しい。実際，キューバ危機後，ホットラインの設置や核軍縮といった形で，米ソの関係改善は大きく進展した。一方で，ケネディはベトナム情勢への介入を始めた。

3 ✕ 米中の関係改善や米ソのデタントを進めたのはニクソン政権である。

　「世界を驚愕」と書かれている部分は「ニクソン・ショック」を意味しているので，すぐに**ニクソン大統領（在任1969～1974年）**についての選択肢であることに気づいただろう。

4 ✕ 人権外交はカーター政権の特徴である。

　カーター大統領（在任1977～1981年）は，理想主義的な人権外交を掲げたことで知られている。ただし，そのためにソ連から弱腰と思われ，ソ連はアフガニスタンへの侵攻に踏み切った。

5 ✕ レーガン政権により米ソは「新冷戦」時代を経験した。

　対ソ強硬論を掲げて当選した**レーガン大統領（在任1981～1989年）**の登場により，米ソ関係は「新冷戦」と呼ばれる対立の時代に入った。ただし，1985年にソ連の書記長にゴルバチョフが就任すると米ソ関係は改善し，両国は**1987年に初の核兵器削減条約となるINF全廃条約を締結した。**

No.5 米国の外交に関する次の記述のうち，妥当なのはどれか。

【国家総合職・平成24年度】

1 1917年にロシアで革命が生じると，ウィルソン政権はシベリアへの出兵を決定するとともに，ソヴィエト政権については，その権力掌握は武力によるものであって国民の意思を代表していないこと，旧政権の対外債務を履行しないこと，そして，国際社会に対して敵対的な姿勢をとっていることを理由として承認しない方針をとったため，米国とソ連との関係正常化は1933年まで遅れた。

2 第一次世界大戦後のパリ講和会議で起草された国際連盟規約は，ドイツ，オーストリア，トルコなどすべての敗戦国との講和条約であるヴェルサイユ条約の一部である。国際連盟の創設は，第一次世界大戦参戦の戦争目的としてウィルソン政権が掲げた「14ヶ条原則」に含まれていたこともあり，合衆国憲法上，条約批准権を持つ議会上院はヴェルサイユ条約を直ちに批准し，米国は国際連盟設立時点の常任理事国となった。

3 第二次世界大戦後，F.ローズヴェルト政権は貿易の自由化を進展させるため国際貿易機構の創設をめざしたが，合衆国憲法上，対外通商の規制権限を持つ議会の反対に直面してこの構想は頓挫した。そのため，互恵通商協定法を制定して閣僚級の特別通商代表ポストを設け，関税の引き下げ交渉権限を与えることによって貿易の自由化を二国間ベースで実現した。

4 ニクソン政権は，1972年，ヴェトナムへの圧力を強めるために，ニクソン・ドクトリンを掲げて，米国の同盟国への条約上のコミットメントを確認してアジアにおける軍事的プレゼンスを拡大する方針を示した。同時に，議会の了解も得たうえで兵器供与を含む台湾との関係を断つことによって米中の国交正常化を実現した。

5 2005年，イスラエルとパレスチナ解放機構（PLO）との間で，イスラエルによる「分離壁」（イスラエルにおける呼称は「安全壁」）撤去の見返りに，PLOがテロの自制を約束するオスロ合意が成立した。これに対して，2001年の9.11テロ事件後，テロとの妥協を拒むジョージ・W・ブッシュ政権が反対の姿勢を示したため，米国とイスラエルとの関係は一時冷却した。

No.6 次の英文は，著名な演説の一部である。演者として妥当なのはどれか。

【国家総合職・平成28年度】

A shadow has fallen upon the scenes so lately lighted by the Allied victory. Nobody knows what Soviet Russia and its Communist international organization intends to do in the immediate future, or what are the limits, if any, to their expansive and proselytizing tendencies. I have a strong admiration and regard for the valiant Russian people and for my wartime comrade, Marshal Stalin. There is deep sympathy and goodwill in Britain — and I doubt not here also — towards the peoples of all the Russias and a resolve to persevere through many differences and rebuffs in establishing lasting friendships. We understand the Russian need to be secure on her western frontiers by the removal of all possibility of German aggression. We welcome Russia to her rightful place among the leading nations of the world.

We welcome her flag upon the seas. Above all, we welcome constant, frequent and growing contacts between the Russian people and our own people on both sides of the Atlantic. It is my duty, however, for I am sure you would wish me to state the facts as I see them to you, to place before you certain facts about the present position in Europe.

From Stettin in the Baltic to Trieste in the Adriatic, an iron curtain has descended across the Continent. Behind that line lie all the capitals of the ancient states of Central and Eastern Europe. Warsaw, Berlin, Prague, Vienna, Budapest, Belgrade, Bucharest and Sofia, all these famous cities and the populations around them lie in what I must call the Soviet sphere, and all are subject in one form or another, not only to Soviet influence but to a very high and, in many cases, increasing measure of control from Moscow.

[注] proselytize 改宗する

comrade 同志

1 G. Kennan

2 W. Churchill

3 R. McNamara

4 K. Adenauer

5 M. Thatcher

第2章

外交史

No.7 次のア〜オは，東西冷戦終結前後の国際関係についての記述である。これらを古いものから順に並べたものとして妥当なのはどれか。

【国家総合職・令和4年度】

ア：北大西洋条約機構（NATO）がロンドン宣言を採択し，ワルシャワ条約機構（WTO）諸国との武力不行使共同宣言を提案した。

イ：米ソ首脳がワシントンD.C.で会談し，中距離核戦力（INF）を全廃する条約に調印した。

ウ：ドイツ民主共和国政府が国境の一部開放を認め，東西分断の象徴とされた「ベルリンの壁」が崩壊した。

エ：ソビエト連邦を構成する共和国の一部が，独立国家共同体（CIS）を創設した。

オ：ドイツ民主共和国をドイツ連邦共和国に編入することを定めた条約が調印された。

1 ア→ウ→オ→イ→エ

2 イ→ア→ウ→エ→オ

3 イ→ウ→ア→オ→エ

4 ウ→イ→ア→エ→オ

5 ウ→オ→イ→エ→ア

No.8 冷戦期のヨーロッパと第三世界の台頭に関する次の記述のうち，妥当なのはどれか。

【国家総合職・令和3年度】

1 スターリン政権期には，コミンフォルムの設立やベルリン封鎖に続いて朝鮮戦争が勃発し，冷戦という対立関係が鮮明になった。スターリンの死後にソ連の指導者となったL.ブレジネフは，1956年に公開の場でスターリン批判を行い，スターリンが行った大粛清の告発とスターリン体制からの決別を全世界に向けて表明するとともに，平和共存政策への転換を図った。

2 英国のW.チャーチル首相はスターリンの死を受けて米英ソ首脳会談を開催してドイツ統一問題について交渉することを提案したが，当初は米国や西ドイツが反対した。しかしその後，西ドイツの再軍備と北大西洋条約機構（NATO）加盟が合意されると，緊張緩和を求める国際世論を無視できなくなり，1955年に米英仏ソの首脳が一堂に会し，第二次世界大戦後初となる東西首脳会談がジュネーブで開催された。

3 ハンガリーでは，1956年にソ連のスターリン批判を機に大規模な反政府デモが発生した。事態の沈静化のため，E.ホーネッカーが首相に任命され，それを支持したソ連は，第二次世界大戦中からハンガリーに駐留していたソ連軍の撤退を決定した。ホーネッカー首相は，ワルシャワ条約機構（WTO）からの脱退とハンガリーの中立化を宣言したが，ソ連は軍事介入に踏み切らなかった。

4 エジプトのナセル大統領は，英米両国がアスワン・ハイ・ダム建設の支援を撤回したことを受け，1956年にスエズ運河会社の国有化を宣言し，緊張が高まった。米国のH.トルーマン大統領は外交による解決を求めたが，イスラエル軍がエジプトを攻撃したことを皮切りに，英仏両国もイスラエルに対して空爆を開始し，第3次中東戦争となった。ソ連は米国に対し危機の収拾を提案する一方で，英仏両国への核ミサイル攻撃警告を発するなどしたため，休戦が成立した。

5 インドのネルー首相は，冷戦における東西いずれの陣営にもくみさない非同盟主義を掲げ，1955年には，インドネシアのバンドンで第1回アジア・アフリカ会議が開催され，平和五原則が採択された。その後，ネルー首相は，ユーゴスラビアのティトー大統領やエジプトのナセル大統領らとともに非同盟運動を推進した結果，アジア・アフリカ会議はその後も定期的に開催されることとなり，第三世界の結束が国際社会に大きな影響を与えた。

ノーベル平和賞の歴代受賞者に関する次の記述のうち，妥当なのはどれか。

【国家一般職・平成25年度】

1　1906年受賞者の T.ルーズベルトは，第26代米国大統領として日露戦争の講和斡旋を試みたことなどが評価された。ただし，この斡旋は，1899年の第1回ハーグ平和会議で常設仲裁裁判所が設けられたことに触発された理想主義的な行為ではなく，日英同盟締結によって大国化する日本の勢力拡大を止めるために，ロシアの極東（東アジア）進出を黙認するという現実主義的な政策意図を持ったものであった。

2　1953年受賞者の G.マーシャルは，D.アイゼンハワー政権下の国務長官で，H.トルーマン政権が冷戦の開始に伴って実施した「封じ込め政策」を痛烈に批判して，ソ連に対して大規模な人道的支援をしたことが評価された。しかし，この対ソ政策は，1962年10月のキューバ・ミサイル危機によって停止され，米ソ間の緊張は再び高まることになった。

3　1978年受賞者の M.ベギン・イスラエル首相と A.サダト・エジプト大統領は共に，J.カーター・米国大統領をキャンプ・デービッドに訪ねて，シリアへの武器輸出の停止に成功したことが評価された。しかし，ベギン首相の暗殺によって和平の機運が急速に失われると，1980年には，イスラエルとエジプトは交戦状態に入り，両国間の戦争は8年間も続くことになった。

4　1991年受賞者のアウン・サン・スー・チー女史は，ミャンマーにおける民主主義や人権の確立を求めた非暴力的闘争が評価された。ただし，同年の授与式に女史自身は参加できず，その後も自宅軟禁を科されるなど，長期間にわたって海外渡航ができる情勢にはならなかった。しかし，2012年になると，4月にミャンマーにおける議会補欠選挙が行われ，女史が率いる国民民主連盟（NLD）は議席を獲得，6月には女史がノルウェーなどを歴訪し，平和賞受賞演説などをすることが可能になった。

5　2009年受賞者の B.オバマは，「核兵器のない世界」をめざす外交方針を米国大統領選において掲げたことなどが評価された。しかし，翌年のプラハにおける演説で，オバマ大統領は，核廃絶が不可能であることを認めて，2011年には，ロシアの核攻撃に備えて，チェコなどに迎撃ミサイルを配備した。この事態を受けて，ノルウェーのノーベル委員会は，異例の抗議声明を出すに至った。

実戦問題 **2** の解説

→問題はP.88 **正答1**

No.5 の解説 アメリカ外交史

1 ◎ **アメリカは革命後のロシアをすぐには国家承認しなかった。**

正しい。ロシア革命直後，イギリスやフランスは社会主義がヨーロッパに広がることを恐れ，軍事介入を行った。**1918年には日本やアメリカもシベリアに出兵した。**F.ルーズベルト政権が1933年になってソ連との関係を正常化させたのは，ファシズムやナチズムの台頭に対抗するためである。

2 ✕ **アメリカは国際連盟に参加しなかった。**

アメリカの建国期以来の外交政策は「孤立主義（モンロー主義）」であった。こうした背景から，**条約の批准権を持つ上院は，ベルサイユ講和条約を批准しなかった。**その結果，アメリカは国際連盟に参加しなかった。

なお，ベルサイユ講和条約はドイツとの講和条約であり，他の敗戦国とは別個の講和条約が締結された。

3 ✕ **国際貿易機関の創設をめざしたのはトルーマン大統領であった。**

また，通商代表ポストはケネディ大統領が創設し，1974年の通商法により法律的な位置づけが与えられた。

なお，国際貿易機関の設立が失敗に終わったため，自由貿易を促進するためのメカニズムとして**1948年に「関税および貿易に関する一般協定（GATT）」が締結された。**

4 ✕ **ニクソン大統領はアジアでの軍事的プレゼンスを縮小させる方針を示した。**

いわゆるニクソン・ドクトリンは，ベトナム戦争の泥沼化を受け，ニクソン政権が**アジアでの軍事介入や同盟国への軍事支援を抑制する方針**を掲げたものである。また，ニクソン大統領は訪中して米中共同声明を発表し，事実上の相互承認がなされたが，完全な形での**米中の国交正常化はカーター大統領時代の1979年に実現した。**

5 ✕ **1993年のオスロ合意はパレスチナ暫定自治を実現させた。**

オスロ合意により，**敵対してきたイスラエルとパレスチナは相互に存在を容認し（二国共存の容認），**パレスチナはテロ行為を停止し，イスラエル軍はパレスチナ地域から撤退して，パレスチナ自治政府による暫定統治が始まった。計画では，暫定統治の後に，パレスチナは完全な独立国家となるはずだったが，武力衝突が再燃したこともあり，まだ達成されていない。

なお，9.11テロの後，イスラエル政府はなおのこと強硬姿勢をとったが，イラク戦争を遂行する過程で中東諸国の支持を得たかったアメリカのブッシュ政権は2003年に両国を仲介し（アカバ会議），パレスチナ独立に向けた新たな「中東和平ロードマップ」を取りまとめた。

英文の要旨

　　最近「連合国」の勝利によって明かりがともされた景色に，陰が落ちてきました。ソビエトと国際共産主義が近々何をしようとしているのか，その拡大し改宗を迫る傾向の限界は，もしあるならなんなのか，誰にもわかりません。私は，勇敢なソ連国民と戦友であるスターリン元帥に強い賞賛と敬意を感じています。イギリスにはソ連の人々への深い同情と善意があり，どんな困難を排しても永続的な友好関係を築いていこうとの決意があります。ソ連にとって，ドイツの侵攻を完全に排除し，自国の西の国境の安全を確保することが必要だ，ということはわかります。ソ連が主要国入りすることも，海洋で活躍することも歓迎です。なかでも，大西洋を挟んでソ連の人々と私たちが，さらなる交流を続け深めていくことを歓迎します。しかしながら，ヨーロッパの現状について皆様に事実をお示しすることは私の義務です。皆様もきっと私に見てきた事実を話してもらいたいはずです。

　　バルト海のシュテッティンからアドリア海のトリエステにかけて，ヨーロッパ大陸を分ける鉄のカーテンが降ろされてしまいました。中部と東部ヨーロッパの古い国々の首都は，その線の向こう側にあります。ワルシャワ，ベルリン，プラハ，ウィーン，ブダペスト，ベオグラード，ブカレスト，ソフィアという有名な都市とその周辺住民は，私がソ連の領域と呼ぶところにあるのです。いずれも，ソ連からのさまざまな影響にさらされているだけでなく，非常に強力な，しかも多くの場合ますます強くなるモスクワからの統制を受けているのです。

1 ✖　ケナンはアメリカの外交官であった。**ソ連に対する「封じ込め政策」の提唱者**として知られる。

2 ◎　正しい。この演説は，第二次世界大戦中，イギリスの首相を務めたチャーチルが，1946年にアメリカで行った演説の一部である。基礎知識があれば，最後の段落にある**「鉄のカーテン」**の一言で，すぐにこの演説がチャーチルのものだとわかったはずだ。

3 ✖　マクナマラは1960年代にアメリカの国防長官を務めた。

4 ✖　アデナウアーは西ドイツの初代首相（在任1949〜1963年）であった。

5 ✖　サッチャーは，強硬な政治姿勢から「鉄の女」とあだ名されたイギリスの首相（在任1979〜1990年）である。

No.7 の解説 東西冷戦終結前後の国際関係　　→問題はP.90　**正答3**

　　並べ替え問題なので簡単そうに見えるかもしれないが，東西冷戦終結前後の外交史についての詳細を問う難易度の高い問題である。「米ソ」と書いているイと「ソ連崩壊」を意味するエでは，イが先になるのはわかるだろう。また，東ドイツの存在が前提のウのほうが，ドイツ統一に当たるオよりも先になるのも当然だ。しかし，すべての選択肢がこの2条件を満たしているので，これらの事実だけでは選択肢は絞り込めない。

ア：NATOのロンドン宣言は，1990年7月。
　　NATOのロンドン宣言は，米ソ首脳が冷戦終結を宣言した1989年12月のマルタ会談を踏まえて発表された。防衛にかかわる決定が，基礎知識である冷戦終結宣言（P.77）に先立つとは思えないので，1990年以降だろうと判断できる。

イ：INF全廃条約の調印は，1987年12月。
　　INF全廃条約が1987年に調印されたのは基礎知識である（P.153）。

ウ：ベルリンの壁の崩壊は，1989年11月。
　　東ドイツ政府が国民の西ドイツへの出国を認めたことから，東西ドイツの分断の象徴であったベルリンの壁が取り除かれた。その後，一気に東西ドイツは統一に向かうことになった。

エ：CIS創設は，1991年12月。
　　CISはソ連の消滅を受けて創設された。ソ連の消滅の前にドイツ統一が実現していたのは基礎知識なので，この時点でエをオよりも先に置いている選択肢の**2**と**4**は除外できる。

オ：東西ドイツの統一は，1990年8月。
　　東西ドイツの統一が1990年に実現したことは基礎知識である（P.77）。アとの関係で何月だったかが重要になるが，統一条約の調印は8月である。その後，10月に条約が発効し，統一が実現した。なので，アとオではアが先になるが，選択肢**5**以外はこの条件を満たしている。ここで選択肢**5**が正答ではなさそうなことが見抜ける。

　　したがって，正答は**3**である。各選択肢を比較している中で，イが先頭に来ることとエが最後に来ることが確認できれば，アの位置を気にしなくても正答は導ける。

1×　スターリン批判をしたのはフルシチョフである。

1953年のスターリンの死後，ソ連はしばらく集団指導体制にあったが，1956年にフルシチョフがソ連の最高指導者になった。彼はスターリンを批判し，ソ連を平和共存に向かわせた。ブレジネフは，フルシチョフの後継として1964年に指導者になった。彼は，**ソ連の影響下にある社会主義国では主権が制限されるとして（ブレジネフドクトリン），チェコスロバキアに軍事介入を行った。**

2◎　ジュネーブ会議は1955年に実現した。

正しい。当初，チャーチル英首相の提案にアイゼンハワー米大統領などは否定的だった。だが，西ドイツが主権を回復してNATOに参加すると，平和共存のムードが高まり，**米英仏ソの4か国首脳による会談が実現した。**

3×　ハンガリーの反ソ運動をソ連は武力で鎮圧した。

ハンガリーの反ソ運動に対し，ソ連は戦車部隊を投入し，武力で制圧した。なお，**ホーネッカーは東ドイツの政治家であり，**このハンガリー事件とは無関係である。

4×　スエズ運河国有化宣言を受け，英仏がエジプトを空爆した。

いろいろ間違いがあるので，1つでも気づけば誤りとすぐわかる。まず，トルーマンは日本に原爆を投下したときの米大統領で，**1956年にはアイゼンハワーがその職にあった。**スエズ運河国有化に反対するイスラエルがエジプト攻撃を始めると，**英仏もエジプトを空爆し，スエズ運河に軍を進めて占領した。**また，この紛争は「第3次」ではなく「**第2次中東戦争**」と呼ばれている（P.137）。

5×　非同盟主義の会議は当然「非同盟諸国会議」である。

非同盟諸国会議は1961年，ユーゴスラビアで開催された。非同盟運動にヨーロッパの国であるユーゴスラビアが関係している以上，会議の名称が「アジア・アフリカ会議」にならないことはすぐわかる。

No.9 の解説　ノーベル平和賞受賞者　→問題はP.92　正答**4**

1✕　**セオドア・ルーズベルトには，**
ロシアの極東進出を牽制するとの目的もあった。

セオドア・ルーズベルトは，自ら第2回のハーグ平和会議に参加して積極的に議論をリードした。内政においては革新主義的な政策も掲げた。日露間の講和斡旋も，一面においては彼の理想主義を反映した行為であったといえるだろう。もちろん，現実主義的な一面もあり，ロシアの極東進出を牽制するために日露の勢力の維持を図ったともいわれている。

2✕　**マーシャルはトルーマン政権下で国務長官を務めた。**

トルーマン政権の国務長官マーシャルは，1948～1951年まで実施された**ヨーロッパ経済復興援助計画＝マーシャル・プランの発案者である。**トルーマン政権の国務長官であった以上，トルーマン政権の「封じ込め政策」を批判するはずはない。「封じ込め政策」はアメリカと西欧諸国との軍事的結びつきを強固にするためのものであり，マーシャル・プランはアメリカと西欧諸国との経済的結束を意図したものであった。

3✕　**1978年のキャンプ・デービッド会談では，イスラエルとエジプトは**
平和条約の締結に向けた協議を開始することが合意された。

カーターの仲介で開かれたキャンプ・デービッド会談で，イスラエルとエジプトの首脳は平和に向けた交渉を進めることで合意し，翌1979年には平和条約を締結した。この条約により，**イスラエルが占領していたシナイ半島はエジプトに返還された。**なお，イスラエルとの和平実現によって暗殺されたのはエジプト大統領のサダトであった。

4◎　**スー・チーは非暴力的な民主化運動を進めた。**

正しい。その後，スー・チーが率いる国民民主連盟（NLD）は2015年11月の議会選挙で過半数の議席を獲得した。軍事政権は終わりを告げ，2016年3月には**民主政権がスタートした。**スー・チーは国家最高顧問兼外相として国家をリードすることとなった。

5✕　**オバマは在任中，「核兵器のない世界」の理念を堅持した。**

オバマは，2009年のプラハでの演説で，初めて「核兵器のない世界」をめざす外交方針を表明した。また，それに基づき，欧州におけるミサイル防衛関係施設の建設を取りやめるなどした。選択肢の後半はまったくの事実無根である。

実戦問題❸　発展レベル

No.10　第二次世界大戦末期以降の国際関係に関する次の記述のうち，最も妥当なのはどれか。

【国家一般職・令和５年度】

1　1945年２月，F.ローズヴェルトとスターリンの米ソ２か国首脳によるヤルタ会談が開催された。この会談では，国連憲章における安全保障理事会の常任理事国の権限や，日本に対して無条件降伏を求めることなどについて討議され，合意が形成された。

2　第二次世界大戦中から戦後にかけてソ連が東欧における影響力を強めていく中，1946年３月，F.ローズヴェルトは，ミズーリ州フルトンにおいて講演し，朝鮮半島に「鉄のカーテン」が下ろされたと述べ，ソ連の脅威が拡大しつつあると強調した。

3　H.トルーマン大統領は，ソ連の影響拡大を封じ込めるため，1947年３月，ギリシャとトルコに対する経済・軍事援助のための支出の承認を議会に求めた。その後，G.マーシャル国務長官は，東欧を含むヨーロッパ全体の経済復興のために大規模な経済援助を行う計画を提示した。

4　ソ連は，ヨーロッパ諸国の共産主義政党の連携を強化するため，1947年９月，コミンフォルムに代わる組織としてコミンテルンを設立した。さらに，1949年１月には，東欧との経済関係の強化を目的としてワルシャワ条約機構を設置した。

5　1948年６月，ドイツにおいてソ連が自ら占領する区域内で通貨改革を実施すると，これに対抗するため，米国は，西ベルリンとソ連が占領する東ベルリンとの間の往来を禁止し，孤立した西ベルリンに対して輸送機による物資の空輸作戦を実施した。

No.11　ア〜ウの英文は，米国大統領の演説からの抜粋である。それぞれの演説と大統領の組合せとして妥当なものはどれか。なお，英文の一部を省略している場合もある。

【国家一般職・平成24年度】

ア：Yesterday《中略》— a date which will live in infamy — the United States of America was suddenly and deliberately attacked by naval and air forces of the Empire of Japan. The United States was at peace with that Nation and, at the solicitation of Japan, was still in conversation with its Government and its Emperor looking toward the maintenance of peace in the Pacific.

イ：The United States knows that peaceful power from atomic energy is no dream of the future. 《中略》 To hasten the day when fear of the atom will begin to disappear from the minds of people, and the governments of the East and West, there are certain steps that can be taken now. I therefore make the following proposals:

The Governments principally involved, to the extent permitted by elementary prudence, to begin now and continue to make joint contributions from their stockpiles of normal uranium and fissionable materials to an international Atomic Energy Agency. We would expect that such an agency would be set up under the aegis of the United Nations.

ウ：I want to explain why I have decided, with the unanimous recommendation of my national security team, to use force in Iraq, why we have acted now and what we aim to accomplish. Six weeks ago, Saddam Hussein announced that he would no longer cooperate with the United Nations weapons inspectors, called UNSCOM. They are highly professional experts from dozens of countries. Their job is to oversee the elimination of Iraq's capability to retain, create and use weapons of mass destruction, and to verify that Iraq does not attempt to rebuild that capability. The inspectors undertook this mission, first, seven and a half years ago, at the end of the Gulf War, when Iraq agreed to declare and destroy its arsenal as a condition of the cease-fire.

	ア	イ	ウ
1	セオドア・ルーズベルト	ジョン・F・ケネディ	ジョージ・W・ブッシュ（第43代）
2	フランクリン・ルーズベルト	ドワイト・アイゼンハワー	ビル・クリントン
3	ハリー・トルーマン	ジョン・F・ケネディ	ジョージ・H・W・ブッシュ（第41代）
4	ウッドロー・ウィルソン	ハリー・トルーマン	ビル・クリントン
5	フランクリン・ルーズベルト	バラク・オバマ	ジョージ・W・ブッシュ（第43代）

No.12 ア～ウの英文は，英国首相の演説・声明からの抜粋である。それぞれの演説が行われた年と首相の組合せとして妥当なのはどれか。なお，英文の一部を省略している場合もある。

【国家一般職・平成25年度】

ア：We, the German Führer and Chancellor, and the British Prime Minister, have had a further meeting today and are agreed in recognizing that the question of Anglo-German relations is of the first importance for our two countries and for Europe. We regard the agreement signed last night and the Anglo-German Naval Agreement as symbolic of the desire of our two peoples never to go to war with one another again. 《中略》 My good friends, for the second time in our history, a British Prime Minister has returned from Germany bringing peace with honor. I believe it is "peace for our time." Go home and get a nice quiet sleep.

イ：We mark today, with this ceremony, the conclusion of arduous negotiations over more than ten years which have resulted in another great step forward towards the removal of divisions in Western Europe. 《中略》 The founders of the Community displayed great originality in devising the institutions of the Six. They have been proved in the remarkable achievements of the Community over the years. It is too early to say how far they will meet the needs of the enlarged Community. For we are faced with an essentially new situation, though one which was always inherent in the foundation of the Community of the Six, which was visualized in the preamble to the Treaty of Rome and which has been created by its success.

ウ：On Tuesday night I gave the order for British forces to take part in military action in Iraq. 《中略》 War between the big powers is unlikely, Europe is at peace, the Cold War already a memory. But this new world faces a new threat of disorder and chaos born either of brutal states like Iraq armed with weapons of mass destruction or of extreme terrorist groups. 《中略》 For 12 years the world tried to disarm Saddam after his wars in which hundreds of thousands died.

	ア	イ	ウ
1	1952年 W.チャーチル	1957年 H.マクミラン	2003年 T.ブレア
2	1948年 C.アトリー	1946年 W.チャーチル	1990年 M.サッチャー
3	1938年 N.チェンバレン	1972年 E.ヒース	2003年 T.ブレア
4	1952年 W.チャーチル	1980年 M.サッチャー	1991年 J.メイジャー
5	1938年 N.チェンバレン	1975年 H.ウィルソン	1990年 M.サッチャー

第2章

外交史

実戦問題 **3** の 解説

→問題はP.98

No.10 の解説 第二次世界大戦末期以降の国際関係 →問題はP.98 **正答3**

1×　ヤルタ会談にはイギリスのチャーチル首相も参加した。

　　また，ヤルタ会談はドイツに無条件降伏を求めることを確認した。日本の無条件降伏は，米英中が1945年7月に発した**ポツダム宣言**で求められた。

2×　鉄のカーテン演説は欧州における東西冷戦の進行を指摘した。

　　この演説を行ったのは**イギリスのチャーチル首相**である。「バルト海のシュテッティンからアドリア海のトリエステまでヨーロッパ大陸に鉄のカーテンが降ろされた」と述べ，ソ連が東欧諸国をまとめ，西欧諸国と敵対しつつあることを批判した。なお，フランクリン・ルーズベルトは1945年4月に死去している。

3◎　トルーマン大統領はソ連の「封じ込め」を外交政策に掲げた。

　　正しい。この「封じ込め政策」の考え方は「**トルーマン・ドクトリン**」と呼ばれている。マーシャル国務長官による「マーシャル・プラン」が東欧諸国も対象に含めていた点も正しい。

4×　1947年，ソ連は東側諸国の政治的結束を図るために
　　コミンフォルムを結成した。

　　コミンフォルム（共産党情報局）に次いで，ソ連は1949年には**コメコン（経済相互援助会議）を創設**し，東側諸国の経済的結束を進めた。軍事同盟としての**ワルシャワ条約機構が設立されたのは1955年**である。国際共産主義運動を進めたコミンテルンは1943年に解散している。

5×　通貨改革は米英仏の占領地域で実施された。

　　東西対立が深まる中，ドイツの西側占領地域だけで通貨改革が実施されると，ソ連はこれに対抗して西ベルリンの封鎖に踏み切った。

No.11 の解説 アメリカ大統領の演説 →問題はP.98 **正答2**

ア：「フランクリン・ルーズベルト」が該当する。

　　英文の要旨

　　ア　不名誉な日として語り継がれる日になるであろう昨日，アメリカ合衆国は，突然しかも意図的な攻撃を大日本帝国の海軍・空軍から受けました。アメリカは同国とは平和な関係にありましたし，日本からの懇願により，太平洋地域の平和維持に向け，日本政府や天皇と対話をしておりました。

　　太平洋戦争の開戦時のアメリカ大統領はフランクリン・ルーズベルトである。よって，アは対日宣戦布告を議会に要請したときの演説である。

102

イ：「**ドワイト・アイゼンハワー**」が該当する。

　英文の要旨

　イ　アメリカは，原子力の平和利用が夢の話ではないとわかっております。原子力に対する恐怖が，東西両陣営の人々や政府から早く消えるために，今やるべきことがあります。次のような提案をしたいのです。関係国の政府は，貯蔵しているウランと核分裂物質を，国際的な「原子力機関」のようなものに共同で拠出することを，今始め，継続させるべきです。アメリカは，そうした機関が国連主導で設立されることを期待しています。

　イは1953年12月にアイゼンハワー大統領が国連総会で行った「平和のための核」という演説。この演説をきっかけに，1954年7月には国連において原子力に関する国際会議が開催され，**1957年には国際原子力機関（IAEA）が設立された。**

ウ：「**ビル・クリントン**」が該当する。

　英文の要旨

　ウ　国家安全保障チームの全会一致の勧めもありましたが，なぜ私がイラクで武力を用いる決定をしたのか，何をしていて，何を成し遂げたいのか，説明したいと思います。6週間前，サダム・フセインは国連の兵器査察官との協力を打ち切ると発表しました。彼らの仕事は，イラクが大量破壊兵器を保持・作製・使用する能力を除去することを監視し，そうした能力の再構築をイラクが試みないことを立証することです。査察官たちは，湾岸戦争が終わった7年半前に初めてこの任務に就きました。停戦の条件としてイラクが兵器工場の申告と破壊に同意したときのことです。

　ウは1998年にクリントン大統領が行ったイラク攻撃演説である。湾岸戦争がブッシュ（父・第41代）の時代であったことを知っていれば，それから7年半の時点での大統領が誰かわかる。

　アがわかると，**2**と**5**の二択になる。IAEAは最近できた国際機関ではないので，**イ**はオバマ大統領ではない。よって，正答は**2**である。

　ちなみに，**ウ**にある1998年のアメリカによるイラク空爆はあまり有名な史実ではなく，イラク戦争＝ブッシュ大統領（子・第43代）という基礎知識に対する「引っかけ」になっている。

こういう「ひねった」問題が過去には出題された，という例である。イギリスの首相の外交業績が問われることはまれなので，解きやすくするために選択肢**1**～**5**には首相の名前の前に年号が入れられている。正しい組合せはこれをヒントに判断したほうがよい。

ア：「1938年 N.チェンバレン」が該当する。

引用されている演説の要旨は以下のとおりである。

英文の要旨

> **ア** われわれドイツ総統とイギリス首相は，本日のさらなる会合において，英独関係の問題が両国のみならず欧州にとって極めて重要であると認識する点で一致しました。昨夜署名した協定ならびに英独海軍協定は，二度と互いに戦争することがないように，との両国民の願いを象徴しています。
>
> みなさん，私はドイツから平和を持って帰りました。イギリス史上2回目のことです。私はこれが「われわれの時代の平和」だと信じます。家に帰り，穏やかな眠りについてください。

アはミュンヘン会談から帰国したときのチェンバレン首相の演説である。ドイツのヒトラー政権への宥和策で「われわれの時代の平和」が訪れたと勘違いしていた。英独間の平和が話題で，しかも英独海軍協定に言及しているのだから，第二次世界大戦の前のことだとわかる。

イ：「1972年 E.ヒース」が該当する。

英文の要旨

> **イ** 今日，この儀式をもって，われわれは10年以上に及ぶつらい交渉に終わりを記しました。これは西欧における国境撤廃に向けたさらなる偉大な一歩となりました。
>
> この「共同体」の創始者たちは，6か国の制度を生み出すに当たり，偉大なる独創性を発揮しました。これらの制度は，何年にもわたる共同体のすばらしい業績で実力を証明してきましたが，拡大された共同体のニーズをどこまで満たすのかは，まだなんともいえません。われわれは本質的に新しい状況に直面しています。そうしたことは，6か国の共同体の創設でもありましたし，ローマ条約の前文にも明言されていますし，共同体の成功によっても創り出されるものです。

イは1972年，イギリスのEC加盟時のヒース首相の演説である。「6か国の共同体」という表現で，しかも「Community」が大文字で始まっているので，ECのことだとわかる。

ECへの移行が1967年なので，それ以前ではおかしいが，よほどの知識がなければ，**3**と**5**のどちらが正しいかの結論は出ない。

ウ：「2003年 T.ブレア」が該当する。

英文の要旨

ウ 火曜日の夜，私はイギリス軍に対しイラクでの軍事行動に参加するよう命令しました。

大国間の戦争は起こりそうもなく，ヨーロッパは平和で，冷戦はすでに記憶の彼方にあります。しかし，この新しい世界は，大量破壊兵器で武装したイラクのような野蛮な国家が生み出す，あるいは過激なテロリスト・グループが生み出す，無秩序と混乱という新しい脅威に直面しています。

何十万人もが亡くなった湾岸戦争の後，12年間，世界はサダム・フセイン政権の武装解除を試みてきました。

ウはイラク戦争への参加についてブレア首相が行った演説である。最後のところで，湾岸戦争から「12年」と出てくるが，これが決定的なヒントになっている。湾岸戦争は1991年のことだったので，2003年の演説だとわかる。これで**5**が誤っていることがはっきりして，正答は**3**で確定する。

必修問題

　第二次世界大戦後のわが国の外交等に関する次の記述のうち，妥当なのはどれか。

【国家総合職・令和3年度】

1　米国のH.トルーマン大統領は，J.ダレスを国務省顧問に起用し，対日講和問題の担当を命じた。ダレスが**吉田茂内閣**との交渉を進めた結果，サンフランシスコに52か国が集まり平和会議が開催され，ソ連，ポーランド，チェコスロバキアを除く49か国が**サンフランシスコ平和条約**に署名した。その翌年に同条約が発効し，わが国は独立を回復し国際社会に復帰することとなった。

2　**鳩山一郎内閣**は，わが国の国際連合への加盟が認められたことを契機にソ連との交渉を進め，1956年に**日ソ共同宣言**に署名した。これにより日ソ間の戦争状態は終了し，国交が回復したほか，シベリアに抑留されていた日本人の釈放と送還も実現することとなった。また，懸案となっていた北方領土問題については，歯舞群島および色丹島を直ちにわが国に引き渡すことが約束された。

3　**岸信介内閣**は，1957年の外交青書『わが外交の近況』で「国際連合中心」「自由主義諸国との協調」「日米同盟の堅持」を戦後日本外交の三原則として掲げた。また，不平等な内容となっていた**日米安全保障条約の改定**に取り組んだが，米国の日本防衛義務の明文化や基地使用に関する事前協議制度について改定が見送られることとなり，これに抗議するデモやストライキが国内で頻発したため，本条約の改定後，岸内閣は総辞職することとなった。

4　1950年代以降，すべての東南アジア諸国はわが国に対する占領や戦争の損害に対する賠償を放棄した。わが国は1954年から政府開発援助（ODA）を開始し，ODAによるインフラ整備がこれらの国々の経済成長を支えた。その後，1980年代には，日本企業の東南アジア進出に対する反発が強まり，**鈴木善幸内閣**は，経済関係だけでなく，相互信頼関係を築き，対等な立場から平和と繁栄の構築に寄与していく「鈴木ドクトリン」を東南アジア政策の基本方針とした。

5　1972年にわが国と中国の間で国交が正常化した後，**日中平和友好条約**締結に関する交渉が行われたが，米国を警戒する中国側が反覇権条項の明記を要求したため，これに反対するわが国との交渉が長引くこととなった。

交渉の結果,「この条約は,第三国との関係に関する各締約国の立場に影響を及ぼすものではない」との条項を入れた条約が1978年に署名された。ソ連はこれを歓迎し,期限満了を迎えることとなる<u>中ソ友好同盟相互援助条約の延長</u>を中国に提案した。

難易度 ＊

必修問題の解説

第二次世界大戦後の日本外交について,講和条約,日ソ共同宣言,日米安全保障条約,戦後賠償,日中平和友好条約と,定番のテーマが並んでいる。難易度はやや高いが,細かい間違いを見逃さないことで対処は可能である。

1 ◎ サンフランシスコ講和条約(平和条約)は「全面講和」にはならなかった。

正しい。サンフランシスコ講和条約は,日本を含む49か国が調印し,日本は独立を回復した。選択肢内の人名や国名に誤りはない。

2 × 歯舞群島と色丹島の変換は平和条約締結後とされた。

「直ちに」引き渡されていたのであれば,2島が今なおロシアとされているのはおかしいので,すぐに誤りの選択肢だとわかる。ちなみに,**シベリア抑留者の帰国は1947年から始まっている**。

3 × 新たな日米安全保障条約ではアメリカの日本防衛義務が明文化された。

新条約には,米軍が日本を防衛する義務を負うことや,**在日米軍の活動に関する事前協議制**などが盛り込まれた。

なお,1957年の『外交青書』に掲げられた日本外交の三原則に「日米同盟の堅持」が入っているという部分も間違っている。不平等とされてきた日米安全保障条約の改定にこれから取り組もうという時期に,岸内閣としては不満がある日米同盟について「堅持」を掲げることはないだろう。正しくは「**アジアの一員としての立場の堅持**」である。

4 × 日本は東南アジア各国と二国間協定を締結し,賠償を行った。

日本は,第二次世界大戦後に独立したフィリピン,ミャンマー,ベトナム,インドネシアとは,1955~1959年にかけて,それぞれ二国間協定を結び,賠償を行った。なお,日本とASEANは対等なパートナーであることなど,**日本の東南アジア外交について「三原則」を示したのは福田赳夫である。「福田ドクトリン」**として知られている。

5 ✕ 中国が警戒していたのはアメリカではなくソ連である。

　中国側が「反覇権条項」を求めたのはソ連を警戒してのことであった。当然，ソ連は日中平和友好条約に反発し，**1950年に結ばれた中ソ友好同盟相互援助条約は延長されず，1980年に効力を失った。**

正答 **1**

FOCUS

　日本外交史については，第二次世界大戦後の周辺諸国との関係回復が頻出事項である。日米関係ではやはり新旧の日米安全保障条約の比較が取り上げられやすい。高校レベルの日本史の知識を少し広げるつもりで学習を深めておくとよいだろう。

POINT

重要ポイント 1 近代日本の対外戦争と関連事項

1894年 日清戦争	1895年 下関条約（台湾割譲）
1904年 日露戦争	1905年 ポーツマス条約 →アメリカのセオドア・ルーズベルト大統領が仲介，韓国に対する保護権や遼東半島南部の租借権などを獲得。
1914年 第一次世界大戦 （日本は1902年の日英同盟を理由にドイツに宣戦）	1915年 二十一カ条の要求 →中国の袁世凱政府に旧ドイツ権益の継承容認などを要求。 1919年 ベルサイユ条約 →中国山東省のドイツ権益を継承，旧ドイツ領の南洋諸島を委任統治，ただし人種差別撤廃規約は不採用。
	1922年 ワシントン海軍軍縮条約 →日本を含む主要国の主力艦の保有比率を決め，軍拡を抑制。 1930年 ロンドン海軍軍縮条約 →米英日による主力艦と補助艦の保有比率を取り決め。
1931年 満州事変	1933年 国際連盟が満州における中国の主権を確認。日本は国際連盟を脱退
1937年 日中戦争 1939年 ノモンハン事件 （日ソ両軍が衝突）	1938年 近衛内閣が戦争目的を「東亜新秩序」の建設にあると声明 1940年 日独伊三国同盟 1941年 日ソ中立条約
1941年 第二次世界大戦*	1945年7月 ポツダム宣言 →米英ソの首脳会談で日本に無条件降伏を要求。 1945年8月 ソ連が対日参戦 →ヤルタ協定による。 1945年8月 日本がポツダム宣言を受諾し終戦

＊アメリカ側は「太平洋戦争」，日本側は「大東亜戦争」と呼称。日本は「大東亜共栄圏の建設」を戦争目的に掲げた。

重要ポイント 2 ▶ 国交回復と賠償問題

(1) サンフランシスコ講和条約（日本国との平和条約）

　第二次世界大戦後，日本は連合国軍の占領下に置かれたが，吉田内閣時代の1951年，日本はこの条約を締結して，発効とともに独立を回復した（1952年4月）。

　日本を含む49か国がこの条約を締結。しかし，ソ連や中国などはこの条約を認めず，講和（戦争終結の確認）は「全面講和」ではなく，一部の国との「単独講和」となった。

(2) 戦後賠償

　欧米諸国は戦争中の行為に対する賠償金の支払いを求めなかった。東南アジア各国（フィリピン，ベトナム，ビルマ〔ミャンマー〕，インドネシア）とは，1955～1959年にかけて二国間協定を結んで賠償が行われた。

(3) 周辺諸国との国交回復

日華平和条約	1952年 吉田茂内閣	中華民国との戦争状態の終結条約。条約議定書では賠償放棄が合意された。
日ソ共同宣言	1956年 鳩山一郎内閣	ソ連との戦争終結と国交回復が実現。これにより，日本の国連加盟も同年に実現した。 なお，北方領土問題は未解決のままのため，日ソ間（日ロ間）の平和友好条約は締結されていない。
日韓基本条約	1965年 佐藤栄作内閣	戦後20年を経た1965年，日本と大韓民国とは，この条約によって国交を正常化。 なお，植民地支配や第二次世界大戦に関する賠償問題は，日本が経済協力の形で資金提供を実施することで決着した。
日中共同声明	1972年 田中角栄内閣	アメリカと中華人民共和国が外交関係を正常化させたことを受け，田中角栄首相が中国を訪問して，この声明により両国の国交を回復させた。 なお，**日中平和友好条約**は，1978年に福田赳夫内閣によって締結された。

(4) 領土返還

　戦後アメリカの軍政下に置かれていた小笠原諸島と沖縄（琉球諸島と大東諸島）は，佐藤内閣時代にアメリカからの返還が実現した（小笠原諸島については1968年，沖縄については1972年）。

　この時，米軍基地が多く置かれていた沖縄については核兵器の持込みが疑われていたが，佐藤内閣は核兵器を「作らず，持たず，持ち込ませず」という**非核三原則**を掲げて交渉を積み重ね，最終的に「核抜き・本土並み」とする合意を得て，沖縄返還を実現させた。なお，当時，日本は初めての対米貿易摩擦である「繊維摩擦」の解決も迫られており，佐藤内閣は繊維業界に輸出自主規制を求めたため，「糸（繊維）と縄（沖縄）の取引」などといわれた。

（5）日本の領土

　日本の領土のうち外交上の対応が必要なのは３か所である。日本は領土に関し「力による現状変更は認められない。法の支配の原則が重要だ」との立場をとっている。

北海道の北方領土 （国後島，択捉島，歯舞群島，色丹島）	第二次世界大戦の際，旧ソ連に占領されたまま返還されていない。日本は四島一括返還を求め，これに応じない**ロシアとは平和条約を締結していない。**
島根県の竹島	韓国は「独島」と呼び，警備隊員を常駐させて長年にわたり**実効支配している。**歴史的事実から見て日本の領土であることは明白であることから，日本は竹島の領有権について国際司法裁判所への共同提訴を要求したが，韓国はこれを拒否した。
沖縄県の尖閣諸島	日本政府としては**領土問題など存在しない**，との立場を堅持している。だが，1970年代以降，中国はこの島々について一方的に領有権を主張している。

重要ポイント 3　日米関係

（1）日米安全保障条約

旧条約（1951年，吉田茂内閣）	新条約（1960年，岸信介内閣）
独立の際，米軍の日本駐留を認めるための条約。これにより日本は防衛をアメリカに依存し，経済復興に取り組んだ（吉田ドクトリン）。	不平等との批判があった旧安保条約は，岸信介内閣によって改定。米軍の日本防衛責任，日本における米軍の活動に関する事前協議制などを明確化。

①**日米地位協定**：新安保条約に基づき策定された協定。日本における米軍の在り方について定める。米軍人などが日本で罪を犯した場合についての定めもある。

②**ガイドライン（防衛協力のための指針）**：2015年，「日米同盟のグローバルな性質」を強調し，日本の防衛協力をさらに緊密化させた新ガイドラインを決定。自衛隊の活動範囲について，「日本とその周辺」といった限定をやめ，日本の安全が脅威にさらされた場合には，米軍に対する後方支援を地理的制約なくできるとした。

（2）日米貿易摩擦・日米経済摩擦

①**日米貿易摩擦**：アメリカは，1960年代から1970年代にかけて，アメリカの国内市場を席巻する日本製品を個別に問題視。繊維，鉄鋼，テレビ，工作機械，自動車などが対象に取り上げられた。これに対し，日本は「輸出自主規制」で対応。業界団体などが各メーカーに輸出量を割り当てるなどした。

②**日米経済摩擦**：アメリカは，1980年代後半になると，アメリカ製品が日本で売れないことを問題視。日本市場が閉鎖的であるとして「市場開放」を求めてきた。日米は，問題解決に向けて，日米構造協議（1989〜1990年）や日米包括経済協議（1993〜1995年）などを実施。両国の経済構造の問題点を指摘し，打開策を模索した。

日本の安全保障

（1）日本の防衛政策

①**国家安全保障会議**：外交・安全保障の諸課題を決定する内閣の会議。首相，官房長官，外務大臣，防衛大臣が構成する「4大臣会合」を中心に運営される。

②**防衛装備移転三原則**：国際平和協力活動などにおける防衛装備の提供や，同盟国との防衛装備の共同開発を念頭に，従来の「武器輸出三原則」を修正。①紛争当事国や国際条約違反国への輸出禁止，②輸出を認める場合を限定し，審査・情報公開を実施，③目的外使用や第三国への移転がないよう適正に管理（相手国への義務づけを含む），の3つ。

（2）集団的自衛権

国連憲章は，自衛権として個別的自衛権のほか，集団的自衛権の行使を認めている。2014年，安倍内閣は従来の憲法解釈を変更し，一定の条件の下で集団的自衛権の行使は認められるとした。他国に対する武力攻撃が発生した場合にも自衛権発動がありうるとしたのである。

ただし同時に，集団的自衛権を行使する場合は以下の3つの要件を満たすことが必要として，これを「**新三要件**」と呼んだ。具体的には，①日本と密接な関係にある他国に対する武力攻撃が発生し，日本の存立が脅かされ，国民の生命，自由，および幸福追求の権利が根底から覆される明白な危険があること。②これを排除し日本の存立を全うし，国民を守るために他に適当な手段がないこと。③必要最小限度の実力行使にとどまるべきこと。

（3）平和安全法制

2015年，集団的自衛権の行使を可能にする「平和安全法制」が成立。
以下の事態を想定して，それぞれの対処方針を明確化した。

武力攻撃事態	日本が直接攻撃を受ける事態。個別的自衛権を発動できる。
存立危機事態	日本と密接な関係にある他国への武力攻撃が発生し，日本の存立が脅かされ，国民の権利が根底から覆される明白な危険がある事態。**集団的自衛権の行使が可能**。自衛隊の武力行使も認められる。
重要影響事態	日本の平和や安全に重要な影響を与える事態。自衛隊の武力行使は認められないが，他国軍に対する補給，輸送，医療などの**後方支援は可能**。

（4）国際平和支援

国際社会の平和と安全を脅かす行為に対し，多くの国が国連憲章の目的に沿って共同して対処する際，日本は個々の活動ごとに「特別措置法」を制定して，支援してきた。たとえば，2001年の「テロ対策特別措置法」や2008年の「補給支援特別措置法」では，アメリカ海軍の艦艇などに洋上燃料補給を行った。

2015年の**国際平和支援法**は，こうした場合，これを「国際平和共同対処事態」と呼んで自衛隊の後方支援を認めた。これにより，いちいち特別措置法を定める必要はなくなった。

実戦問題 **1**　基本レベル

◆ **No.1**　わが国の外交に関するア～エの記述のうち，妥当なもののみをすべて挙げているのはどれか。

【国家一般職・平成25年度】

ア：1937年7月7日，盧溝橋で日中両軍の軍事衝突が起こったが，和平工作が同時に展開していたこともあり，宣戦布告がないままに，事実上の日中戦争は拡大していった。翌1938年11月に近衛文麿内閣は，東亜新秩序の建設が日中戦争の目的であるという声明の発出を検討したが，中国に関する9カ国条約の締約国である米国や英国などへの配慮から，その発出を控えた。しかし，1941年12月の日米開戦後は，近衛声明の東亜新秩序より広範囲にわたる大東亜共栄圏の建設が太平洋戦争の目的として掲げられるようになった。

イ：吉田茂首相が米国のJ.ダレスと会談を重ね，米国政府は対日講和条約案の作成に乗り出し，講和会議開催の準備を始めた。1951年9月4日から8日にかけてサンフランシスコで開催された対日講和会議には，中国やインドなどは参加せず，参加52か国の中でも，ソ連，ポーランド，チェコスロバキアは講和条約の署名を拒否した。同条約の署名後，日米安全保障条約も署名されて，両条約は翌1952年4月に発効した。

ウ：吉田茂首相による「片面講和（多数講和）」に対してソ連を含む「全面講和」を主張していた鳩山一郎が，1954年12月に首相へ就任すると，日ソ国交正常化交渉が始まる。鳩山内閣は，「アデナウアー方式」による北方領土問題の棚上げを余儀なくされたが，抑留日本人の釈放・送還，わが国の国連加盟に関する支持などをソ連が約束するに至るまで日ソ交渉を進展させた。1956年5月には日ソ漁業協定を成立させた鳩山首相は石橋湛山へ首相の座を譲り，その後同年10月には日ソ共同宣言が調印された。

エ：小泉純一郎首相は，2002年1月，シンガポールにおける政策演説の中で，東アジアにおいて「共に歩み共に進むコミュニティ」の構築をめざすべきだと主張した。同首相は，その試みは，わが国と東南アジア諸国連合（ASEAN）の関係を基礎として，拡大しつつある東アジア地域協力を通じて行われるべきだと述べ，ASEAN＋3（日中韓）の枠組みに，オーストラリアやニュージーランドを加えた諸国が「コミュニティ」の中心的メンバーとなっていくことへの期待を表明した。

1　ア，イ

2　ア，ウ

3　イ，ウ

4　イ，ウ，エ

5　イ，エ

No.2 1970〜80年代の日本外交に関する次の文章について，空欄ア〜エに当てはまる語句の組合せとして妥当なものはどれか。

【地方上級（全国型／関東型）・平成24年度】

1970年代末に ___ア___ の影響で原油価格が高騰すると，当時の ___イ___ 首相はこれへの対処に尽力した。また，同首相は，新冷戦が始まったことを受けて，アメリカの同盟国であるとの立場をはっきりと打ち出し，さらには環太平洋連帯構想を提唱して，アジア・太平洋諸国の地域協力を訴えた。1980年代に入ると，アメリカの ___ウ___ 大統領と ___エ___ 首相の間で親密な関係が築かれたが，アメリカの対日貿易赤字が増大したことから，日米貿易摩擦が起こった。

	ア	イ	ウ	エ
1	イラン革命	大平正芳	レーガン	中曽根康弘
2	第4次中東戦争	大平正芳	レーガン	竹下登
3	イラン革命	大平正芳	ブッシュ	竹下登
4	第4次中東戦争	鈴木善幸	ブッシュ	中曽根康弘
5	イラン革命	鈴木善幸	レーガン	中曽根康弘

＊
No.3 次の英文は，わが国がこれまでに締結した条約の一部である。1951年に締結され，わが国の主権回復を果たした条約として妥当なのはどれか。

【国家一般職・令和2年度】

1 The High Contracting Parties solemnly declare in the names of their respective peoples that they condemn recourse to war for the solution of international controversies, and renounce it, as an instrument of national policy in their relations with one another.

2 Japan and the United States of America,

Desiring to strengthen the bonds of peace and friendship traditionally existing between them, and to uphold the principles of democracy, individual liberty, and the rule of law,

Desiring further to encourage closer economic cooperation between them and to promote conditions of economic stability and well-being in their countries,

Reaffirming their faith in the purposes and principles of the Charter of the United Nations, and their desire to live in peace with all peoples and all governments,

Recognizing that they have the inherent right of individual or collective self-defense as affirmed in the Charter of the United Nations,

3 Japan and the Republic of Korea,

Considering the historical background of relationship between their peoples and their mutual desire for good neighborliness and for the normalization of their relations on the basis of the principle of mutual respect for sovereignty;

4 THE HIGH CONTRACTING PARTIES,

In order to promote international co-operation and to achieve international peace and security

by the acceptance of obligations not to resort to war,

by the prescription of open, just and honourable relations between nations,

by the firm establishment of the understandings of international law as the actual rule of conduct among Governments, and

by the maintenance of justice and a scrupulous respect for all treaty obligations in the dealings of organised peoples with one another,

5 Whereas the Allied Powers and Japan are resolved that henceforth their relations shall be those of nations which, as sovereign equals, cooperate in friendly association to promote their common welfare and to maintain international peace and security, and are therefore desirous of concluding a Treaty of Peace which will settle questions still outstanding as a result of the existence of a state of war between them;

実戦問題 1 の解説

No.1 の解説　日本外交

→問題はP.113　**正答5**

ア ✕　近衛文麿内閣は，1938年に「東亜新秩序」についての声明を発出した。

日本政府は，諸外国向けにも，日中戦争の正当化を図らなければならなかった。その際，用いられた言葉が「東亜新秩序」である。

イ ○　いわゆる「サンフランシスコ講和条約」は1952年に発効した。

正しい。講和条約発効により，多くの連合国との間の戦争が終結して，日本は主権を回復した。ただし，この講和条約は**「片面講和」「単独講和」「多数講和」**と呼ばれるように，一部の国の不参加や不署名が顕著であった。ちなみに，署名を拒否したソ連，ポーランド，チェコスロバキアは，同じ共産主義国の中華人民共和国が不参加であることを理由に，会議そのものの無効を主張した。

ウ ✕　日ソ共同宣言は鳩山一郎内閣によって調印された。

その後，鳩山内閣は退陣し，12月に石橋湛山内閣が誕生した。なお，**「アデナウアー方式」**とは，領土問題などの難しい問題を棚上げして国交回復を優先させるという考え方である。1949年に西ドイツの初代首相となり，東西ドイツ分断という現状を踏まえた外交を展開したアデナウアーに由来する。

エ ○　小泉純一郎内閣は2002年に

「東アジア・コミュニティ構想（東アジア共同体構想)」を打ち出した。

正しい。この「東アジア・コミュニティ構想（東アジア共同体構想)」はASEAN＋3（日中韓）にオーストラリアとニュージーランドを加えた地域協力を念頭に置いたものであったが，これを受けて**2005年に実現したEAS（東アジアサミット）**にはインドも加わることになった。現在はさらにアメリカとロシアも加え，18か国が参加している。

　よって，正答は**5**である。

➡ 「鳩山一郎＝日ソ共同宣言」という基礎知識で**ウ**を間違いと判断できれば，**1**と**5**の二択になる。つまり**イ**は気にしなくてよくなる。しかし，**ア**と**エ**のどちらが正しいのかは悩みどころである。発表を「控えた」言葉（＝東亜新秩序）が試験に出るほど歴史的に重要となりうるだろうか，などと考えてみるとよい。

No.2 の解説 1970～1980年代の日本外交　　　　　　→問題はP.114　**正答 1**

ア：「**イラン革命**」が該当する。

1979年のイラン革命は，開発独裁体制をとっていたイランで，これに反発し
イスラム主義を求める民衆が起こした革命である。これによって，イランで
はイスラム教シーア派の聖職者が指導する国家が誕生した。なお，この革命
をきっかけとして**第2次石油危機が起こった**。

第4次中東戦争とは，1973年にアラブ諸国とイスラエルの間で勃発した紛争
で，第1次石油危機のきっかけになった。

イ：「**大平正芳**」が該当する。

大平首相は第2次石油危機の対処に当たり，1979年のG7東京サミットでも
議長として原油の輸入制限目標の合意に尽力した。**環太平洋連帯構想を打ち
出したことでも知られている。**

鈴木首相は大平首相の急死を受けて首相に就任した。外交では目覚ましい業
績は残していない。

ウ：「**レーガン**」が該当する。

レーガン時代，アメリカは**財政赤字と貿易赤字の「双子の赤字」に苦しみ，**
対日貿易赤字も膨らんで，日本は対策を求められた。

ブッシュ（父）は1989年に大統領に就任した（「1980年代に入ると」という
選択肢の記述には合わない）。冷戦終結や湾岸戦争で知られる。

エ：「**中曽根康弘**」が該当する。

中曽根首相は，**アメリカのレーガン大統領と親密な関係（ロン・ヤス関係）
を築いた。**対米貿易の黒字額が膨れ上がったために日米貿易摩擦が起こった
際，国民に外国製品の購入を呼びかけたことでも知られる。

中曽根首相の後継が竹下首相で，日米間の懸案だった牛肉・オレンジの輸入
自由化で，アメリカとの合意を得たことで知られる。

　　　よって，正答は**1**である。

No.3 の解説　日本外交上の重要条約

1 ✕　1929年のパリ不戦条約（ケロッグ＝ブリアン条約）からの引用である。

英文の要旨

　　締約国は，国際紛争解決のため，戦争に訴えないこととし，かつ，その相互関係において，国家の政策の手段としての戦争を放棄することを，その各自の人民の名において厳粛に宣言する。

2 ✕　1960年の日米安全保障条約からの引用である。

英文の要旨

　　日本国及びアメリカ合衆国は，両国の間に伝統的に存在する平和及び友好の関係を強化し，並びに民主主義の諸原則，個人の自由及び法の支配を擁護することを希望し，また，両国の間の一層緊密な経済的協力を促進し，並びにそれぞれの国における経済的安定及び福祉の条件を助長することを希望し，国際連合憲章の目的及び原則に対する信念並びにすべての国民及びすべての政府とともに平和のうちに生きようとする願望を再確認し，両国が国際連合憲章に定める個別的又は集団的自衛の固有の権利を有していることを確認し，

3 ✕　1965年の日韓基本条約からの引用である。

英文の要旨

　　日本国及び大韓民国は，両国民間の関係の歴史的背景と，善隣関係及び主権の相互尊重の原則に基づく両国間の関係の正常化に対する相互の希望とを考慮し，

4 ✕　1920年の国際連盟規約からの引用である。

英文の要旨

　　締約国は戦争に訴えざるの義務を受諾し，各国間における公明正大なる関係を規律し，各国政府間の行為を律する現実の基準として国際法の原則を確立し，組織ある人民の相互の交渉において正義を保持し且つ厳に一切の条約上の義務を尊重し，

5 ◎　日本の主権回復を認めたサンフランシスコ講和条約からの引用である。

　　正しい。この条約の発効により，**日本は1952年4月に独立を果たした。**

英文の要旨

　　連合国及び日本国は，両者の関係が，今後，共通の福祉を増進し且つ国際の平和及び安全を維持するために主権を有する対等のものとして友好的な連携の下に協力する国家の間の関係でなければならないことを決意し，よつて，両者の間の戦争状態の存在の結果として今なお未決である問題を解決する平和条約を締結することを希望するので

実戦問題 2 応用レベル

No.4 東アジアを中心とするアジアの国際関係に関する次の記述のうち，妥当なのはどれか。

【国家総合職・平成27年度】

1 「東アジア共同体」を念頭に置いた東南アジア諸国連合（ASEAN）諸国の動きに対して，日中韓3国のかかわり方や，米国との関係についてさまざまな議論があったが，結果として，2005年の第1回東アジア首脳会議は，東アジア地域の主要国に米国を含めた枠組みで開催された。

2 わが国は，2006年にフィリピンとの間で経済連携協定（EPA）を締結したが，この協定は，わが国が締結したEPAとしては初めて，看護師や介護福祉士などの労働力の条件つきでのわが国への受入れを内容に含むものである。

3 国際連合が実施する平和維持活動（PKO）に対してわが国として他国と共に人的貢献を行うため，わが国は1992年に国際連合平和維持活動等に対する協力に関する法律を制定したが，制定時にPKOが活動中だったカンボジア暫定統治機構（UNTAC）への派遣は結果として見送られ，2014年末時点まで実際にはこの法律に基づいて海外に自衛隊を派遣していない。

4 北朝鮮の核実験実施に対応して，2013年3月に国際連合安全保障理事会の決議第2094号が全会一致で可決されたが，決議には核実験を非難する内容は盛り込まれたものの，制裁措置については，各国が独自に行うことにとどめ，盛り込まれなかった。

5 わが国の政府開発援助（ODA）について，二国間ODAの支出総額から回収額（被援助国から援助供与国への貸付の返済額）を差し引いた支出純額のうちアジア地域への支出が占める割合は，1970年には約98％と非常に高かったが，中国へのODAが廃止された影響もあり，2012年には20％を切る割合にまで低下した。

No.5 わが国の安全保障に関する次の記述のうち，妥当なのはどれか。

【国家総合職・令和4年度】

1 平成25（2013）年に国家安全保障会議設置法に基づき国家安全保障会議が設置された。同会議は従来の安全保障会議設置法に基づく安全保障会議を継承した「4大臣会合」を基本としたうえで，「9大臣会合」が新たに設置され，安全保障や防衛に関する方針を広範な文民組織の代表により審議することとされた。また，防衛省に国家安全保障局が設置され，国家安全保障会議を恒常的にサポートする体制が整備された。

2 佐藤栄作内閣総理大臣による昭和42（1967）年の国会答弁以来，政策上の方針としてわが国からの防衛装備の海外移転は例外なく禁止されてきたが，平成26（2014）年に政府は防衛装備移転三原則を閣議決定した。これによって，わが国が締結した条約等や国際連合安全保障理事会の決議に基づく義務に違反する場合などにおいても，一定の要件を満たせば防衛装備の海外移転が可能となった。

3 集団安全保障の手段である集団的自衛権は，同盟関係など自国と密接な関係にある外国に対する武力攻撃を，自国が直接攻撃されていないにもかかわらず，実力をもって阻止する権利のことであり，国家固有の権利であると国連憲章で認められている。平成15（2003）年に制定された「イラク人道復興支援特別措置法」において，憲法上，わが国は集団的自衛権を保持しているだけでなく，その行使が可能である旨が規定された。

4 平成26（2014）年の閣議決定においては，わが国に対する武力攻撃が発生した場合に加えて，わが国と密接な関係にある他国に対する武力攻撃が発生し，これによりわが国の存立が脅かされ，国民の生命，自由および幸福追求の権利が根底から覆される明白な危険がある場合において，これを排除し，わが国の存立を全うし，国民を守るためにほかに適当な手段がないときに，必要最小限度の実力を行使することは，憲法上許容されるとした。

5 平成27（2015）年，平和安全法制の整備と並行して，日米安全保障条約に基づく両国の防衛協力の役割分担等を定めた「日米防衛協力のための指針（ガイドライン）」が初めて策定され，わが国の平和および安全に重要な影響を与える事態における自衛隊による後方支援等を行う範囲を地理的にわが国およびその周辺地域のみに限定することや，わが国における大規模災害への対処並びに宇宙およびサイバー空間に関する協力などについて定められた。

No.6 日米関係に関する次の記述のうち，妥当なのはどれか。

【国家一般職・平成22年度】

1 1905年6月，日本政府はアメリカ大統領 T.ルーズベルトに日露戦争の終結のための斡旋を依頼したが，米国内で日本人移民に対する排斥運動が激化したために，ルーズベルト大統領は日本の依頼を断った。結局，ドイツ政府の斡旋により日露講和会議が開催され，日露講和条約が締結された。

2 1915年1月，日本は中華民国の袁世凱総統に対して21カ条の要求を行った。袁世凱はこれに反発し，アメリカに対して中華民国を支持するよう依頼した。しかし，日本との軍事衝突を恐れたアメリカは，山東省のドイツ権益の継承や中華民国に対する政治・財務・軍事顧問の招聘に関する日本政府の要求に反対する態度を示すことはなく，それらを容認した。

3 1951年9月に調印された日米安全保障条約は，日本が基地提供を義務づけられている一方，アメリカは条約上明確に日本防衛の義務を負っていないという「片務性」「不平等性」があるとの批判が日本国内でなされていた。1957年に首相になった岸信介は，この条約の改定に取り組み，1960年1月に渡米して D.アイゼンハワー大統領と会談，新たな日米安全保障条約に調印した。

4 日本の繊維製品（毛織物と化繊）の対米輸出規制をめぐる日米経済摩擦は，1969年1月にアメリカ大統領に就任した R.ニクソンによる大統領選挙での公約に端を発していたことも一因となり，日米交渉が政治問題化して行き詰まった。その行き詰まりを打開するために佐藤栄作首相は，沖縄返還という政治目標を諦めることによって，ニクソン大統領との間で交渉をまとめた。沖縄返還は，その後，田中角栄首相のときに実現した。

5 1993年7月，B.クリントン大統領は東京で演説を行い「新太平洋共同体」構想を発表して，同年内に初のアジア太平洋経済協力（APEC）首脳会議を開催しようと試みた。しかし，クリントン演説の直後に実施された衆議院選挙の結果，非自民の連立政権が誕生し，細川護熙が首相になった。それまでの自民党政権の親米路線を批判していた細川首相は，アメリカを構成員としない「東アジア共同体」構想を発表するとともに，APEC首脳会議への参加を見送った。

No.7 同盟を形成して共同防衛にコミットした関係国はジレンマに直面する。すなわち，一方においてこの盟約を固いものにすると本来関与したくない「同盟国の戦争」に「巻き込まれる」リスクが生じ，他方において逆にそれを緩いものにすると本来同盟国に関与してもらいたい「当該国家の戦争」に関して同盟国に「見捨てられる」リスクが生じるのである。この現象は一般に「同盟のジレンマ」として知られるが，以下の諸見解のうち，このジレンマに関連する事実の記述として妥当なのはどれか。

【国家総合職・平成23年度】

1 1949年にドイツ占領に終止符が打たれ，翌年に朝鮮戦争が勃発すると，NATO（北大西洋条約機構）諸国は，ソ連軍による西欧への攻撃の際に米国に「見捨てられる」リスクを認識していたにもかかわらず，冷戦期の米国の各政権は，ソ連軍の攻撃によって米軍側に犠牲が発生すれば米国議会が撤退を主張しかねないことを恐れて平時に欧州に駐留しなかったとされた。

2 1960年の安保改定の際に，旧条約（「日本国とアメリカ合衆国との間の安全保障条約」）と同様に新条約（「日本国とアメリカ合衆国との間の相互協力及び安全保障条約」）でも米軍に「極東における国際の平和及び安全の維持に寄与する」ことを目的とした基地使用を認めるにあたり，日本から行われる米軍の戦闘作戦行動のための在日米軍基地使用に関して事前に協議する旨の交換公文を交わすことによって，米軍の軍事行動に日本の意に反して「巻き込まれる」リスクを減少できたとされた。

3 1967年に非核三原則を言明して以来，日本政府は核の脅威に対して米国の核抑止力に依存する姿勢を一切公式に表明してはいないものの，同盟国に対する相手国の攻撃には核反撃を行うという核兵器保有国の約束の信頼性こそが，核の傘の下にある同盟国の「見捨てられる」リスクを減少してきたとされた。

4 1969年，韓国に対して武力攻撃が発生した場合の対応が争点化すると，佐藤栄作首相（当時）は日本が「巻き込まれる」リスクを重く見て，朝鮮半島における戦闘作戦行動のための在日米軍基地使用は認めないとの声明を発したため，日本と同様に米国との間に二国間の安全保障条約を結んでいた韓国では米国に「見捨てられる」のではないかという懸念が強まったとされた。

5 米国は中華人民共和国との国交を正常化したものの，国内の親台湾勢力の政治的な働きかけの結果，1979年に米台二国間で米台関係条約を締結し，特段の条件を付すことなく米国製武器を台湾に提供し続けることを約束した。同条約によって台湾が米国に「見捨てられる」リスクは減少したが，逆に米国が台湾に「巻き込まれる」リスクは増大したとされた。

実戦問題 2 の解説

→問題はP.119

No.4 の解説 日本のアジア外交　　　　　　　　　　　　　　　**正答2**

1 ✕ **東アジア首脳会議はアメリカ抜きで発足した。**

EAS（東アジア首脳会議）は，2005年，ASEAN10か国と日中韓，そしてオーストラリア，ニュージーランド，インドの16か国でスタートした。**アメリカとロシアが参加するようなったのは2011年になってからである。** オバマ大統領が東アジア重視を打ち出したためだといわれている。現在はこれら18か国による会合が毎年開かれている。

2 ◎ **日本とフィリピンのEPAには労働市場の一部開放が盛り込まれた。**

正しい。看護師・介護福祉士の日本への受入れについては，現在まで，**インドネシア（2008年7月発効），フィリピン（2008年12月発効），ベトナム（2009年10月発効）の3つのEPAがこれを認めている。** このうち，締結年が最も早かったのはフィリピン（2006年9月）であった。

なお，この受入れ対象は，正確には「看護師・介護福祉士候補者」で，日本の国家資格を取得するための準備として就労を認めるものである。滞在期間には上限があるが，日本の国家資格を得た場合には延長が可能となる。

3 ✕ **日本はPKO協力法が成立した1992年からPKOに参加してきた。**

日本は1992年にカンボジア暫定統治機構に自衛隊を派遣したのを皮切りに，モザンビーク，ゴラン高原，東ティモール，ハイチなどのPKOに要員を提供してきた。なお，PKO協力法は2016年に改正法が成立し「駆け付け警護」などが認められた。

4 ✕ **国連安保理は北朝鮮に対する制裁措置を次々と決定してきた。**

2006年に始まった北朝鮮の核実験に対し，国連安保理は経済制裁を決議してきた。2013年の核実験についても，追加制裁が決議されている。

5 ✕ **日本は今もアジア向けODAに力を入れている。**

日本のアジア向けODAは，支出純額において，2010年以降，傾向的には20〜40％で推移している。ただし，これまで20％を下回ったことはない。なお，支出総額においては例年50％前後かそれ以上をアジア地域が占めている。

第2章

外交史

　日本の安全保障について近年の動向を取り上げた問題である。内容は専門的だが，常識を働かせれば，多くの選択肢の誤りに気づくことができる点で難易度は高くない。なお，安全保障政策については，この10年の変化が大きいだけに，P.112の基礎知識の確認だけでなく，時事知識にも気を配っておくとよい。

1 ✕　新たに設置されたのは「4大臣会合」である。

「4大臣会合」と「9大臣会合」が入れ替えられている。「4大臣会合」が設置されたことで，外交安全保障問題の議論は「4大臣会合」で定期的に行われることとなり，従来の安全保障法で設置された**「9大臣会合」は必要に応じて開催される**こととなった。

なお，**国家安全保障局は内閣官房に設置されている。**参加する大臣が複数いるのだから，内閣の下に置かれているはずだ，と気づける。

2 ✕　防衛装備移転三原則は，日本が締結した条約や
国連安保理決議に違反する場合は移転を禁止するとしている。

武器輸出三原則を改めて防衛装備の海外移転を認める以上，新しい三原則は慎重な内容となっているに決まっている。日本の条約や国連安保理決議について義務違反をしている国に容易に防衛装備を渡すわけはないことは常識でわかる。

3 ✕　集団的自衛権の行使を閣議決定したのは2014年である。

当然，2003年の時点の「特別措置法」にそのような規定はない。そもそも国家の安全保障の根幹にかかわる決定を時限立法が基本とされる「特別措置法」で行うわけはない。

4 ◎　集団的自衛権の行使には満たすべき三要件がある。

正しい。選択肢のうち，「わが国」から「場合」までが条件1，続く部分の「ほかに適当な手段がないときに」までが条件2，そして「必要最小限度の実力行使」が条件3である（P.112）。**一般に「新三要件」と呼ばれている。**

5 ✕　日米防衛協力のための指針（ガイドライン）は1978年に策定された。

日米安全保障条約に基づく役割分担とあるので，「初めて策定」されたと考えることは不自然である。なお，このガイドラインは，その後2回，1997年と2015年に改定され，2015年の改定では，選択肢にあるような**「地理的限定」が撤廃**された。

No.6 の解説　日米関係
→問題はP.121　**正答3**

1 ✕　セオドア・ルーズベルト大統領は，日露の講和を斡旋した。

1905年，セオドア・ルーズベルトの斡旋によって，**アメリカのポーツマスで日露は講和条約を締結した（ポーツマス条約）**。当時，すでに日本人移民に対する排斥運動が始まっていたが，激化するのは日露講和の後であり，それがルーズベルトの判断に影響を与えることはなかった。

2 ✕　対華二十一カ条の要求にアメリカは反対した。

第一次世界大戦において，日本は日英同盟を背景に**イギリス側に立って参戦**した。日本は，ドイツ東洋艦隊がいた中華民国の青島（チンタオ）と膠州湾（こうしゅう）を攻略し，ドイツ領の南洋諸島（サイパンやグアムなど）を占拠した。青島攻略後，大隈重信内閣は中華民国の袁世凱政権に「14か条の要求と７か条の希望条項」を提示した。このうち，希望条項には軍事顧問として日本人を雇用することが含まれていた。アメリカのウィルソン大統領はこれに反対した。

3 ◎　岸信介内閣はアメリカの日本防衛義務を盛り込んだ「新日米安全保障条約」を締結した。

正しい。新安保条約は，日本における共同防衛を定めることで，アメリカの日本防衛義務を明文化した。これによって旧条約が持っていた片務性は解消されることになった。なお，この条約の国会審議においては，反対する市民の激しい抗議運動が起こった。条約の批准後，岸内閣は混乱の責任を取って総辞職した。

4 ✕　沖縄返還は佐藤栄作内閣の時代に実現した。

佐藤は沖縄返還を花道に政界を去り，田中角栄内閣が誕生する。佐藤は沖縄返還を実現するため，アメリカの不満が大きかった繊維貿易について，自主規制を実施した。「糸（繊維）と縄（沖縄）の取引」などと揶揄された。

5 ✕　1993年からAPECは首脳会議を開くようになった。

APECは，日本の後押しで**オーストラリアが提案し**，1989年に閣僚会議が始まった。アメリカのクリントン大統領の就任は1993年で，APECの発足とは無関係である。1993年からAPECは首脳会議を開くことになったが，その第１回はアメリカのシアトルで開催され，議長はクリントン大統領，**日本からの参加者が細川護熙（もりひろ）首相であった**。なお，「東アジア共同体構想」を発表した首相として知られているのは小泉純一郎である。

　選択肢の**1**と**5**は米欧，米台の軍事関係を取り上げているが，**2**，**3**，**4**は日本の防衛政策あるいは日米同盟に関する選択肢である。

1✕　冷戦期，米軍は**ドイツ**に駐留した。

冷戦終結後の現在も，米軍はNATO軍の主力としてドイツに陸軍や空軍の基地を置いている（ただし，海軍基地だけはイタリアにある）。

2◎　新安保条約の締結に伴い事前協議制が導入された。

正しい。新安保条約はその第6条で，米軍に日本における基地使用の権限を認めた。そして，この条文に関する交換公文で，日米両国は米軍の活動，具体的には**在日米軍の配置・装備の重要な変更や日本を基地とする作戦行動に関し，事前に協議することに合意した**。これを事前協議制と呼ぶ。

3✕　日米は核兵器による「拡大抑止」の同盟にあることを認めている。

日本は非核三原則を採用しているものの，**自国の安全保障がアメリカの「核の傘」の下に置かれていることを否定しない**。むしろ，アメリカの核兵器による拡大抑止（＝同盟国が攻撃を受けた場合，報復する意思を示すことで相手に攻撃を思いとどまらせる）を前提に，今も日米は防衛政策を協議している。ちなみに，非核三原則とは，日本は核兵器を「持たず，作らず，持ち込ませず」を約束したもので，1967年に佐藤栄作内閣が表明した。

4✕　1969年，日本は

「韓国の安全は日本自身の安全にとっても重大事である」と表明した。

1965年に「日韓基本条約」が結ばれて日韓の国交は正常化したが，日本と韓国とが安全保障上どのような関係にあるかは示されていなかった。1969年，沖縄返還に合意した日米首脳会談後の「佐藤・ニクソン共同声明」で，上記の表現が盛り込まれ，**日本が韓国の安全保障に関心を持つことを内外に示した。「韓国条項」**と呼ばれている。

5✕　1979年にアメリカは台湾との外交関係を断絶した。

「米台関係条約」といったものは存在しない。ただし，同年，アメリカは台湾の防衛用にアメリカ製の武器を提供することを認める「台湾関係法」を制定し，台湾を見捨てないとの姿勢を明確化した。

実戦問題❸　発展レベル

No.8 ＊＊＊　第二次世界大戦後のわが国の対外経済関係に関する次の記述のうち，妥当なのはどれか。

【国家総合職・平成22年度】

1　1949年，アメリカ合衆国政府からわが国に派遣されたGHQ財務顧問ドッジが主張した「ドッジ・ライン」と呼ばれる政策が実施された。その内容は，インフレの収束と国際収支の均衡をねらいとして，緊縮財政・均衡予算原則を導入するとともに，１ドル＝360円の単一為替レートを設定するものであった。

2　1952年，わが国は関税と貿易に関する一般協定（GATT）の加入申請をしたが，戦前に日本の安価な繊維製品の輸出により繊維業界が打撃を被ったインドネシア，マレーシアなどの東南アジア諸国が反対したため，加入は1964年まで待たねばならなかった。

3　1957年に首相に就任した岸信介は，東南アジアへの経済的進出に積極的な関心を示し，インドネシアや南ベトナムなどの東南アジア諸国に対して，戦時中の賠償要求には応じなかったものの，円借款による経済協力には積極的に応じたことから，対アジア貿易は拡大した。

4　1969～1972年のいわゆる「日米繊維紛争」は，アメリカ合衆国からの毛織物と化学繊維の対日輸出をめぐる問題であったが，自由貿易主義の原則に基づき，規制の撤廃を主張するアメリカ合衆国に対し，わが国は沖縄返還交渉と時期が重なったこともあり，繊維の輸入制限を無条件で撤廃した。

5　1989年，アメリカ合衆国は，GATTウルグアイ・ラウンド交渉の中でオレンジや牛肉などの農産物についてわが国の輸入制限が撤廃されないことに反発し，スーパー301条に基づく報復措置としてわが国からの自動車の輸入制限を行った。

No.9 ＊＊　次の文章の内容に関連する記述のうち，妥当なのはどれか。

【国家総合職・平成28年度】

　　More than three million of our compatriots lost their lives during the war: on the battlefields worrying about the future of their homeland and wishing for the happiness of their families; in remote foreign countries after the war, in extreme cold or heat, suffering from starvation and disease.　The atomic bombings of Hiroshima and Nagasaki, the air raids on Tokyo and other cities, and the ground battles in Okinawa, among others, took a heavy toll among ordinary citizens without mercy.

　　Also in countries that fought against Japan, countless lives were lost among young people with promising futures.　In China, Southeast Asia, the Pacific islands and elsewhere that became the battlefields, numerous innocent citizens suffered and fell victim to battles as well as hardships such as severe deprivation of food. We must never forget that there were women behind the battlefields whose honour and dignity were severely injured.

Upon the innocent people did our country inflict immeasurable damage and suffering. History is harsh. What is done cannot be undone. Each and every one of them had his or her life, dream, and beloved family. When I squarely contemplate this obvious fact, even now, I find myself speechless and my heart is rent with the utmost grief.

The peace we enjoy today exists only upon such precious sacrifices. And therein lies the origin of postwar Japan.

We must never again repeat the devastation of war.

> [注] compatriot　同胞
> take a toll　被害を与える，犠牲を強いる
> deprivation　略奪
> inflict　（嫌なことを）与える，負わせる
> rend　引き裂く

1　第二次世界大戦でアジアでは300万人以上の戦死者が出たが，その半数以上が，直接の戦闘によるものではなく，飢餓や病死によるものであった。

2　戦争への反省から，日本政府出資の「女性のためのアジア平和国民基金」が作られ，元慰安婦に対する政府からの償い金の支払など，広範な補償事業が行われた。

3　潘基文（パン・ギムン）国連事務総長は，中国での抗日戦争勝利70周年行事への出席は見合わせ，世界各国に軍縮を呼びかける事務総長声明を発表した。

4　民族自決権が国際連盟憲章や不戦条約に盛り込まれたため，植民地支配の正統性が否定されたことが，第二次世界大戦の拡大に弾みをつけた。

5　わが国では太平洋戦争終結70周年に当たり，安倍晋三首相談話の閣議決定を行い，近代日本の歩みを振り返ったうえで被害者への痛惜の念を表すとともに哀悼を捧げ，不戦の誓いを表明した。

実戦問題 **3** の解説

→問題はP.127　**正答 1**

No.8 の解説　日本の経済外交

1 ◎　ドッジ・ラインの目的は日本の経済的自立であった。

正しい。1949年，占領政策を担う連合国軍総司令部（GHQ）の経済顧問として訪日した**銀行家ドッジ氏の勧告に基づき，吉田内閣が実施した経済財政政策を「ドッジ・ライン」と呼ぶ。**「戦後インフレ」と呼ばれる激しいインフレ状況を打開し，日本経済を安定化させてその自立を促すことがねらいであった。均衡予算の実施と財政支出の削減，税制改正，1ドル＝360円の単一為替レートの設定，自由競争の促進や開放経済への移行などの施策が実施された。一連の施策によりインフレは収束したが，今度はデフレが進行し，「ドッジ不況」などと呼ばれた。

2 ✕　日本のGATT加盟に反対したのはイギリスやフランスであった。

戦前の「日本の安価な繊維製品」の輸出についての判断が一つのポイントになる。日本の繊維製品の輸出攻勢にさらされ，それをダンピングだとして日本のGATT加盟に抵抗したのは，イギリスやフランスであった。日本は1952年にGATTに加盟申請をしたが，**1955年にようやく条件つきで認められた。**

さすがに東京オリンピック（1964年）の前には加盟していただろうと考えても，誤りだと気づく。

3 ✕　インドネシアや南ベトナムには戦後賠償が支払われた。

日本が占領し損害を与えた東南アジアの国々のうち，**ミャンマー，フィリピン，インドネシア，ベトナムは二国間協定で賠償を受けた。**協議が難航したため，インドネシアとの協定締結は1958年，ベトナムとの協定締結は1959年となった。共に当時の内閣総理大臣は岸信介である。

4 ✕　日米繊維紛争は日本の対米輸出をめぐる紛争であった。

「アメリカからの対日輸出」が方向的に反対である。当然，自由貿易論を掲げたのは日本の側である。当時，沖縄返還交渉が進められていたこともあり，日本政府は対米輸出規制というアメリカの要求を受け入れた。これは，**糸と縄の取引であった（＝繊維輸出規制によって沖縄返還を得た）**などと揶揄された。

5 ✕　1988年，日本はアメリカの農産物のうち，
牛肉とオレンジを自由化することに同意した。

1980年代後半，日米の経済摩擦の焦点は日本の市場開放であった。特に農産物をめぐっては厳しい交渉が積み重ねられ，日本は譲歩を余儀なくされた。なお，この交渉過程でアメリカが不公正貿易国に対する報復措置を定めた通商法の規定（スーパー301条）を用いて，日本への「報復措置」をとった事実はない。

英文の要旨

　先の大戦では，300万余の同胞の命が失われました。祖国の行く末を案じ，家族の幸せを願いながら，戦陣に散った方々。終戦後，酷寒の，あるいは灼熱の，遠い異郷の地にあって，飢えや病に苦しみ，亡くなられた方々。広島や長崎での原爆投下，東京をはじめ各都市での爆撃，沖縄における地上戦などによって，たくさんの市井の人々が，無残にも犠牲となりました。

　戦火を交えた国々でも，将来ある若者たちの命が，数知れず失われました。中国，東南アジア，太平洋の島々など，戦場となった地域では，戦闘のみならず，食糧難などにより，多くの無辜の民が苦しみ，犠牲となりました。戦場の陰には，深く名誉と尊厳を傷つけられた女性たちがいたことも，忘れてはなりません。

　何の罪もない人々に，計り知れない損害と苦痛を，わが国が与えた事実。歴史とは実に取り返しのつかない，苛烈なものです。一人ひとりに，それぞれの人生があり，夢があり，愛する家族があった。この当然の事実をかみしめる時，今なお，言葉を失い，ただただ，断腸の念を禁じ得ません。

　これほどまでの尊い犠牲の上に，現在の平和がある。これが，戦後日本の原点であります。

　二度と戦争の惨禍を繰り返してはなりません。

1✕　この英文（演説）は，300万人の戦死者を「同胞」のものと述べている。また，半数が飢餓や病死であった，という記述もない。

2✕　この演説に，元慰安婦に対する補償事業への言及はない。

3✕　日本政府の立場からの演説であり，国連事務総長のものではない。

4✕　第二次世界大戦の拡大について説明したものではない。

5◎　正しい。この英文は**2015年に発表された「戦後70年談話」**の一部である。なお，上記の要旨は，政府発表の日本語による談話からの引用である。

第3章
安全保障

試験別出題傾向と対策

試験名	国家総合職					国家一般職					地方上級 (全国型)				
年度	21 | 23	24 | 26	27 | 29	30 | 2	3 | 5	21 | 23	24 | 26	27 | 29	30 | 2	3 | 5	21 | 23	24 | 26	27 | 29	30 | 2	3 | 5
出題数	4	3	3	4	2	2	1	2	5	0	1	2	0	1	1
B 5 国際紛争	1	2	2	2	1	1		1	2			1			
A 6 平和と軍縮	3	1	1	2	1	1	1	1	3		1	2			1

　世界では国家間・民族間の対立は日常茶飯事である。それが武力を用いた紛争に発展することも決して珍しいことではない。そして，だからこそ，国際関係という学問では，紛争の発生要因を分析し，安全保障や軍縮といった平和構築手段について学ぶのである。こうした知識が不可欠のものとみなされ，多く出題されるのは，平和国家・日本の公務員になるための試験である以上，極めて当然のことといえるだろう。

　この章の2つのテーマのうち，「国際紛争」の歴史や現状を多く取り上げるのは国家総合職で，国家一般職や地方上級などの試験では「平和と軍縮」に関する出題が中心である。事実，中東紛争を含む民族紛争の出題は，国家総合職を除くとまれである。国家総合職を受験しないなら，各地の民族紛争について詳しく勉強するよりも，NPT（核不拡散条約）など核軍縮関連の基礎知識をしっかり身につけたほうがよいだろう。

● 国家総合職（政治・国際・人文）

　いろいろなテーマにまたがる選択肢から構成される問題が多いのが国家総合職の特徴だが，安全保障についても，国連の問題で言及したり，国際関係理論の問題で取り上げたりと，多様な出題形式が見られる。たとえば，平成28年度は，対人地雷禁止条約の締結過程が「国際関係の理論」と題された問題の選択肢に登場し，NPTやテロリズムの概念が「条約等」と題された問題の選択肢で取り上げられた。ここでもまた，この章以外のテーマにも出題が及んでいることを前提に上記の表を眺めてほしい。

　テーマ5の出題範囲に含まれる紛争地域の情勢では，やはり中東が取り上げられる頻度が比較的高い。事態が流動的なことから，紛争の背景のような基礎知識が重要といえる。一方，テーマ6については，軍縮や平和維持に関する歴史的活動が取り上げられてきた。また，戦争と平和のどちらについても，概念自体を問うことがあるのが国家総合職の出題の特徴である。

地方上級 （関東型）					地方上級 （中部・北陸型）					市役所 （C日程）					
21 | 23	24 | 26	27 | 29	30 | 2	3 | 5	21 | 23	24 | 26	27 | 29	30 | 2	3 | 5	21 | 23	24 | 26	27 | 29	30 | 2	3 | 4	
3	1	1	1	2	3	0	0	1	2	2	1	1	1	3	
1		1	1	1					1		1			1	テーマ **5**
2	1		1	2			1	1	2		1	1	2		テーマ **6**

● **国家一般職**

　世界各地に民族紛争などが見られる現状を考えれば，出題は少ない。最近の民族紛争や地域紛争の問題は，やはり出しにくいと思われているようだ。実際，出題される場合，問われるのは紛争についての歴史的知識であることが多い。

　最近では，令和元年度の試験で，各地の民族紛争とそれに対する国連等の介入の経緯が問われた。取り上げられたのは，ソマリア，ボスニア，コソボ，ルワンダといった1990年代以降の紛争であった。現代につながる国際紛争・民族紛争の歴史的経緯は，押さえておくべきポイントだろう。

● **地方上級**

　どの試験においても，この章で取り上げる内容はしばしば出題されている。頻出は「集団安全保障についての考え方」といってよい。第1章で取り上げた国連の安全保障も含めれば，頻度はより高くなる。また，核軍縮に関連した問題もしばしば出題されているので，注意が必要だ。核不拡散条約を中心に復習しておこう。

　地域紛争について出題されないわけではないが，その頻度は低い。地方上級の出題タイプの中で比べると，パレスチナ問題などを取り上げた例は，関東型と中部・北陸型には見られるものの，全国型にはない。全国型の受験者は各地の紛争よりも，国連や日本の安全保障の考え方を優先させて学ぶべきだ。

● **市役所**

　安全保障は重要な出題テーマと考えられている。集団安全保障の概念やその実践例としての国連，あるいは日米安全保障条約など，この章の枠を越えて幅広く「安全保障」について学んでおこう。

　平成28年度に続き30年度にも核軍縮についての出題があった。平和と軍縮についても今後も出題の可能性がある。

必修問題

> **ポスト冷戦時代の戦争に関する次の記述のうち，妥当なのはどれか。**
>
> 【市役所・平成26年度】
>
> **1** イラクによるクウェート侵攻に見られるように，領土的拡張をめざす紛争が生じており，国際連合憲章第7章に基づく国連軍の派遣がなされている。
>
> **2** インドとパキスタンとの間のカシミール地方における紛争のように，石油資源をめぐって大国が介入する例が増えている。
>
> **3** 旧ユーゴ紛争のように，言語や文化，宗教のような**エスニック的要因**による紛争が多発し，周辺地域へも波及している。
>
> **4** アメリカによるタリバン政権の転覆をめざしたアフガニスタンでの戦争のように，経済体制をめぐる**イデオロギー対立**を断層線とする紛争が頻発している。
>
> **5** ソマリア紛争に見られるように，旧植民地の宗主国による**帝国主義**戦争が再開し，さらに国際連合による平和維持活動が撤退するという事態が生じている。
>
> 難易度 ＊

必修問題の解説

　冷戦後（ポスト冷戦時代）の戦争の特徴に関する問題である。それぞれの選択肢には戦争のタイプとともに事例がセットで書かれている。すなわち，**1**は「領土拡張戦争，イラクのクウェート侵攻」，**2**は「資源獲得戦争，印パ戦争」，**3**は「民族紛争，旧ユーゴ紛争」，**4**は「イデオロギー戦争，アフガニスタン戦争」，**5**は「帝国主義戦争，ソマリア紛争」の組合せになっている。当然のことながら，まず戦争のタイプが冷戦後に特徴的なものかどうかを検討する必要がある。それから，事例や経緯が適切であるかどうか確認する必要がある。

1 × 領土拡張をめざす紛争は冷戦後に特徴的とはいえない。
　　領土拡張をめざす紛争は古くから見られ，その数や頻度から見て，冷戦後の戦争の特徴とはいえない。なお，1990年8月のイラクのクウェート侵攻は，クウェートがもともとイラクの一部であったとするサダム・フセイン政権の主張によるものであった。しかし，表面的には領土回復のためとされても，実際にはクウェートが世界有数の原油埋蔵量を誇っている以上，資源獲得を目的とした隣国への軍事侵攻であったことは明らかであった。**国連はアメリカ軍を中心とした多国籍軍による軍事制裁を容認し**，1991年1月にいわゆる「湾岸

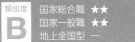

戦争」が開始された（正式停戦は4月）。選択肢には「国際連合憲章第7章に基づく国連軍」とあるが，「多国籍軍」であったので，この点でも誤りである。

2× カシミール紛争は石油資源獲得のための戦争とはいえない。

第二次世界大戦後，イギリスの植民地支配から解放された南アジア地域では，ヒンズー教徒が多いインドとは別に，イスラム国家パキスタンが建国された。インド北部のカシミール地方は，**インドに属しているにもかかわらずイスラム教徒が多く暮らしている地域で**，その帰属をめぐってインドとパキスタンは長年にわたり武力衝突を繰り返してきた。したがって，この紛争は国境紛争・民族紛争に分類すべきものである。なお，この地域では今も武力衝突が散発的に発生している。

3◎ 旧ユーゴは冷戦後に崩壊し，典型的な民族紛争が多く発生した。

正しい。旧ユーゴ紛争（ユーゴスラビア戦争）は，多民族国家であったこの国の崩壊過程で生じた一連の民族紛争をさす。典型は1991年に勃発した「**ボスニア紛争**」で，正教系のセルビア系住民，カトリック系のクロアチア系住民，そしてムスリム系住民（ボシュニャク人）による激しい民族紛争が，周辺国（セルビアやクロアチア）を巻き込んで続けられた。

4× アフガニスタン戦争はイデオロギー対立による戦争とはいえない。

「経済体制をめぐるイデオロギー対立を断層線とする紛争」は，アメリカを筆頭とする資本主義陣営とソ連を筆頭とする社会主義陣営が対峙した米ソ冷戦時代の戦争の特徴である。しかも，アフガニスタン戦争は2001年にアメリカで起きた「同時多発テロ」を契機に「**対テロ戦争**」**として戦われたものである**（アフガニスタンのタリバン政権は「テロ支援国家」とみなされた）。

5× ソマリア紛争は国内の部族対立によるものである。

「旧植民地の宗主国による帝国主義戦争」という表現からイメージできるのは，イギリスやフランスが新たな植民地支配を意図して他国に侵略している姿である。そのようなことが冷戦後に頻繁に起きているとは思えない。なお，後半の記述は正しく，1988年からのソマリア紛争では，国連安保理が多国籍軍を派遣した後，**平和強制と国家建設を任務とする特別のPKOを派遣**したが，どちらも武装勢力からの反発を招いて混乱に拍車をかけ，犠牲者も出て撤退を余儀なくされた。

正答 **3**

FOCUS

　冷戦後の主要な国際対立については，S.ハンティントンが「文明の衝突」になると指摘したこともよく知られている（テーマ8参照）。ハンティントンは冷戦期のような政治的イデオロギーをめぐる国家の対立が薄らいだ結果，文化や価値観の違いによる対立がより明確に意識されるようになった点を強調する。基礎知識として覚えておきたい。

重要ポイント 1 国際紛争の変化

(1) 紛争の類型

　武力を伴う紛争にはさまざまな要因がある。過去には，ベトナム戦争のように政治イデオロギーの実現を意図した冷戦構造的な紛争もあった。印パ紛争のように民族や宗教が違うことから生じた人々の対立が，国家間の戦争にまで至ったこともあった。もちろん国際紛争の理由は1つではなく，普通はいくつもの要因が絡んでいる。単なる資源獲得や独裁者による国力誇示なども戦争の理由になる。

①**領土紛争**：領土をめぐる国家と国家の紛争。戦争は，古来，領土的野心を背景としたものが大半であったが，現在，他国の領土への軍事侵攻は，国連による軍事制裁の対象となりうるため，少なくなった。とはいえ，シャトル・アラブ川流域の領有権をめぐって起きた**イラン・イラク戦争**（1980～1988年）や，イラクがクウェートに侵攻して支配した結果として同国と国連多国籍軍との間で生じた**湾岸戦争**（1991年），クリミア半島やウクライナの東部・南部4州をめぐるロシアとウクライナの紛争など，近年においても，いくつかの重大な領土戦争が見られた。

　なお，領土紛争はしばしば領土から産出する資源を目的に生じてきた。その意味では，現在も潜在的に領土紛争を引き起こしやすい地域がある。中国が海洋進出を続ける南シナ海はその典型例であろう。

②**民族紛争**：異なる民族間の紛争。多くは宗教対立も背景としている。1つの国の中で抑圧されている少数民族が分離独立を求めて起こす紛争や，印パ紛争のように隣国どうしが争い合う紛争がある。

　こうした紛争では，敵対する民族の根絶を願って行われる大量虐殺（ジェノサイド）や強制追放といった残虐な手法がとられやすく，大きな人権問題を引き起こすことがある。

(2) 紛争の手段

①**核兵器の開発**：核兵器の保有を公式に認めている国は，アメリカ，ロシア，イギリス，フランス，中国，インド，パキスタン，北朝鮮である。このうち，インド，パキスタン，北朝鮮は，核拡散防止条約に参加していない。

　なお，イランについても核兵器の開発が疑われていたが，2015年の国際協議でイランは核兵器に必要となる高濃縮ウランの製造等を停止することに合意した。

②**テロリズム**：恐怖（terror）を与えることにより政治的目的を果たそうとする手法。多くのテロリストを組織化している武装勢力は「テロ組織」と呼ばれ，国内政治だけでなく国際政治にも影響を及ぼしている。アメリカは，テロ組織を支援している国家を「テロ支援国家」として糾弾し，2001年には「対テロ戦争」に踏み切った。

重要ポイント 2 **中東紛争**

(1) 中東紛争の背景

①**三枚舌外交**：第一次世界大戦中，イギリスは中東地域を支配するオスマン帝国に対抗するため矛盾した約束を行った。1つは帝国内のアラブ人の独立を支持する「フセイン＝マクマホン協定」で，もう1つはユダヤ人にパレスチナにおける国家建設を認めた「バルフォア宣言」である。その一方で，イギリスはフランスなどとオスマン帝国領の分配について，これらと相容れない「サイクス＝ピコ協定」を結んでいた。イギリスの「三枚舌外交」と呼ばれている。

②**パレスチナ分割決議**：1947年，国連ではパレスチナ地域を分割して，アラブ人国家とユダヤ人国家の両方を樹立するとした決議を採択した。これをもとに翌年にはユダヤ人国家イスラエルが建国されたが，アラブ人や中東諸国はこれに強く反発し，その後，4回にわたって戦争を繰り広げた。

(2) 中東戦争

第1次 (1948～ 1949年)	国連の**パレスチナ分割決議**をもとに，1948年，ユダヤ人の国家としてイスラエルが誕生。これに対し，周辺のアラブ諸国は，パレスチナのアラブ系住民（パレスチナ人）を支援してイスラエルを攻撃したが，イスラエルは国土防衛に成功。
第2次 (1956年)	エジプトの**スエズ運河国有化宣言**を受け，スエズ運河を所有していたイギリス・フランスとイスラエルがエジプトを攻撃。アメリカの調停で停戦。スエズ運河はエジプトの所有で決着。
第3次 (1967年)	**イスラエルがエジプト，シリア，ヨルダンを電撃的に攻撃**。イスラエルは，シナイ半島，ゴラン高原，ヨルダン川西岸地域などを占領。
第4次 (1973年)	**エジプトとシリアがイスラエルを奇襲攻撃**。このとき，アラブ諸国はイスラエルを支援する国へのダメージをねらって原油価格を大幅に引き上げ，**第1次石油危機（オイルショック）**が発生。

(3) 中東和平

①**キャンプ・デービッド合意**：1978年，当時のアメリカ大統領カーターの仲介でエジプトとイスラエルの首脳が会談し，翌年，両国は平和条約を締結した。エジプトはイスラエルを承認して国交を開き，イスラエルは占領していたシナイ半島をエジプトに返還した。中東和平への一歩と思われたが，アラブ諸国の反発は強く，エジプトは「アラブ連盟」から資格停止処分を受け，同国では1981年にサダト大統領の暗殺事件が起きた。

②**オスロ合意**：1993年，イスラエルとパレスチナ人を代表する「パレスチナ解放機構（PLO）」は相互承認を果たした。そのうえで，イスラエル領内のヨルダン川西岸地区とガザ地区を「パレスチナ自治区」と定め，パレスチナ人による暫定自治がスタートした。1996年にはパレスチナに自治政府が誕生し，2003年には国連などでパレスチナの独立までの手続きが「中東和平のためのロードマップ」としてまとめられたが，まだ独立国家の樹立は実現していない。

現在も世界各地に未解決の民族紛争・民族対立が見られる。

ボスニア 紛争	冷戦崩壊後の1991年、旧ユーゴスラビアからはスロベニア、クロアチアなどが分離独立していった。その1つ、ボスニア・ヘルツェゴビナでは、正教系のセルビア系住民、カトリック系のクロアチア系住民、そしてムスリム系住民（ボシュニャク人）による激しい民族紛争が勃発した。1994年、NATOが人道的介入としてセルビア系武装勢力に対する空爆を実施した結果、ようやく和平交渉が進み、1995年のデイトン合意で内戦は終結した。なお、この戦争でセルビア人勢力はボシュニャク人を大量に殺害した。後に旧ユーゴスラビア国際戦犯法廷と国際司法裁判所は、これをジェノサイドと認定した。
コソボ紛争	セルビアの自治州であったコソボでは、独立をめぐってアルバニア系住民とセルビア政府部隊が武力衝突を繰り返した。1999年にはNATOが人道的介入としてセルビアを空爆した。コソボは2008年に独立を宣言し、日本や欧米諸国は承認したが、ロシアやセルビアは承認していない。
チェチェン 紛争	ロシアのチェチェンでは、1990年代、イスラム系住民が独立運動を開始した。しかしロシア政府はこれを認めず、1994年と1999〜2000年に武装勢力を攻撃し、軍事力でチェチェンを制圧した。
アブハジア 紛争	ジョージア（グルジア）では、アブハジア自治共和国と南オセチア自治州が2008年に独立を宣言した。独立を支持するロシアが軍事介入したことで、ジョージアとロシアの軍事衝突に発展した。ロシアはアブハジアと南オセチアを独立国として承認したが、日本や欧米諸国はこれを認めていない。
クルド問題	トルコ、イラク、イランの国境地帯に暮らすクルド人は、「国家を持たない世界最大の少数民族」と呼ばれる。独立運動が見られるが、独立の見通しは立っていない。
印パ紛争	インドとパキスタンは、インドに属しながらイスラム教徒の多いカシミール地方の帰属をめぐって、対立を続けてきた。両国間では1947年、1965年、1971年の3回、本格的な戦争が勃発した。
スリランカ 紛争	スリランカでは、人口の多数を占める仏教徒のシンハラ人とヒンズー教徒のタミル人とが、1980年代以降、内戦を繰り広げてきた。2009年、タミル人武装勢力が政府軍に制圧され、この民族紛争は終結した。
スーダン 内戦	北部にアラブ系住民、南部にアフリカ系住民が多く住むスーダンでは、1956年の独立時からの南北対立が1980年代に再燃した。2005年の和平合意でようやく停戦し、2011年に「南スーダン」が独立した。
ダルフール 紛争	スーダン西部のダルフール地方では、2003年にアラブ系住民による黒人住民の大量殺戮事件が発生した。国連とAU（アフリカ連合）がPKOを展開し、2013年に停戦した。
ルワンダ 紛争	1990年に多数派のフツ族と少数派のツチ族との対立が激化した。国連のPKOが派遣されたが、事態の悪化は防げず、1994年にはフツ族系住民によるツチ族住民の大量虐殺（ジェノサイド）が発生した。ツチ族系の新政権が発足して紛争は終結した。

実戦問題 **1** 　基本レベル

★★
No.1 　戦争に関する次の記述のうち，妥当なのはどれか。

【国家総合職・平成26年度】

1 　A.ギデンズは『国民国家と暴力』で，国民国家が資本主義と工業主義の基盤の
上に築かれ，戦争が工業化することで大規模な総力戦の可能性が生じたと論じ
た。また，国民国家の仕組みが世界全体に普及し，東西の陣営や先進国・途上国
の区別を横断する形で軍事秩序が世界大で形成されたと指摘した。

2 　国際連合は，国家間戦争を基本的に違法とし，集団安全保障体制を整備するこ
とで国際の平和と安全を保とうという発想で設立された。こうした法律家的・道
徳家的アプローチを理論的に支えたのが，H.モーゲンソーやG.ケナンらの古典
的リアリストであった。

3 　K.クラウゼヴィッツは『戦争論』で，戦争は他の手段による政治の継続である
と論じ，戦争は一手段であって目的ではないことを強調した。したがって，政治
的に厳しく対立する敵国に対しては，その撃滅をもくろむ絶対戦争が行われると
いう。それはクラウゼヴィッツの死後，2つの世界大戦において実証された。

4 　G.W.ブッシュ米国大統領は，先制攻撃，体制変更，軍事的優位の維持を内容
とする国家安全保障戦略，いわゆるブッシュ・ドクトリンを掲げた。これを踏ま
え，大量破壊兵器の保有の疑惑を根拠に，国連安全保障理事会決議による委任を
受け，2003年，イラクに対し有志連合を組んで攻撃を行った。

5 　国連原子力委員会では，第二次世界大戦終結後に核戦争を防止するための討論
がなされたが，ソ連は「核兵器の国際機関による管理」を，米国は「核兵器の使
用・保有の禁止」を主張し，合意に至らなかった。核管理が進むのは，1960年代
に核軍縮に熱心な「新アジェンダ連合」が活動し始めてからである。

No.2 世界の民族紛争や独立運動に関する次の記述のうち，妥当なのはどれか。

【国家総合職・平成28年度】

1 19世紀，アフリカ諸地域はヨーロッパ諸国によって植民地化され，国の領域が定められた。しかし第二次世界大戦の終結を受けて，植民地とされる地域に住む人民の経済的・政治的自決権などを認める「植民地独立付与宣言」が1945年に国連総会決議として採択され，翌1946年には17の国家が独立を果たしたため，同年は「アフリカの年」といわれている。

2 冷戦構造の下で，国家が分断された事例として，朝鮮半島における大韓民国と朝鮮民主主義人民共和国の分断や，チェコとスロバキアの分断，1960年代に米国とソ連の代理戦争として甚大な被害の出た南北イエメン紛争などが挙げられる。

3 民族紛争において，諸民族の分布域が国の内外に錯綜し，1つの国の中で拮抗する複数の民族が主導権を争う事例として，ルワンダにおけるフツ人とツチ人の紛争が挙げられる。この紛争においては，国連が平和維持活動（PKO）を展開し，PKO部隊が武力行使も行い，その停戦を実施した。

4 1つの国の中で，多数派の民族によって抑圧された複数の少数民族が，自治を守るために連帯して国家に立ち向かった事例として，冷戦終結直後の1990年代に紛争が頻発したユーゴスラビアが挙げられる。コソボでの内戦状態の解決に当っては，北大西洋条約機構（NATO）軍も介入してS.ミロシェビッチ政権を支援した。

5 クルド人はトルコ，イラク，イラン，シリアなどの中東各国にまたがって分布する。イラクにおいては，長らく独裁政権を維持してきたS.フセイン政権が，クルド人に対して迫害や化学兵器の使用等を行い，国際問題となった。

No.3 人道的介入に関する次の記述のうち，妥当なのはどれか。

【国家一般職・令和元年度】

1 冷戦期と冷戦後の人道的介入の共通点としては，いずれも人道的な危機への対応ではなく戦略的な利害が重要な動機となっていることや，一国の単独介入が中心であることが挙げられる。冷戦期に，国際連合安全保障理事会において人道的介入として決議されたケースとしては，インドによるパキスタンへの介入やベトナムによるカンボジアへの介入がある。

2 内戦状態にあったソマリアにおける飢餓の悪化に対応するため，国連は第一次国連ソマリア活動を派遣して停戦監視に当たった。その後，食糧物資の略奪や人道支援団体への武力攻撃が頻発したため，米軍主導の多国籍軍と武装解除を行う第二次国連ソマリア活動が展開したが，武装勢力との戦闘により多数の死傷者が出る事態に至り撤退した。

3 1992年，ボスニア・ヘルツェゴビナでは，多数派のセルビア系住民と少数派のムスリム系住民との間で，ボスニア紛争が起こった。国連安保理は国連保護軍の派遣を決定し，重装備の国連保護軍に強制的な武装解除を行わせた。これにより，北大西洋条約機構（NATO）軍による本格的な軍事介入に至らず事態が収束した。

4 ルワンダでは，80万人以上が犠牲になったといわれるルワンダ大虐殺が起こり，これを受け，国連ルワンダ支援団が武装解除のため派遣された。しかし，国連ルワンダ支援団は戦闘の激化により撤退を余儀なくされ，その後，国連安保理決議を受けて派遣されたNATO軍の地上部隊が戦闘を制圧したものの，100万人規模の難民が隣国に流出することとなった。

5 コソボ紛争では，1999年に，アルバニア系住民の虐殺を防ぐという目的で，NATO軍がセルビアに対して地上軍を投入したが，この軍事介入は国連安保理決議を経ずに行われた。このため，NATO軍の軍事介入は違法なものであり，事後的に国連安保理決議によって正当性が否定されることとなった。

第3章

安全保障

実戦問題 1 の解説

1 ◎ ギデンズは国民国家が暴力独占により成立すると述べた。

正しい。イギリスの社会学者ギデンズは，軍事力などの国家の暴力装置が，国民国家，資本主義，工業主義，管理・監視と相まって発展したことを指摘した。

2 × 国連は古典的リアリストからは高く評価されていない。

集団安全保障の哲学を支えた理論家として真っ先に想起すべきはカントである。**国連は，勢力均衡による安全保障を重視するリアリスト（現実主義）の理論家からは，理想主義的すぎると考えられやすい。**文中の「法律家的・道徳家的」という表現はもちろん皮肉が込められたいい方で，ケナンが国連の有効性を批判した際に用いられた。

3 × クラウゼヴィッツは絶対戦争が起こりにくいことを指摘した。

クラウゼヴィッツは，「現実の戦争」が政治目的を達成するための手段として，外交と併用されていることを指摘した。ゆえに，**敵を完全に打倒するまで戦うという「絶対戦争」にはなりにくい**，と考えたのである。ただし，大量破壊兵器の誕生以降，2つの世界大戦に見られるように，戦争は次第に「絶対戦争」の様相を帯びるようになってきた。

4 × 2003年のイラク戦争の際，安保理は武力行使容認の決議をしていない。

ブッシュ・ドクトリンとは，**大量破壊兵器を保有するテロリスト国家に対しては先制攻撃をかけてよい**，という政策指針である。2003年のイラク戦争は，武力行使を正当化する新たな安保理決議がないまま，関連する過去の決議のみを根拠に行われたが，この際もブッシュ・ドクトリンの考え方によって正当性が語られた。

5 × アメリカは国際原子力機関の設立で積極的な役割を果たした。

国際原子力委員会では，原子力と原子力兵器開発の国際管理を主張したアメリカのバルーク案と，原子力兵器の禁止が先決だとするソ連のグロムイコ案が対立し，合意できなかった。したがって，選択肢のアメリカとソ連の主張は逆である。その後，**アメリカは原子力の国際管理を進めるため，国際原子力機関（IAEA）の設立（1957年）を推し進めた。**

なお，「新アジェンダ連合」はスウェーデン，ブラジルなど核兵器の廃絶を求める国家グループで1998年から活動している。したがって「1960年代」という部分も違っている。

No.2 の解説 民族紛争 →問題はP.140 **正答5**

1 ✕ 「アフリカの年」と呼ばれるのは1960年である。

1960年, アフリカから17の独立国が誕生した（ドゴール政権が独立を容認したため, うち13国はフランスからの独立国であった）。また, この年の12月には国連総会で「植民地独立付与宣言」も採択された。

2 ✕ チェコとスロバキアは冷戦崩壊後に分離した。

冷戦構造による国家の分断の例が3つ出ているが, 朝鮮半島の事例以外は適切ではない。

まず, チェコとスロバキアは1918年から1992年までは1つの国家＝チェコスロバキアであった。冷戦時代にはソ連陣営に属していた。両国の分離は, 連邦を解消してそれぞれが独立国家になることを希望したためで, 平和的に行われた。

次に, イエメンについては, 冷戦的構造が南北2国に反映していたものの, 米ソの代理戦争としての「南北イエメン戦争」といったようなものはなかった。両国は1990年に統一国家を樹立した。

3 ✕ ルワンダでは1990年から内戦状態が深刻化した。

ルワンダ内戦ではいったん停戦合意がなされた後に国連のPKOが派遣されたが, 事態の悪化は防げず, **1994年にはフツ族系住民によるツチ族住民の大量虐殺事件が発生した。**「PKO部隊が武力行使を行い, 停戦を実施」の部分が違っている。

4 ✕ コソボではセルビアからの独立運動が1996年に内戦に発展した。

コソボはセルビアの一部でありながらアルバニア系住民が多く, 独立を求める動きがあった。これに対し, ミロシェビッチ大統領のセルビア政府はコソボ住民を厳しく攻撃し, 虐殺事件なども発生した。こうした非人道的行為をやめさせるため, **1999年にはNATO軍がセルビアを空爆した。** その後, 停戦し, コソボは国連が暫定行政を行った後, 2008年に独立を宣言した。なお, 欧米諸国と異なり, セルビアとロシアはコソボの独立を認めていない。そのため, コソボの国連加盟はいまだに実現していない。

5 ◎ クルド人は国家を持たない「世界最大の少数民族」と呼ばれる。

正しい。クルド人の人口は2500〜3000万人といわれる。またクルド語がインド・ヨーロッパ語族に属する点からいえば, 民族学的にはアラブ系やトルコ系ではなく, イラン系に近いとされる。

イラクのフセイン政権は, イラン・イラク戦争中の1988年, イランに荷担したとして, 国内のクルド人に化学兵器を用い, 国際的な非難を浴びた。

→問題はP.141 **No.3 の解説** 人道的介入 **正答2**

1 ✕ 「人道的介入」は冷戦後の介入の特徴である。

冷戦期と冷戦後では他国への介入の特徴は異なる。冷戦期が特定の国家の戦略的利害に基づく介入であったのに対し，**冷戦後は人権等の普遍的価値を擁護する目的で国際社会が連携して行う介入へと変化している。**また，例示されている介入は冷戦期の国家介入であり，人道的介入ではない。

2 ◎ ソマリア内戦への国連の積極的介入は失敗に終わった。

正しい。ソマリアの混乱を受け，国連は1992年に米軍主導の多国籍軍を，1993年には強制力を持ったPKO（平和執行部隊，P.22参照）を派遣し，強制的に平和を実現しようとした。しかし，多国籍軍・PKOとソマリアの武装勢力との軍事衝突が激しさを増し，撤収を余儀なくされた。

3 ✕ ボスニア紛争ではNATOの人道的介入が紛争の収束に役立った。

国連が派遣したPKO（平和維持軍）である「国連保護軍」の活動はなかなか結果を出せず，**NATO主導の「和平履行部隊」がセルビア人勢力を空爆するなどして紛争を収束させた。**なお，ボスニアにおいてはムスリム系住民が多数派である。

4 ✕ 国連ルワンダ支援団の支援のため，国連多国籍軍が派遣された。

ルワンダでは，国連ルワンダ支援団の派遣後も戦闘の激化に歯止めがかからなかった。そこで，国連はルワンダ支援団の強化に加え，フランス軍を中心とした多国籍軍の派遣を決定した。**NATOは直接これに関与していない。**多国籍軍派遣後，紛争は次第に沈静化していった。

5 ✕ コソボ紛争でNATO軍はセルビアに対する空爆を行った。

NATO軍が行ったのはコソボのアルバニア系住民を保護するための空爆である。地上軍を投入したわけではない。なお，この空爆は安保理決議を裏付けとしていなかった点で批判されたが，その後の安保理決議で「正当性が否定された」という事実はない。

144

実戦問題 2 応用レベル

No.4 武力紛争と国際平和活動に関する次の記述のうち，妥当なのはどれか。

【国家一般職・令和2年度】

1 冷戦終焉後の国際社会では，人道的な危機に対応するための軍事制裁の事例が数多く見られるようになった。ある国の政府が，自国民を保護する能力または意思を欠いている場合には，国際社会が介入する法的義務を負う，という「保護する義務」の考え方も生まれた。

2 国際連合平和維持活動（PKO）は，冷戦時代に，中立性を標榜して紛争当事者を監視する任務を持つ活動として生み出された。しかし，冷戦終焉後には，文民保護，行政支援，武装解除などの多岐にわたる活動を行うようになってきている。

3 冷戦中にコソボとコンゴにおける国際的な平和活動の担い手として，ヨーロッパの北大西洋条約機構（NATO）や欧州安全保障協力機構（OSCE），さらにはアフリカの地域機構が活躍した。冷戦終焉後の時代には国連が台頭してきた。

4 第二次世界大戦以降，国家間で起こる武力紛争は世界各地で年々増加している。一方，国家の内部で起こる内戦は一貫して減少している。これに伴って武力紛争の当事者の中で，国家以外の反政府組織やテロリスト組織などの多様な非国家アクターは減少してきている。

5 1993年に米国東部で発生した同時多発テロに対して，米国はソマリアへの攻撃を行った。米国はそれを「テロとの戦い」だとして正当化を図った。しかし，その後も世界各地でテロ組織による攻撃は多発し，テロ組織の国際的なネットワークも広がっている。

第3章
安全保障

❖ No.5 世界の紛争に関する次の記述のうち，妥当なのはどれか。

【国家総合職・平成30年度】

1 1990年，イラクがクウェートに侵攻し，湾岸危機が発生した。米国主導の多国籍軍が，翌年，国際連合安全保障理事会の決議を受けることなく，イラク軍に対する攻撃を開始し，湾岸戦争が始まった。イラクはミサイルを発射する等して抵抗したが，多国籍軍はイラク軍をクウェートから撤退させるのみならず，イラクに侵攻してサダム・フセイン政権を打倒することにも成功した。

2 ソマリアでは2つの民族が対立し，1990年に両者の主導権争いを原因とする内戦が勃発し，1994年には50万人以上の犠牲者を出すジェノサイドに発展した。これに対して国連は，国連ソマリア活動の一環として米軍を中心とする多国籍軍を派遣し，平和創造活動を行った。1995年には，紛争当事者の武装解除を行うことができたため，国連ソマリア活動はソマリアから撤退した。

3 1992年にスロベニアにおいてセルビア系住民と他の民族集団との間で内戦が勃発し，ユーゴスラビア連邦の解体が始まった。これに対して，1995年に国連安保理の要請に基づいて北大西洋条約機構（NATO）軍によるセルビア系勢力への空爆が実施された結果，デイトン和平合意が結ばれた。しかしその後，内戦はコソボにも飛び火し，コソボ紛争では，アルバニア系住民の虐殺を防ぐという目的で，1999年に国連安保理の決議を受けてNATO軍による空爆が行われた。

4 シエラレオネにおいて，1991年に政府側と反政府勢力の革命統一戦線（RUF）との間で内戦が勃発した。1999年にはロメ和平合意の成立に基づき，国連シエラレオネ・ミッション（UNAMSIL）が派遣されたが，2000年にはRUFが戦闘を再開して国連PKO要員を拘束する事件が発生した。その後，政府とRUFとの間で停戦合意が成立し，2005年にはUNAMSILの任務が終了した。

5 2003年，米国のG.W.ブッシュ政権は大量破壊兵器拡散とテロを阻止する等の目的で，フランスやドイツとともにイラク戦争を開始した。戦争は短期間で終結し，この戦争を通じてイラクの大量破壊兵器の開発やテロ組織との関係等も明らかになり，同年，米軍を中心とする多国籍軍はイラクから撤退し，イラク人による暫定政権が発足した。

No.6 **国際社会が直面する課題に関する次の記述のうち，妥当なのはどれか。**
【国家総合職・令和４年度】

1 S.ハンティントンは，冷戦後の国際関係を「歴史の終わり」と表現し，冷戦期のイデオロギー対立に代わって，異なる文明間の摩擦によって紛争が生じると論じた。「歴史の終わり」論については，文明の差異や文明間の対立に注目するあまり，異なる文明間の相互理解や相互交流の可能性を考慮していないという批判がある。2001年９月に米国で発生した同時多発テロは，こうした批判を裏付ける出来事として注目された。

2 主権の維持，領土の管理，国民の統合に失敗し，国民国家として自立できなくなった国家を「破綻国家」と呼ぶ。「破綻国家」とみなされている国家はアフリカ地域に限られ，第二次世界大戦が終結した直後に，国際社会で「破綻国家」の呼称が定着した。「破綻国家」の典型はソマリアやタンザニアであり，その特徴として内戦や犯罪，飢餓などの深刻な社会問題を内包することが多いが，国外に与える影響が小さいため，国際社会から放置されることが少なくない。

3 2001年10月に米国はアフガニスタンへの攻撃を開始した。こうした動きを受けて，わが国においては，米国を支持する小泉純一郎内閣総理大臣の主導で，「テロ対策特別措置法」が制定された。これにより，1992年に制定された「国際平和協力法」で認められた範囲を超えて，自衛隊を海外へ派遣することが可能となった。その後，「テロ対策特別措置法」に基づき，インド洋に海上自衛隊が派遣された。

4 大量破壊兵器やミサイルを開発し，軍事力を背景に国際秩序に対抗しようとするなどの国家は「ならず者国家」と呼ばれる。米国のG.W.ブッシュ大統領は2002年の一般教書演説において，「悪の枢軸」という表現を用い，「ならず者国家」やテロ組織への大量破壊兵器拡散の危険性を強調した。「悪の枢軸」が具体的にさす国家は明らかではなかったが，その後，米国はイラクへの強硬な姿勢を強め，十分な国際理解が得られない中，単独でイラク戦争を開始した。

5 サイバー犯罪は，その発信元を特定することが難しいことや，国外からの攻撃も起こりうることから，規制や取締りに当たって国際的な連携が求められる。国際連合では欧米諸国の主導により，情報の保護を重視し，情報の自由な流通と保全の両立というサイバー・セキュリティの今後の在り方を示した「サイバー犯罪に関する条約」が2001年に採択され，欧米諸国のほか，日本や中国を含む多くのアジア諸国が調印している。

No.7 下記の英文は，中東地域に関する文書の一部抜粋であるが，次の記述の
うち，この文書について述べたものとして妥当なのはどれか。

【国家一般職・平成23年度】

His Majesty's Government view with favour the establishment in Palestine of a national home for the Jewish people, and will use their best endeavours to facilitate the achievement of this object, it being clearly understood that nothing shall be done which may prejudice the civil and religious rights of existing non-Jewish communities in Palestine, or the rights and political status enjoyed by Jews in any other country.

1 1915年，英国の外交官が，メッカの守護職（シェリフ，シャリーフ）との間で交わした一連の往復書簡の中で，守護職が提案した地域におけるアラブ人の独立について，対オスマン帝国へのアラブ人の蜂起を条件に，一部の地域についての留保を付しつつ承認し，支持するとした手紙である。

2 1916年，英国政府とフランス政府が中心となって密かにまとめたもので，大戦終結後，オスマン帝国領のアラブ地域を分割して，パレスチナは国際管理地としつつ，英，仏，ロシアの間で，それぞれが優先権を持つ領域を定めた協定である。

3 1917年，英国の外務大臣が，ユダヤ系国内有力者を通じて，非ユダヤ人や他国に住むユダヤ人の権利への配慮を強調しつつ，パレスチナにユダヤ人の郷土を建設することを支持し，支援するという内閣の方針を伝えた書簡である。

4 1939年，英国の植民地大臣が，多くのユダヤ人がすでにパレスチナに定住し，郷土の建設の約束は果たされたとして，以後のユダヤ人の移民数の制限や土地取得の規制を行うとともに，10年以内に独立パレスチナ国家を樹立させる方針を発表した白書である。

5 1947年，英国の外務大臣がパレスチナ委任統治領を国連に委ねると言明したことを受け，国連総会において採択された，パレスチナをアラブ国家とユダヤ国家に分割し，エルサレムとその周辺を国際管理下に置くこととした分割決議である。

***
No.8 ある国際紛争に関して書かれた次の引用の空欄に入る地名として，妥当なのはどれか。

【国家総合職・平成27年度】

Starting last fall, we began to hear that U.S. policymakers were looking into Japan and Germany after World War Ⅱ as examples or even models of successful military occupations.　In the case of Japan, the imagined analogy with 　　　　　 is probably irresistible.　Although Japan was nominally occupied by the victorious "Allied powers" from August 1945 until early 1952, the Americans ran the show and tolerated no disagreement.　This was Unilateralism with a capital "U" — much as we are seeing in U.S. global policy in general today.　And the occupation was a pronounced success.　A repressive society became democratic, and Japan — like Germany — has posed no military threat for over half a century.

The problem is that few if any of the ingredients that made this success possible are present — or would be present — in the case of 　　　　　.　The lessons we can draw from the occupation of Japan all become warnings where 　　　　　 is concerned.

1 Iraq

2 Afghanistan

3 Palestine

4 Cuba

5 Vietnam

実戦問題 ❷ の 解説

武力紛争と平和活動の変化に焦点を当てた問題である。

1 ✕　国際社会全体での人道保護は「保護する責任」と呼ばれている。

自国民の保護は国家の基本的な義務だが，これを果たす能力や意志を持たない国家がある場合には，国際社会全体でそうした国の人々を保護すべきだとする考え方がある。これを**「保護する責任（Responsibility to Protect）」**と呼ぶ。「保護する義務」ではない。

2 ◎　PKOは今では行政支援などを含めた多様な活動を行っている。

正しい。PKOはそもそも武力紛争が落ち着いた地域に派遣され，再発防止に当たるのが任務とされてきた。今では，地域の平和と安定に寄与するとの観点から，**選挙監視や行政支援**といった非軍事的な活動も担っている。

3 ✕　冷戦後は国連以外の国際機関も平和活動に貢献するようになった。

代表例とされているのはコソボ紛争である。この紛争では人道危機が深まったとしてOSCEがミッションを派遣し，続いて**NATOがセルビアに対する空爆を行った。**事態が沈静化した後，コソボでは国連PKOとともに，**NATO主体の国際安全保障部隊（KFOR）**が展開した。また，2000年代に起きたスーダンのダルフール紛争では，アフリカ連合（AU）が問題解決に積極的に関与した。

➡「冷戦終焉後の時代には国連が台頭してきた」のなら，それまで国連は国際紛争に対して何もできていなかったことになる。

4 ✕　内戦が減少傾向にあるとはいえない。

選択肢の最後に，「反政府組織やテロリスト組織が減少してきている」と出てくるので，誤りだとすぐにわかる。これらの組織はむしろ増加傾向にあり，冷戦後も世界各地でさまざまな内戦を繰り広げている。

5 ✕　同時多発テロ後，アメリカが攻撃したのはアフガニスタンである。

そもそも**同時多発テロが起きたのは2001年9月**である。このテロに対し，アメリカはイスラム過激派組織「アルカイダ」の犯行と断定し，首謀者をかくまっているとしてアフガニスタンを攻撃し，タリバン政権を崩壊させた。

No.5 の解説　世界の紛争

→問題はP.146　**正答4**

1 ✕　**多国籍軍は国連安保理決議を受けてイラク軍に対する攻撃を行った。**

1991年の「湾岸戦争」では、イラクが期限までにクウェートから撤退しない場合に武力行使を容認するとの安保理決議に基づき、米軍主体の多国籍軍がイラク軍を攻撃し、クウェートを解放した。なお、**この軍事活動ではイラクのサダム・フセイン政権は打倒されなかった。**

2 ✕　**米軍主体の多国籍軍は事態をかえって悪化させ、撤退した。**

ソマリアに派遣された国連PKO「平和執行部隊」や多国籍軍は、ソマリアの武装勢力との軍事衝突を繰り返し、事態をかえって悪化させ、撤退を余儀なくされた。なお、**1994年、民族対立がジェノサイド（集団虐殺）にまで発展してしまったのはルワンダである。**

3 ✕　**コソボ紛争でのNATO軍の空爆には安保理決議の裏付けはない。**

旧ユーゴにおける民族紛争はボスニアで勃発し、派遣された国連PKO（国連保護軍）を支援するためNATOは空爆を実施した。一方、コソボ紛争では、安保理決議の裏付けのないまま、**NATOはアルバニア系住民の保護に向けた人道的介入として空爆に踏み切った。**

4 ◎　**シエラレオネ内戦で国連はPKOを実施し、停戦を促した。**

正しい。シエラレオネ内戦はダイヤモンド鉱山の利権をめぐる内戦であった。国連はPKOを派遣し、平和構築を支援した。

5 ✕　**2003年のイラク戦争にフランスやドイツは参加していない。**

イラク戦争では、大量破壊兵器の所持やテロ支援を理由に、米英などがイラクに軍事攻撃を行った。戦闘は短期間で終わり、サダム・フセイン政権は打倒され、イラク全土は米軍などの占領下に置かれた。だが、結局、**この戦争の根拠とされた大量破壊兵器は見つからなかった。**

なお、米軍は治安維持などのため2011年まで駐留を続けた。

1 × ハンティントンは「文明の衝突」を指摘した。

『歴史の終わり』はフクヤマの著作である。ハンティントンは『文明の衝突』を著し、冷戦後の紛争は文明間の摩擦によって生じると主張した。

2 × 破綻国家は世界各地に見られる。

破綻国家はソマリアや南スーダンなどアフリカ地域に多いが、**イエメン、アフガニスタン、ハイチ**なども該当する。

3 ◎ アメリカの対テロ戦争に際し、

日本は「テロ対策特別措置法」を制定してアメリカを支援した。

正しい。日本は海上自衛隊の艦艇をインド洋に派遣し、テロ対策の一環としてインド洋で海上阻止活動に当たっている各国艦船に対し、燃料や水の補給支援を行った。

4 × ブッシュ大統領は「悪の枢軸」として

イラン、イラク、北朝鮮を名指しで非難した。

なお、イラク戦争はアメリカ単独で行ったわけでなく、当初から**イギリス、オーストラリア、ポーランド**が参加した。

5 × サイバー犯罪条約に中国は参加していない。

サイバー犯罪条約（ブダペスト条約）は**欧州評議会が起草**したもので、国連が主導したわけではない。この条約には、ヨーロッパ諸国のほか、日本、アメリカ、オーストラリア、カナダが加盟している。アジアから参加しているのは日本だけで、「多くのアジア諸国」という記述は誤りである。

英文の要旨

国王陛下の政府は、ユダヤ人のためにパレスチナにおいてナショナル・ホームを樹立することを好意的に見ている。そして、その目的の達成のため最大限の努力を払う。ただし、それはパレスチナに住む非ユダヤ系共同体の公民権や宗教的権利を不利にするものではなく、また他国に居住するユダヤ人が享受している権利や政治的地位を不利にするものではない、という明確な了解の下においてなされる。

1 × フセイン＝マクマホン協定に関する記述である。

2 × サイクス＝ピコ協定に関する記述である。

3 ◎ バルフォア宣言に関する記述である。

正しい。問題文は「ユダヤ人（Jewish people）」に言及し、ユダヤ人のために民族郷土（national home）を作ることを支持している。イギリスがユダヤ人に国家樹立を認めた約束書簡は、一般に「バルフォア宣言」として知られている。

4 ✕ パレスチナ白書（マクドナルド白書）に関する記述である。

この白書は，ユダヤ人移民の抑制に加え，以後の移民枠はアラブ人の同意を必要とするよう求めたことから，ユダヤ人の反発を招いた。

5 ✕ 国連パレスチナ分割決議に関する記述である。

No.8 の解説　占領政策

→問題はP.149 **正答 1**

英文の要旨

　アメリカの政策形成者たちが軍事的占領の成功モデルとして第二次世界大戦後の日本とドイツを調べていると聞くようになった。日本の場合と□□□□□□との類似を想像するのは当然だ。日本は1945年8月から1952年初めまで名目的には「連合国軍」によって占領されたが，実際にはアメリカが指示を出し，反対を認めなかった。今もアメリカのグローバル政策に見られる独特な「一国主義」（ゆえに頭文字は大文字）である。そして，この占領は大成功であった。抑圧的な社会は民主的になり，日本は，ドイツと同じく，半世紀以上にわたって軍事的な脅威とはならなくなった。

　問題は，この成功を可能にした要素が，□□□□□□については，もしあるとしてもわずかにしか存在しないし，今後も存在しないだろう，ということである。日本の占領政策から引き出せる教訓は，□□□□□□に関してはすべて警鐘になっている。

　選択肢の**1**から**5**には5つの国・地域の名前が掲げられている。このうち，アメリカが占領あるいは一部地域の行政管理を行った可能性があるのは，アメリカが軍事的に既存政府を崩壊させたイラクとアフガニスタンだけである。このうち，アフガニスタンは速やかに暫定政府に政権が委ねられたが，イラクについては国連安保理の決議によりアメリカとイギリスに統治権限が委ねられた。その結果，**イラクでは「連合国暫定当局」による占領統治が1年2か月ほど続いた。**この間，多くの有識者が日本の占領政策との比較を語ったが，この文もそうしたものの一つであろう。

　よって，正答は**1**の「イラク」である。

第3章
安全保障

必修問題

　ノーベル平和賞を受賞した機関や活動に関する次の記述のうち，妥当なのはどれか。

【国家総合職・平成28年度】

1　**国連平和維持活動（PKO）**は国際連合憲章において明文化され，紛争当事者に対し停戦合意を要請するために開始された活動で，派遣には安全保障理事会の決議を必要としている。活動の平和への貢献が評価され1988年にノーベル平和賞を受賞したが，この後，冷戦が終結すると，従来の停戦要請任務に加え，新たに選挙監視，難民帰還支援などの任務も担うようになった。

2　**国境なき医師団（MSF）**は世界保健機関（WHO）の一組織として危機に瀕した人々への緊急医療活動を主な目的として活動しており，1999年に国際援助分野における功績によってノーベル平和賞を受賞した。MSFの活動はWHO加盟国からの財政支援によっており，わが国もエボラ出血熱流行国におけるMSFの活動への資金拠出等積極的な支援を行っている。

3　**国際原子力機関（IAEA）**は原子力の平和的利用の促進，原子力の平和的利用から軍事的利用への転用の防止などを目的として部分的核実験停止条約（PTBT）の締結を受けて設立され，2005年に原子力の軍事的利用を防止するための査察活動が評価されノーベル平和賞を受賞した。この受賞後，核兵器保有国であるインド，パキスタンがIAEAに加盟した。

4　**気候変動に関する政府間パネル（IPCC）**は，自然科学者を構成員とする非政府組織で，気候変動に関する最新の科学的知見についての報告書を作成し，中立的な立場から各国政府に対し提言を行っている。報告書が各国政府の環境政策に与えた影響力が評価され2007年にノーベル平和賞を受賞し，この受賞後には，生物多様性条約が採択された。

5　**化学兵器禁止機関（OPCW）**は，化学兵器禁止条約に基づき設立された機関で世界的な化学兵器の全面禁止および不拡散のための活動を行っており，化学兵器の廃絶に向けた取組みが評価され2013年にノーベル平和賞を受賞した。同年のシリアにおける化学兵器使用を発端として，OPCWによる関連施設の査察等，シリアの化学兵器全廃に向けた国際的な取組みが開始された。

難易度　＊＊

必修問題の 解説

　平和と軍縮にかかわる活動は「ノーベル平和賞」の対象となる。他のテーマにかかわる選択肢もあるが，平和への寄与という観点からここで扱うこととした。さて，軍縮に直接関連しているのは**1**と**3**と**5**である。大量破壊兵器の拡散防止に関する知識が求められている。

1 ✕ PKOは国連憲章に明文化されていない活動である。
　国連憲章は，第6章に紛争の「平和的解決」を，第7章に平和破壊行動に対する「強制措置」を定めている。PKOは，軍隊も派遣する点で第6章の枠に収まらず，かといって第7章が前提とする「制裁」とも異なる。ゆえに，これまでしばしば**「PKOは6章半の活動」**といわれてきた。明文化されていないが，これら2つの章の趣旨を踏まえた活動と理解されている。
　　➡ もし憲章にはっきり書かれているのであれば，普通それに言及する必要はない。ちなみに「停戦要請任務」という表現も，PKOの派遣が停戦を前提とするものである以上，誤りである。

2 ✕ 「国境なき医師団」はNGO（非政府組織）である。
　「国境なき医師団」は世界保健機構（WHO）の一組織ではない。個人や企業などからの寄付で運営されている。

3 ✕ IAEAは国連で憲章が採択されて設立された。
　原子力の国際的管理をめざしてIAEAが設立されたのは1957年。一方，米英ソ3国が**部分的核実験禁止条約に調印したのは1963年である。**また，インドもパキスタンもIAEA設立当初からの加盟国である。

4 ✕ 生物多様性条約は1992年に締結され，1993年に発効した。
　　➡ 気候変動の話から最後になって急に生物多様性の話に変わっている。なお，生物多様性条約が締結された1992年の国連環境開発会議（地球サミット）では，気候変動枠組条約への署名も行われた。

5 ◎ 化学兵器禁止機関はシリアでの活動が評価されてノーベル平和賞を受賞した。
　正しい。2013年，シリア内戦で同国のアサド政権が化学兵器を使用したことが判明し，国際的非難が高まった。これを受けてシリアが化学兵器禁止条約に加盟したことから，化学兵器禁止機関がシリア国内の化学兵器の廃棄を進めることとなった。

正答 **5**

FOCUS

　平和と軍縮に関する問題では，意外なほど多くのテーマで選択肢が構成されることがある。平和を「人間の安全保障」という観点からとらえて，環境や開発にまで言及することもある。こうした選択肢があっても，おかしな組合せだなどと思わないように，視野を広く持っておこう。

重要ポイント 1 平和の理念

（1）人間の安全保障

軍事力による国家の安全保障とは別に，一人ひとりの人間の安全確保をめざして，人間の生存を脅かすさまざまな脅威を取り除こうという考え方である。具体的には，飢餓・貧困，環境破壊，自然災害，感染症，テロなどからの保護を意味している。国連開発計画（UNDP）が1994年版の「人間開発報告」で用いてから普及した。

（2）平和への課題

冷戦後の1992年，国連が国際平和の維持にどう取り組むべきかについて，4段階に分けてまとめたガリ国連事務総長の提案書である。

予防外交 preventive diplomacy	信頼醸成措置の推進，非武装地帯の設置，予防展開など。
平和創造 peacemaking	国連憲章の定める平和的手段による和平の実現のほか，平和強制部隊の創設など。
平和維持 peacekeeping	国連ミッションを現地で展開するための財政・人員の提供の充実など。
平和構築 peacebuilding	秩序の回復，難民の送還など。

このうち，「平和強制」は侵略行為をやめさせるための武力行使であり，この提案に基づいてソマリアなどで新しいタイプのPKOが実施されたが，平和を実現できずに終わり，ガリ自身も1995年に発表された『追補』で，平和強制活動が現実的に難しいことを認めた。

重要ポイント 2 核軍縮

（1）核開発の防止

①**核不拡散条約（NPT）**：1970年発効。核兵器保有国に核軍縮を行う努力義務を課すとともに，その生産技術を他国に譲り渡さないことを規定。核兵器を持たない国には，その開発に着手しないことを求める。インド，パキスタン，イスラエルは不参加，北朝鮮は脱退を宣言した。

②**国際原子力機関（IAEA）**：原子力の平和利用を促進する国連の自治機関。核不拡散条約は，非核兵器国が査察を含むIAEAの保障措置を受け入れることを義務づけている。

③核実験禁止条約

部分的核実験禁止条約（PTBT）	包括的核実験禁止条約（CTBT）
1963年に米英ソが調印・発効	1996年に国連総会で採択，未発効
地下以外の場所（＝宇宙空間，大気圏内，水中）での核実験を禁止	あらゆる空間における核兵器の実験的爆発および他の核爆発を禁止
日本を含め国連加盟国の多くが加盟しているが，中国，フランス，北朝鮮などは未加盟。	発効には核実験を行いうる44か国すべての批准が必要。北朝鮮，インド，パキスタンは未署名。アメリカ，中国，イスラエル，イラン，エジプトは署名したが未批准。

④**核兵器禁止条約**：核兵器の開発，実験，製造，備蓄，移譲，使用および威嚇としての使用を禁止する条約で，2017年に国連で122か国・地域の賛成多数で採択され，2021年1月に発効した。5つの核保有国，NATO加盟国，日本などは参加しないとしている。

（2）核兵器の制限と削減

米ソ・米ロは，1970年代から，戦略核兵器（核弾頭を搭載した弾道ミサイル）の制限・削減に関する条約を次々と締結してきた。

SALT I 第1次戦略兵器制限交渉・条約	1972年調印・発効。 米ソが保有するミサイル数を上限として開発を5年間凍結した。
SALT II 第2次戦略兵器制限交渉・条約	1979年調印，未発効。 ソ連のアフガニスタン侵攻でアメリカの批准審議が中断。
INF（中距離核戦力） 全廃条約	1987年調印，1988年発効。 地上発射の中距離核兵器を廃棄することを定める。 2019年，アメリカが条約破棄を通告し，ロシアも条約履行を停止したため，この条約は失効した。
START I 第1次戦略兵器削減条約	1991年調印，1994年発効。 核兵器の20～40％を7年間で削減すると定める。
START II 第2次戦略兵器削減条約	1993年調印，未発効。 両国の議会の完全な合意が得られず，発効しなかった。
モスクワ条約	2002年調印，2003年発効。 START IIに代わる暫定的条約。実戦配備される戦略核弾頭を10年で3分の1にまで削減すると定める。
新START （START Iの後継条約）	2010年調印，2011年発効。 7年以内に配備できる戦略核弾頭数をさらに削減し（1550発），ミサイルなどの核弾頭の運搬手段数も前条約の半分（800基）にすると定める。発効から10年たった2021年2月，条約の5年延長が合意された。

重要ポイント 3 　兵器の禁止

（1）大量破壊兵器の軍縮条約

生物兵器禁止条約 （1975年発効）	細菌やウイルスを利用した兵器の開発，生産，貯蔵，保有を禁止。すでに保有している生物兵器については廃棄すると定める。
化学兵器禁止条約 （1997年発効）	毒ガスなどの化学兵器の開発，生産，貯蔵，使用を禁止。すでに保有している化学兵器については一定期間内に廃棄することを定める。条約の遵守を検証する国際機関として化学兵器禁止機関（OPCW）も設立された。

（2）通常兵器の軍縮条約

特定通常兵器使用禁止制限条約 （1983年発効）	**非人道的な通常兵器，**つまりは無差別攻撃に使われたり過大な傷害を負わせたりする兵器について，使用を禁止または制限する条約。失明をもたらすレーザー兵器などが規制されている。
対人地雷禁止条約 （1999年発効）	対人地雷の使用，貯蔵，生産，移譲の禁止と廃棄に関する条約。アメリカ，ロシア，中国などは不参加。この条約の実現では，NGO「地雷禁止国際キャンペーン」の世界的運動が大きな貢献を果たした（同団体は1997年にノーベル平和賞を受賞）。
クラスター爆弾禁止条約 （2010年発効）	たくさんの子爆弾を詰め込んだ親爆弾を上空で爆発させ，広範囲を一度に攻撃する**クラスター爆弾**を禁止する。大量保有国のアメリカ，ロシア，中国などは参加していない。
ワッセナー・ アレンジメント （1996年発足）	通常兵器に使われる用品や技術の輸出について，テロリストなどに渡らないように，透明性と管理を確保するための申し合わせ。日本を含む約40か国が参加している。
武器貿易条約 （2014年発効）	通常兵器の拡散に歯止めをかけるための条約。規制の対象となる兵器は，戦車，戦闘機，軍艦，ミサイル，銃など8種類。闇市場への流出を防ぐため，条約加盟国には輸出入の記録・報告を義務づける。

実戦問題 1　基本レベル

No.1　19世紀以降の世界の安全保障に関する次の記述のうち，妥当なものは
どれか。

【地方上級（全国型／関東型／中部・北陸型）・平成26年度】

1　20世紀，国際連盟によって成立した「集団安全保障」は，1920年代にはすでに
各国間の軍拡競争と対立を招き，第二次世界大戦の遠因となった。

2　第二次世界大戦後の冷戦期は，主として核兵器による抑止力が米ソの戦争を回
避し，「長い平和」だったと評価する考えもある。

3　ナポレオン没落後のウィーン体制では，各国の「勢力均衡」が進んだ結果，軍
縮を実現し，19世紀を通じてヨーロッパは平和を維持した。

4　「ハード・パワー」は，その国の保有する軍事力や経済力であり，それらの表
出は国際会議での発言力や指導力などにも表れる。

5　国際連合は，国連改革の一環として多数決による意思決定を改め，現在，熟議
に基づく「満場一致」での決定を推進している。

【国家一般職・平成29年度】

1 1968年に成立した「核兵器の不拡散に関する条約（NPT）」は，すでに核を保有していた国を含めたすべての国に，核兵器の開発を禁じ，削減を義務づけた。また，NPT体制は，核兵器用の技術や原料の拡散を防ぐさまざまな制度的枠組みも提供してきており，インドやパキスタン等の加盟国による核実験を未然に防いだことから，同体制の功績は大きいと評価されている。

2 1992年のB.ブトロス・ガリ国連事務総長による「平和への課題」は，国連の紛争対応能力を向上させるためのさまざまな提言を含む報告書である。同報告書は，国連の平和機能を「予防外交」「平和創造」「平和維持」「紛争後平和構築」に整理し，その強化方法について述べている。この「紛争後平和構築」には，紛争後の武装解除や難民の帰還等が含まれる。

3 多国間援助と二国間援助からなる政府開発援助（ODA）は，有償資金協力と無償資金協力（贈与）の2種類から成り立っており，技術協力は含んでいない。2000年に設定されたミレニアム開発目標（MDGs）において，援助供与国側には，努力目標として，ODAを国民総所得の0.1％まで増額するという数値目標が与えられた。

4 難民の国際的保護と難民問題の恒久的解決を実現するため，国連総会は1950年に国連難民高等弁務官事務所（UNHCR）を設立した。1965年に採択された「難民の地位に関する条約」は，難民の宗教の自由や結社の自由等を認める画期的な内容であったが，日本はこの条約にいまだ加入していない。

5 大気中の温室効果ガスの濃度を安定化させることを究極の目標とする「気候変動に関する国際連合枠組条約」が1992年に採択され，この条約に基づき，国連気候変動枠組条約締約国会議（COP）が1995年から毎年開催されている。2005年の締約国会議ではパリ協定が採択され，1年以内に世界の平均気温の上昇を停止することを求めた。

No.3 **人道支援や人的協力に関する次の記述のうち，妥当なのはどれか。**

【国家一般職・平成25年度】

1 　人間の安全保障とは，人間の生存・生活・尊厳に対する広範かつ深刻な脅威から人々を守り，人々の豊かな可能性の実現のために人間中心の視点に立った取組みを実践する概念で，国連開発計画の報告書で初めて公に示された。この概念に基づき，わが国の主導により国連に人間の安全保障基金が設置され，また，国連ミレニアム総会において，当時のアナン国連事務総長が，恐怖からの自由と欠乏からの自由というキーワードを使って地球規模の課題への対処を論じた。

2 　人道的介入とは，著しい人権侵害や人道的危機に人々が直面している状況下で当該政府が人々の安全を確保する能力や意思を持たない場合に，事前に国連安全保障理事会の決議を経たうえで国際社会が当該政府の同意なしに強制的に武力介入することである。ソマリア内戦時における米軍を中心とする多国籍軍（UNITAF）の派遣やコソボ紛争解決のための北大西洋条約機構（NATO）軍による軍事介入などがその例として挙げられる。

3 　国連人道問題調整部（UNOCHA）は，米国におけるハリケーン・カトリーナによる被災者支援を契機に設立された組織で，自然災害の被災者に対する国際人道支援活動の総合調整や自然災害に関するタイムリーな情報提供，国際社会への人道支援アピールの発出などを主な活動内容としている。東日本大震災発生に際しては，わが国に対し国連災害評価・調整チームを派遣して，被災状況や国際支援に対するニーズなどに関する情報発信などを行った。

4 　わが国の国際緊急援助隊は，医療チーム，救助チーム，専門家チーム等で構成され，被災国政府または国際機関などから要請された援助の内容，災害の規模・種類等に応じて派遣される。国際緊急援助隊の派遣の対象となるのは，洪水・サイクロンなどの自然災害，石油・ガスタンクの爆発などの人為的災害，紛争により発生した難民の救援や紛争によって被害を受けた施設や自然環境の復旧などとされている。

5 　わが国のNGOは，大規模災害や地域紛争に対する人道支援活動の重要な担い手となっているが，その活動資金は，独自の事業収入と市民や企業からの寄付によっており，NGO活動に対する政府の資金拠出は行われていない。近年の国際協力への関心の高まりや企業の社会貢献活動とNGO活動との連携の拡大を背景に，NGOが市民や経済界から直接かつ迅速に活動資金を得ることが可能となってきている。

実戦問題 **1** の 解説

No.1 の解説 安全保障

右上参照→問題はP.159 **正答2**

1 ✕ 第二次世界大戦は
集団安全保障が十分に機能できなかったために引き起こされた。
もし集団安全保障が第二次世界大戦の遠因になったとすれば，戦後，国際連合を作らなかったはずである。ちなみに，日本やドイツが国際連盟を脱退するのは1930年代であり，**1920年代はワシントン海軍軍縮条約やパリ不戦条約などが締結され，軍縮ムードが漂っていた。**

2 ◎ いわゆる「ロング・ピース論」を表している。
正しい。核兵器による恐怖の均衡は，小さな紛争でも全面核戦争につながる危険性をはらんでいるために，結果的に米ソ戦争の抑止を長期にわたって実現させた。「考えもある」と書かれている以上，そういう考えの人がどこかにいれば正しい選択肢になる。もちろん，理論に関する知識（**テーマ8**）があれば，すぐに**ギャディスの「ロング・ピース論」**とわかる。

3 ✕ ウィーン体制は軍縮を促すものではなかった。
ウィーン体制では，勢力均衡による平和が一定期間維持されたが，それは軍縮を意味するものではない。実際，各国は軍備増強に力を入れ，普墺戦争（1866年）や普仏戦争（1870年）を引き起こした。

4 ✕ 発言力や指導力はソフトパワーに属する。
「ソフトパワー」とは**ある国の文化，価値観，政策・政治体制などで**，外交における発言力や指導力を高めるとされる。

5 ✕ 国連での意思決定は今も多数決である。
「全会一致（満場一致）」では，1国が反対すれば決められない以上，実質的にすべての国に拒否権を与えてしまう。いくら「熟議に基づく」などともっともらしいことをいってみても，こうした決定方式に無理があることは明らかであろう。

No.2 の解説　国際政治の課題

→問題はP.160　**正答2**

1 ✕ **インドやパキスタンは核兵器保有国である。**

核不拡散条約は，非核兵器保有国に対し核武装しないと約束するよう求めている。そのため，**核兵器の開発を進めてきたインドやパキスタンはこの条約に加盟していない。**両国は1998年に核実験を成功させ，核兵器保有国となった。一方，北朝鮮はこの条約に加盟したものの，1993年と2003年に脱退を宣言し，周知のように核兵器開発を進めている。

なお，核兵器国について同条約は，核兵器の他国への譲渡を禁止し，核軍縮のために「誠実に核軍縮交渉を行う義務」を規定しているが，核兵器の開発を完全に禁止しているわけではない。そのため，米ロ英仏中に核兵器の占有を保障するための条約ではないかとの批判もある。

2 ◎ **「平和への課題」は**
冷戦終結後の国連の紛争対応能力の向上を意図した提案であった。

正しい。「平和への課題」は，**「予防外交，平和創造，平和維持，平和構築」**といった概念を整理したことでも知られる。このうち，「平和構築」は紛争後の政治的取組みであり，具体的には非武装化，秩序の回復，難民の送還，選挙監視などが含まれている。なお，この文書は平和創造のためになら，PKOは武力を用いても「平和強制」を行うべきであると提言したことで有名である。

3 ✕ **援助供与国は対GNI比で0.7%のODAを行うことを約束している。**

0.7%援助はもともと主要先進国が目標としてきたものである。ただし未達成の国が多いことから，ミレニアム開発目標でも改めて掲げられ，さらに**後発開発途上国に対するODAをGNI比0.15〜0.20%にするという目標を盛り込んだ。**なお，この目標は2015年からの「持続可能な開発目標（SDGs）」にも引き継がれている。

4 ✕ **難民条約に日本は加入している。**

日本は，難民条約（1951年署名，1954年発効）ならびに難民の地位に関する議定書（1967年）について，1981年の国会承認を経て，**1982年から加入している。**1970年代後半にベトナムなどから大量の難民が流出し，これに対応する必要が条約加入を促した。

5 ✕ **パリ協定は2015年に採択された。**

パリ協定は**「産業革命前からの気温上昇を2度未満に抑える」**との国際目標を設定し，各国に目標達成に向けた努力を促しているが，期限を定めているわけではない。そもそも，平均気温の上昇を「1年以内」に止めると定めるような協定は，非現実的なものとして各国が受け入れないだろう。

1 ◎ 「人間の安全保障」によって安全保障の概念の幅が広がった。

正しい。「人間の安全保障」は**国連開発計画（UNDP）の1994年版「人間開発報告」で提起された概念**で，貧困，飢饉，感染症，災害，環境破壊などから守られている状態も「安全保障」に含めようとするものである。日本は，この理念を尊重し，1999年に約5億円を拠出して国連に「人間の安全保障基金」を設置した。

2 ✕ 人道的介入には国連安保理の決議に基づかないで行われたものがある。

例に挙がっているソマリアとコソボのケースのうち，ソマリアについては国連安保理の決議に基づいて多国籍軍が派遣され，PKOによる人道支援活動を防護する任務に就いた。一方，セルビア政府軍によるコソボのアルバニア系住民の迫害については，セルビアを支援するロシアが安保理決議に拒否権を使うことが明白であったことから，NATOが人道的危機を打開することを名目に，**安保理決議の裏づけのないまま空爆を実施した**。なお，国連安保理が機能不全になった場合の人道的介入の是非については議論が定まっていない。

3 ✕ 国連人道問題調整事務所は，
自然災害・紛争災害の場で関係各機関の活動の調整を行う。

アメリカの自然災害がきっかけで国連に新たな部局が誕生することは，ちょっと考えにくい。国連人道問題調整事務所は，1992年に国連事務局の一部として設立され，災害の場で各国政府や他の国連機関・NGO等の連絡・調整を行い，効果的に支援活動できるように支援する。ハリケーン・カトリーナがアメリカ南部に被害を与えたのは2005年である。

4 ✕ 日本の国際緊急援助隊の派遣対象は他国の自然災害や人為的災害である。

紛争に起因する難民救済などに対処するのはPKOである。日本もPKO協力法に基づいて支援活動に参加する場合がある。一方，国際緊急援助隊は**国際緊急援助隊派遣法**に基づいて派遣される。国際緊急援助隊として自衛隊が派遣される場合もあるが，あくまでも医療支援や物資輸送等の後方支援に限られている。

5 ✕ NGOの一部には政府の資金拠出が行われている。

政府（外務省）は「**日本NGO連携無償資金協力**」という事業で，日本のNGOが開発途上国・地域で実施する経済社会開発事業に必要な資金を供与している。

実戦問題 ② 応用レベル

No.4 非国家アクターの意義や機能に関する次の記述のうち，妥当なのはどれか。

【国家総合職・平成25年度】

1 世界銀行はガバナンスという概念を提示し，公共部門の効率的運営，政府の説明責任，開発のための法的枠組み，情報の透明性から構成されるとした。融資先の途上国にグッド・ガバナンスを求めることは，途上国に経済分野だけでなく，政治分野においてもコンディショナリティを課すことを意味した。

2 平和の強制を行う重装備の平和強制部隊の創設を求める論調が高まる中で，ブトロス・ガリ国連事務総長（当時）は，1992年に『平和への課題』と題する報告書を安全保障理事会の要請に従って提出した。この報告書は，そうした平和強制部隊の構想は国連の実際の能力を踏まえていないとしてこれを否定した。後のルワンダ内戦やボスニア内戦でも，ガリ構想に基づいて，軽装備の従来型の平和維持活動が行われた。

3 戦争犯罪，人道に対する罪，ジェノサイドといった重罪を犯した個人を裁く常設の国際刑事裁判所が2003年に発足した。その設立にはNGOがノルウェー，デンマーク，メキシコなどの中小国政府の賛同をまず得て，徐々に各国政府に支持を広め，最終的に国際条約の締結を実現するという経過が見られた。これはオタワ・プロセスと呼ばれる。

4 1975年の欧州共同体（EC）の最終文書は，信頼醸成措置を採用し，軍隊の移動や訓練の事前通告，軍事関係者の相互交流を進めた。これは敵対する勢力どうしであっても互いの戦いを避けることが共通の利益だとする「共通の安全保障」に立った制度であり，その後の冷戦の終焉へ向かう緊張緩和を導いた。

5 国連難民高等弁務官事務所（UNHCR）は，難民に国際的な保護を与え，難民問題の恒久的な解決を図ることを任務としている。そのため，難民の国籍国に対し，政治的中立を放棄してまでも批判的な声明を発表して政策是正を求め，難民保護の実績を高めるとともに人権侵害の責任追及を行ってきた。

次のア～エの英文は，国際関係に関する文書の一部である（一部省略または変更している箇所がある）。それぞれの発行者の組合せとして妥当なのはどれか。

【国家総合職・令和4年度】

ア：We, Reaffirming the principles and purposes of the Charter of the United Nations, Determined to combat by all means threats to international peace and security caused by terrorist acts, Recognizing the inherent right of individual or collective self-defence in accordance with the Charter, Unequivocally condemn in the strongest terms the horrifying terrorist attacks which took place on 11 September in New York, Washington, D.C. and Pennsylvania and regard such acts, like any act of international terrorism, as a threat to international peace and security, Express its deepest sympathy and condolences to the victims and their families and to the people and Government of the United States of America.

イ：State sovereignty implies responsibility, and the primary responsibility for the protection of its people lies with the state itself. Where a population is suffering serious harm, as a result of internal war, insurgency, repression or state failure, and the state in question is unwilling or unable to halt or avert it, the principle of non-intervention yields to the international responsibility to protect. The foundations of the responsibility to protect, as a guiding principle for the international community of states, lie in: obligations inherent in the concept of sovereignty; the responsibility of the Security Council, under Article 24 of the UN Charter, for the maintenance of international peace and security and so on.

ウ：I recommend that the Council consider the utilization of peace-enforcement units in clearly defined circumstances and with their terms of reference specified in advance. They would have to be more heavily armed than peace-keeping forces and would need to undergo extensive preparatory training within their national forces. Deployment and operation of such forces would be under the authorization of the Security Council and would, as in the case of peace-keeping forces, be under the command of the Secretary- General. I consider such peace-enforcement units to be warranted as a provisional measure under Article 40 of the Charter.

エ：We indicated that, although the applicability to nuclear weapons of the principles and rules of humanitarian law and of the principle of neutrality was not disputed, the conclusions to be drawn from it were, on the other hand, controversial. It pointed out that, in view of the unique characteristics of nuclear weapons, the use of such weapons seemed scarcely reconcilable with respect for the requirements of the law applicable in armed conflict. We were led to observe that "in view of the current state of international law and of the elements of fact at its disposal, we cannot conclude definitively whether the threat or use of nuclear weapons would be lawful or unlawful in an extreme circumstance of self-defence, in which the very survival of a State would be at stake."

第3章 安全保障

	ア	イ	ウ	エ
1	International Court of Justice	Commission on Human Security	International Commission on Intervention and State Sovereignty	United Nations General Assembly
2	International Court of Justice	International Commission on Intervention and State Sovereignty	Commission on Human Security	United Nations Human Rights Council
3	International Court of Justice	United Nations Security Council	Secretary-General of the United Nations	World Health Organization
4	United Nations Security Council	International Commission on Intervention and State Sovereignty	Secretary-General of the United Nations	International Court of Justice
5	United Nations Security Council	International Court of Justice	Commission on Human Security	World Health Organization

No.6 核軍備管理や核不拡散に関する次の記述のうち，妥当なのはどれか。

【国家総合職・令和２年度】

1 1962年のキューバ危機を境に，米ソ間の歩み寄りの機運が生まれ，宇宙空間，水中，地下での核実験を禁止する部分的核実験禁止条約（PTBT）が，1963年に署名され発効した。この条約は，冷戦期に米国とソ連が初めて合意に至った軍縮条約であり，米ソによる核軍備の増強は実質的に制約されることとなった。しかし，中国，フランスは参加しておらず，これらの国の大気圏内での核実験の頻度は増大した。

2 核兵器不拡散条約（NPT）は，米国，ソ連，英国，フランス，中国を核兵器国と定め，核兵器国以外への核兵器の拡散防止を目的としている。核兵器国は，NPTに定められた不拡散の義務を担保するための措置として，NPT発行に伴って設立された国際原子力機関（IAEA）の査察を受ける義務を有する。条約の規定の遵守を確保するため５年に１度NPT運用検討会議が開催され，2015年の同会議では，中東非大量破壊兵器地帯の設置について合意文書が採択された。

3 NPTの不拡散規範を実効的なものとする仕組みとして輸出管理の制度があり，そのうち，技術移転管理のための技術供給国間の協調体制として原子力供給国グループ（NSG）がある。NSGは特定の条約等に基づくものではないが，NSG参加国の中では，原子力関連資機材・技術の輸出に際し守るべき指針である法的拘束力のないNSGガイドラインに基づいて，輸出管理が実施されている。

4 包括的核実験禁止条約（CTBT）は，核保有国，非核保有国の如何にかかわらず，あらゆる空間における核兵器の実験的爆発を禁止する。この条約の履行の確保はIAEAが担うこととされており，国際監視制度等の検証制度が設けられているが，現地査察の権限は有していない。この条約が発効するためには，発効要件国44か国すべての批准が必要とされているが，2020年３月時点では，英国，フランス，ロシア，日本が批准しておらず，条約は未発効となっている。

5 冷戦終結前後の多国間の核兵器の軍備管理体制として，1972年に締結された第１次戦略兵器制限条約（SALT I）と1991年に締結された第１次戦略兵器削減条約（START I）がある。これらの条約は，いずれも大陸間弾道ミサイル（ICBM）等の戦略核兵器の保有の上限数を制限するものであり，軍備管理条約と位置づけられている。一方，1993年に発効した第２次戦略兵器削減条約（START II）は，戦略核兵器の全廃をめざす軍縮条約である。

実戦問題 **2** の解説

→問題はP.165 **正答 1**

No.4 の解説 非国家アクター

1 ◎ 世界銀行は，融資先にグッド・ガバナンスを求めている。

正しい。**コンディショナリティとは「融資を受ける場合に課せられる条件」**のことである。従来，世界銀行やIMF（国際通貨基金）は，融資先の国家に主として経済再建計画の実施を求めてきたが，近年ではさらに公共部門における汚職撲滅なども条件に加えている。

2 ✕ ガリ事務総長は「平和強制部隊」の創設を提唱した。

提唱されたのは，**強制的に停戦を実現することを目的に，受入国の同意がなくても派遣されるPKO**で，Peace Enforcement Units（「平和強制部隊」あるいは「平和執行部隊」）と名付けられた。強力な武器をも携行してソマリアやボスニアに派遣されたが，かえって紛争の混乱に拍車をかける結果となり，その後は派遣されなくなった。

3 ✕ 対人地雷禁止条約の成立過程を「オタワ・プロセス」と呼ぶ。

1997年に採択された対人地雷禁止条約（オタワ条約，1999年発効）は，**欧米のNGOの連合体である「地雷禁止国際キャンペーン」が主導**し，これを積極的に後押しした国家とともに成立させた（同団体は1997年のノーベル平和賞を受賞）。ちなみに，1996年に対人地雷全面禁止に向けた国際会議が開かれた場所がカナダの首都のオタワであったことから，「オタワ・プロセス」と呼ばれる。

➡ 選択肢にカナダがない点に疑問を持とう。

4 ✕ 冷戦状況下で東西ヨーロッパの信頼醸成に寄与したのは全欧安全保障協力会議である。

1975年，ソ連を含むヨーロッパ33か国にアメリカ，カナダを加えた**全欧安全保障協力会議（CSCE）は，最終文書として「ヘルシンキ宣言」を取り**まとめた。信頼醸成措置を採用するなど，東西対話による地域安全保障の実現に寄与した。

➡ 当時のECは西欧の国際機関であり，国際会議ではないのだから「最終文書」という言い方はおかしい。それに，東西の一方だけで「共通」のことが決まるわけもない。

5 ✕ UNHCRには政府批判の権限は認められていない。

国連機関であることや，難民保護の実務の円滑な遂行を考えれば，「政治的中立を放棄してまでも批判的な声明を発表すること」がいかに不適切か，すぐに気づいたことだろう。ちなみに，UNHCRが各国政府に対し要求できるのは，**難民条約の適用状況に関する情報の提供だけである。**

選択肢の組合せに出てくる用語は，国際司法裁判所（International Court of Justice），国連安全保障理事会（United Nations Security Council），人間の安全保障委員会（Commission on Human Security），介入と国家主権に関する国際委員会（International Commission on Intervention and State Sovereignty），国連事務総長（Secretary-General of the United Nations），国連総会（United Nations General Assembly），国連人権理事会（United Nations Human Rights Council），世界保健機関（World Health Organization）である。

ア：2001年の同時多発テロを非難する国連安全保障理事会の決議の一節。

英文の要旨

私たちは，国連憲章の原則と目的を再確認し，テロ行為に起因する国際平和・安全保障に対する脅威にあらゆる手段を用いて闘うことを決意し，憲章に沿った個別的あるいは集団的な自衛の固有権を認め，ニューヨーク，ワシントンD.C., そしてペンシルベニアで発生した恐ろしいテロ攻撃を最も強い言葉で明確に非難し，このような行為を他の国際テロ行為と同様に国際平和・安全保障に対する脅威とみなし，犠牲者とその家族，ならびにアメリカ合衆国の国民と政府に対し，深い同情と哀悼の意を表する。

イ：カナダ政府が設置した「介入と国家主権に関する国際委員会」が
2001年に発表した『保護する責任』の一節。

英文の要旨

国家主権は責任を伴う。国民を保護する主たる責任は国家それ自体とともにある。内戦，暴動，抑圧，国家破綻の結果として，国民が深刻な被害に苦しみ，当該国家がそれを阻止または回避する意思も能力もない場合，不干渉の原則は国際的な保護する責任に譲歩することとなる。国際社会の指導原理としての保護する責任の根拠は次の中にある。すなわち，主権概念に内在する義務と，国連憲章第24条に基づく安全保障理事会の国際平和・安全保障の維持責任である。

ウ：1992年に当時のガリ国連事務総長が発表した
『平和への課題』（P.22参照）の一節。

英文の要旨

私は，明確に定義された状況下で，そして事前に特定された条件で，安保理が平和執行部隊の活用を検討するよう勧告する。平和執行部隊は平和維持部隊よりも重装備でなければならないだろうし，また自国内で多くの準備訓練を受ける必要もある。平和執行部隊の配置と活動は安保理の承認下にあり，平和維持部隊の場合と同様，事務総長の指揮下に置かれる。私は，こうした平和執行部隊は国連憲章第40条による暫定措置として認められるべきものと思う。

エ：核兵器の使用に関する1996年の国際司法裁判所の勧告的意見の一節。

英文の要旨

　　私たちは，人道法の原則や規則ならびに中立の原則の核兵器への適用可能性には議論はないが，他方，そこからもたらされる結論には異論があると指摘した。核兵器の特異な特徴を見れば，そのような武器の使用は，武力紛争で適応可能な法の要件の尊重とは，ほとんど相容れないように思われる。私たちは，「国際法の現状と利用できる事実要素に照らすと，まさに国家の存続がかかっている自衛の極端な状況において，核兵器の威嚇や使用が合法か非合法かを最終的に結論づけることはできない」という意見に達した。

　　よって，正答は**4**である。

➡ 選択肢**1**は他の選択肢に同じ用語が含まれていないため，**イ**，**ウ**，**エ**のどれかが正しければ一発で正答となる。ただし，1つの文書だけ読めば正答がわかるチャンスを3回も含んでいる選択肢は，なかなか正答にはなりにくいだろう。ほかの4つの選択肢は**ア**から**エ**までの2つがわかれば正答を導き出せる素直な組合せになっている。

とはいえ，もし**エ**が世界保健機関でないとわかれば，**エ**の文章を詳細に検討するだけで正答がわかるのだから，まずは**エ**をしっかり読むのが時間効率がよい。**エ**の話題が「nuclear weapon」であり，「law」「lawful」「unlawful」などの言葉が出てくることから司法判断の話だろうと察しがつく。

ちなみに，最初の主語に着目すると**ウ**だけが一人称の「I」になっている。用語の中で一人称主語の文書を出せるのは，国連事務総長しかいない。

第3章
安全保障

1✕ 部分的核実験禁止条約は，地下での核実験を容認している。

部分的核実験禁止条約は，宇宙空間，大気圏内，水中での核実験を禁止する条約で，地下での核実験を容認したことから「部分的」と呼ばれている。**米英ソの3か国で締結**され，発効までに100か国以上が参加したが，仏中は加わらず，その後しばらく大気圏内で核実験を行った。

2✕ 国際原子力機関（IAEA）による査察義務化は，
非核兵器国に対するものである。

核不拡散条約（NPT）は，非核兵器国に対して，核兵器の製造・取得を禁止し，それを保障するために，**国際原子力機関（IAEA）による査察の受け入れ義務**を課している。なお，2015年のNPT運用検討会議では，中東非大量破壊兵器地帯の設置が議論されたが，合意できなかった。

3◎ 原子力供給国グループ（NSG）参加国は，
「NSGガイドライン」に基づき輸出管理を実施している。

正しい。原子力供給国グループ（Nuclear Suppliers Group）は，1974年のインドの核実験を契機に設立され，1978年には原子力関連の資材・機材・技術の輸出国が守るべき**「ガイドライン（法的拘束力のない指針）」を制定**した。現在の加盟国は48か国で，安保理五大国のほか，日本やドイツも参加している。

4✕ 日本は包括的核実験禁止条約を批准している。

包括的核実験禁止条約（CTBT）の発効要件国のうち，**米中などは署名済みだが未批准**で，**北朝鮮，インド，パキスタンは署名もしていない**。一方，日本はこの条約が国連総会で採択された際に署名し，翌年には批准手続きを完了させた。イギリス，フランス，ロシアも批准している。なお，この条約については，発効後の検証・監視機関として包括的核実験禁止条約機関を設置することが定められている。

5✕ 戦略兵器削減条約は核兵器の削減を図る条約である。

戦略兵器「制限」条約（SALT）は核兵器の数を「制限」する条約であり，戦略兵器「削減」条約（START）は核兵器を「削減」する条約である。また，言うまでもなく「削減」と「全廃」とは異なる。「文字通り」である以上，国語能力があれば，この選択肢は誤りとわかる。

第4章
国際関係理論

試験別出題傾向と対策

試験名	国家総合職					国家一般職					地方上級 (全国型)				
年度	21-23	24-26	27-29	30-2	3-5	21-23	24-26	27-29	30-2	3-5	21-23	24-26	27-29	30-2	3-5
出題数	2	7	14	14	8	3	2	4	1	2	1	1	0	1	0
A **7**国家と対外政策		4	3		1		1	2				1		1	
A **8**国際関係理論	2	3	11	14	7	3	1	2	1	2	1				

テーマ7の「国家と対外政策」で取り上げるのは，いわば国際関係の基礎概念である。国家とは何か，外交は時代とともにどう変わってきたのか，そうしたことが学習内容となる。出題には「ゲーム理論」のような理論的視座が含まれる場合もある。

テーマ8の「国際関係理論」では，学問の体系，学者名，理論の内容の3つをしっかり覚える必要がある。学者名とその主張を結びつける問題は，知識がないとまったく太刀打ちできないこともある。出題が比較的多い国家公務員試験の受験者は，ここは覚悟して暗記に努めるしかない。

● 国家総合職（政治・国際・人文）

「国家と対外政策」については，国家の在り方や外交の時代的変化などについての出題例が多い。「国際関係理論」については，典型的な学説問題，つまり5つの選択肢がそれぞれ異なる学者の学説の説明になっているような問題が一般的である。

特に「国際関係理論」は，近年，急激に出題頻度が高くなっているので注意が必要だ。必ず出題される，しかもかなり専門的な内容まで出題される，と思って対処するほうがよい。

頻度に加え，内容的にも難易度が高まっている。最近では文献を英語で読んで，誰の著作かをイメージしながら選択肢を選ぶといった高度な問題も普通に見られるようになった。英単語さえわかれば学者名とキーワードの組合せだけで対処できるものもあるが，英語を読ませたうえで主張の内容について問うような最高難度の問題も散見される。

対策としては，学者の名前と学派，キーワードを押さえていくのが基本だが，過去問やテキストでキーワードの英語がわかるものについては，それも含めてノートを作るべきだろう。学説を覚えるといっても，政治学や社会学に比べれば数は少ない。地道に対処していこう。

地方上級 (関東型)					地方上級 (中部・北陸型)					市役所 (C日程)				
21-23	24-26	27-29	30-2	3-5	21-23	24-26	27-29	30-2	3-5	21-23	24-26	27-29	30-2	3-4
2	1	1	0	1	0	1	0	0	0	1	2	0	0	1
1	1	1					1			1	1			テーマ 7
1				1							1		1	テーマ 8

● 国家一般職

国家や国際社会についての基礎概念のほか，国際関係理論もしっかり出題されてきた。国際関係の出題数が5問もあるだけに，1問は概念か理論が出ると思って対処したほうがよい。

理論の難易度はけっこう高く，比較的マイナーな学者まで取り上げられることがある。主要な学者を中心に，せめてどの学派なのかだけでも，やや広く学んでおくほうがよい。

● 地方上級

基礎概念についても理論についても出題例はあるものの，頻度はまだ高くない。ただし，国家公務員試験でこれだけ概念や理論が出るようになっている以上，今後もこのままの出題の少なさが保たれるとは思えない。

なお，地方上級の場合，基礎概念については，国家の承認のように，内容的に国際法の基礎を含んでいるケースも見られる。特に関東型では，テーマにかかわらず，国際法的な視点を意識して，「条約」を中心に問題を構成するケースもしばしば見られる。

国際関係理論については，全国型と関東型では5つの選択肢がそれぞれ異なる学者の学説になっている問題が出題されたことがある。一方，中部・北陸型ではまったくといってよいほど出題例がない。

● 市役所

基礎概念についても理論についても出題は多くない。基礎知識の習得で十分と考えてよいだろう。

国家と対外政策

必修問題

外交に関する次の記述のうち，妥当なのはどれか。

【国家総合職・平成25年度】

1 K.ウォルツは，戦争と平和を考えるとき，個人に注目する第一レベル，国家に注目する第二レベル，そしてパワーの配分状況といった国際システムに注目する第三レベルという異なる分析レベルを提示した。**構造的リアリズム**の立場をとるウォルツは，この中で国家の政治経済体制を重視する第二レベルから戦争と平和を最もよく説明できると唱えた。

2 H.ニコルソンは，政府が国民の代表者の承認を経て決定する「外交政策」と，経験と深い思慮分別を身につけた職業外交官に委ねられる「外交交渉」とをはっきり区別すべきことを唱えた。そのうえで，主権者である国民の意思に従うという**民主的外交**は，危険が伴うものの，他の外交の方式より好ましいとした。

3 ゲーム理論で用いられる「**囚人のディレンマ**」では，独房にいる共犯の2人の囚人の自白と黙秘の選択のゲームが設定される。このとき，相手が自白した場合と黙秘した場合のそれぞれの状況においてよりよい選択肢を選ぶ結果，自白するより，相手を信頼して黙秘を続けることで共通の利益を得るミニマックス戦略を2人が共に選択する。これは軍縮か軍拡かという外交上の選択に示唆を与える。

4 外交上の意思決定については，『決定の本質』でG.アリソンが3つのモデルを提唱したことが有名である。第一モデルは，政府を一枚岩の合理的な意思決定主体とみなす合理的行為者モデル，第二モデルは，意思決定が駆け引きややり取りによってなされることを重視する組織過程モデル，第三モデルは，外部からの入力に標準手続に従って組織の反応が出力として示されるとする官僚政治もしくは政府内政治モデルである。

5 1648年のウェストファリア条約以降，主権国家が外交の代表権を保持する最優位の主体として位置づけられる仕組みが形作られた。この原理は今日でも維持されており，国際連合でも総会や安全保障理事会はいうまでもなく，経済社会理事会や人権理事会でも，非政府組織は公式には今なお協議資格を認められていない。

難易度　＊

頻出度

A

国家総合職 ★★★
国家一般職 ★★
地上全国型 ★★

地上関東型 ★★★
地上中北型 ★
市役所C ★★★

7 国家と対外政策

必修問題の 解説

外交に関する基本的な学説を取り上げた問題である。**4**のアリソンは頻出事項として学習が不可欠である。**3**の「囚人のジレンマ」は国際関係に限らず，ゲーム理論の基礎知識として知られている。なお，**1**のウォルツの理論はテーマ8の国際関係理論の基礎知識に属する。**5**は国際関係の主体についてであるが，NGOの今日的な重要性を考えれば常識で判断できる。

1 ✕ ウォルツは戦争発生の要因をパワーの配分状況に求めた。

ウォルツは，戦争の発生を個人，国家，国際システムの3つのレベルから検討し，国際システムにおけるパワーの配分が最も重要な説明要因であるとした。**構造的リアリズム（新現実主義，構造的現実主義）**と呼ばれている。

2 ◎ 外交政策と外交交渉は区別されるべきものである。

正しい。ニコルソンは，外交政策の決定においては世論による民主的統制が及ぶ「民主的外交」が重要であるとした。その一方で，さまざまな駆け引きが伴う外交交渉については，民主的統制の影響下に置くよりも，むしろ**外交の専門家に委ねるべきである**とした。

3 ✕ ミニマックス戦略は，最大の損失を念頭に，その最小化を図る戦略である。

「囚人のジレンマ」では，共通の利益よりも，相手が裏切ることを念頭に，損失を少なくする決断をするのが合理的となる。軍拡か軍縮かといった選択に当てはめれば，自分だけが軍縮する場合の損失を考え，軍拡を選んでしまうのが合理的となる。

4 ✕ 標準手続きによる意思決定は「組織過程モデル」と名付けられた。

外交政策における意思決定過程について，**アリソンは，合理的行為者モデル，官僚政治（政府内政治）モデル，組織過程モデルの3つがありうること**を指摘した。このうち，官僚政治（政府内政治）モデルでは，政府内での駆け引きで外交政策が決められていく点に着目する。一方，組織過程モデルは，決められた手続きによって外交問題が官僚主義的に処理される点を重視する。

5 ✕ 経済社会理事会には多くの国連NGOが登録されている。

国連の諸機関と公式に連携しているNGOを「国連NGO」と呼ぶ。なかでも経済社会理事会は登録のルールを定め，ランク別に参加の程度を決めたうえで，NGOと積極的な関係を築いている。

第4章

国際関係理論

正答 **2**

FOCUS

外交については，外交政策と外交交渉の違いなど，関係する概念の整理をしっかりしておきたい。また，ゲーム理論を含め，理論についての基礎知識も不可欠である。この章では歴史より概念と理論に目を向けよう。

POINT

重要ポイント 1　国家と国民

（1）主権国家

①**国家の要件**：領域，国民，統治機構の存在（他国と外交関係を形成する力）といった条件を満たせば，国家には「独力で政治的意思を決定する力＝国家主権」が認められる。国家主権の論理は，近代初期の哲学者のボダンや「国際法の父」と呼ばれるグロティウスが確立した。

②**主権国家体系**：神聖ローマ帝国における宗教戦争であった「三十年戦争」の結果，ウェストファリア体制（1648年）が成立した。そこでは，ローマ教皇の政治への介入は制限され，諸侯がそれぞれの領地において決定権を認められた。これ以降，この「国家」を中心とする近代的な国際社会が誕生した。

　その後ヨーロッパでは，全域を支配するような「帝国」が確立することはなく，主権国家が対立と協調を繰り返しながら，その国力を競い合った。戦争は国家間，あるいは複数の国家が構成する同盟間でのものとなった。その一方で，外交による協調も，主権国家の存続を前提に，関係国家間の勢力均衡をめざすものとなった。特にナポレオン戦争後のウィーン体制（1815年）では，オーストリア，フランス，イギリス，ロシア，プロイセンが「ヨーロッパ協調」と呼ばれるメカニズムを立ち上げ，二国間外交や国際会議を利用した問題解決が指向された。

③**国家の領域**

領土	ある国の主権の及ぶ土地。 地球上のほとんどの土地はどこかの国の領土になっているが，南極については1959年の**南極条約**で，いずれの国も領土請求できないことになっている。
領海	国家主権の及ぶ海域。 多くの国は，**国連海洋法条約**に基づいて，領海を**12カイリ**（1カイリは1852メートル）と定めている。領土や領空と異なり，領海では単なる船舶の通過を意味する**無害通航権**が認められている。
排他的経済水域	各国が生物・鉱物資源を自由に利用できる水域。 **国連海洋法条約**はこの範囲を**領土から200カイリ**までと定めている。
領空	領土や領海などの上空。 他国の航空機などの自由通行は認められない。

(2) 国民

①**ナショナリズム**：国民（ネイション）としての意識の高揚をもたらす理念。オリンピックにおける自国選手への応援に見られるように，人種や民族が多様な国家においても，国民としての一体感が醸成されている場合には，それをナショナリズムとしてとらえることができる。

　　ナショナリズムの理念は，当初，フランス革命からナポレオン戦争の時代に，フランス国民としての意識を高めるために形成された。その後，近代国家を支える政治意識として各国に広まっていった（国民国家の誕生）。

②**民族自決**：民族が自らの意思で国家形成などを決定すること。第一次世界大戦の収拾に当たって，アメリカのウィルソン大統領が１つの政治理念として提唱した。この結果，東ヨーロッパを中心に多くの独立国が誕生した。

③**エスニシティ**：国家内の民族的な下位文化集団への所属意識。同じエスニシティを持つ人々の集団は「エスニック・グループ」と呼ばれる。アメリカのヒスパニック（ラティーノ，ラテンアメリカ系住民）はその代表例といえる。

　　なお，ナショナリズムやエスニシティは個人にアイデンティティやプライドを付与するが，これが過剰に意識されると他民族に対する差別感情を抱きやすい。

(3) 国際関係の主体

①**国際関係の主体**：近代の国際関係においては，国民国家が中心的なアクター（主体）である。ただし，20世紀に入ってからは，国際連合など国家が組織する「国際機関」も重要なアクターとなっている。さらに，近年では，国際NGOや多国籍企業など，国家横断的に活動する組織も国際政治の意思決定に影響を持つようになっている。

②**NGO（非政府組織）**：営利目的ではなく公的目的のために活動する政府機関以外の組織。国際的なNGOの一部は，国連など国際機関と協調して活動しているものもある。人権保護を目的としたアムネスティ，環境保護を目的としたグリーンピース，医療支援を目的とした国境なき医師団などが国際的なNGOの代表例である。

第4章

国際関係理論

重要ポイント 2 外交

(1) 外交の類型

①**旧外交と新外交**：伝統的な「旧外交」では，外交官が軍事力などの国力を背景に他国との交渉を行う。一方，現代の民主的な「新外交」では，世論にも配慮し，また経済交流や文化交流を重視する。

　なお，外交の民主的統制については，その必要性を認めつつも，交渉の機密保持などの観点から，限界があるとする考え方もある。H.ニコルソンは「外交政策」と「外交交渉」を区別し，前者は民主的に決定されるべきものであるとしても，後者は職業外交官に委ねられるべきものであるとした。

②**外交政策と対外政策**：現代の国際政治では，グローバル化や相互依存の進展により，内政と外交をはっきり区別することが難しくなっている。それに伴い，「外交政策」ではなく「対外政策」という言葉もよく使われるようになっている。外務省以外の官庁も他国との交渉に当たる機会が増えたためである。

　なお，内政と外交の連係（リンケージ）現象については，J.ローズノーが「**リンケージ・ポリティクス**」と呼んで，その理論的分析の重要性を指摘した。

　また，R.パットナムは，内政と外交の密接な関係を念頭に，外交では国際的な交渉（レベル1）と国内の意思決定（レベル2）の「**2レベルゲーム（二層ゲーム）**」を同時に進める戦略を考えなければならないとした。そして，レベル2での勝利が難しいとレベル1での交渉は決裂しやすいことなどを明らかにした。

③**首脳外交**：内政と外交を調整する必要が高まる中，政府を統轄する大統領や首相による外交が重要性を増してきた。実際，世界的に首脳外交の頻度は高まっている。首脳外交には，2か国の「首脳会談」のほか，多国間の「首脳会議（首脳会合）」がある。

　重要な首脳会議に「**G7サミット（主要国首脳会議）**」がある。日本，アメリカ，イギリス，フランス，ドイツ，イタリア，カナダの7か国とEU代表が参加し，1975年以降，毎年開かれている首脳会議である。現在では，経済政策の調整だけでなく，多種多様な国際問題を協議する場になっている。

　なお，ロシアは冷戦後からこのG7との関係を深め，1998年に正規のメンバーとなった。しかし，ウクライナの主権を侵害し，クリミア半島を併合したことがきっかけになって，2014年にサミットの枠組みから追放された。

　一方，「**G20サミット**」は，1999年にG7サミットが創設した先進国と新興国との経済協議の場である。世界金融危機を契機に2008年からは財務大臣会合のほか首脳会議も開かれている。G7各国に加え，BRICS（ブラジル，ロシア，インド，中国，南アフリカ共和国）の首脳などが参加する。

（2）外交政策の決定

外交政策の決定過程については，G.アリソンの3モデルが知られている。

合理的行為者モデル	政府内政治モデル	組織過程モデル
外交政策は，政府が持つ明確な目標・価値観に基づいて，合理的に決定される。**問題点**：現実的に有効な政策かどうかはわからない。	外交政策は，政府内で行われる組織の長たちの駆け引きで決められる。**問題点**：力関係の反映や妥協の成立によって，非合理的な政策となりうる。	外交政策は，事前に決められた手続きによって，事務的に処理される。**問題点**：政策の選択肢が限定されてしまい，対応が非合理的・非現実的になりうる。

これら3つのモデルは，1962年のキューバ危機を事例として導き出されたものである。いずれも理念型であるので，現実がそのまま当てはまるわけではない。

（3）条約の批准

外交においては国家間で法的な取り決めを結ぶことがある。これが**条約**である。条約は政府代表の署名によって締結されるが，民主政治の国では，議会において承認されなければ効果を持たない。この手続きを**批准**という。その後，締約相手国や国際機関などに批准書を提出して，手続きは終了する。批准国数などについて一定の条件を定めている条約については，条件が整った段階で条約は**発効**する。

なお，すでに基本条約が存在する政策分野において，その詳細を定めるような国際規約や合意文書は，**議定書**や**協定**と呼ばれることが多い。これも広義の条約なので，批准などの手続きが必要とされる。

①**日本**：日本国憲法は条約の批准について，衆議院の優越を認めている。すなわち，衆参の意見が異なるときには衆議院の議決がそのまま国会の意思となる。

②**アメリカ**：連邦議会において条約の批准権を有するのは上院だけである。条約は批准には上院議員の3分の2以上の賛成が必要である。

第4章

国際関係理論

◆◆ No.1 国際関係に関するア～オの用語や理論の説明のうち，妥当なもののみをすべて挙げているのはどれか。

【国家総合職・平成28年度】

ア：「パブリック・ディプロマシー」は広報外交や文化外交とも呼ばれ，外国や国際社会の世論に向かって，自国のソフトパワーを高めるために展開される。伝統的な外交が政府機関の専管事項であるのと異なり，パブリック・ディプロマシーに携わるのは産業界やアーティストなど，もっぱら民間の団体や個人である。

イ：「国内避難民」とは，紛争などによって強制的に家から追いやられながらも，国外に逃れることができず，いまだに出身国内にとどまっている人々のことをいう。国内避難民の数は国外への難民の数よりもはるかに少ないが，その保護が国際社会の急務となっている。

ウ：「保護する責任（R2P）」という概念を打ち出した「介入と国家主権に関する国際委員会」による報告書は，ある国家で極度の人権侵害が生じているとき，一義的には当該国家に国民を保護する責任があるが，国家に対処能力や意思がない場合，国際社会がその責任を有するという考えを提示した。

エ：B.ラセットが提示した「デモクラティック・ピース」の理論によれば，民主主義国家は非民主主義国家よりも戦争をする可能性が小さい。それゆえ民主主義国家が増えるほど，戦争の危険は減ると予想された。

オ：欧州連合（EU）における地域統合が進展するのに伴い，加盟国から1名ずつの委員で構成される欧州委員会の権限が強化される側面が目立ってきた。その決定には欧州市民の民意が十分に反映されていないのではないかという疑問が出てきて，「民主主義の赤字」の問題の一例とされている。

1 ア，イ
2 ア，オ
3 イ，エ
4 ウ，エ
5 ウ，オ

No.2 国際関係における「分離独立」の事例に関するア〜エの記述のうち，妥当なもののみをすべて挙げているのはどれか。

【国家一般職・平成27年度】

ア：ノルウェーは，16世紀の途中からデンマークとの同君連合を余儀なくされていたが，19世紀初頭のナポレオン戦争において，フランス側に立ったデンマークと戦闘を重ねた。ノルウェーは，ナポレオン戦争の終盤1814年1月，対仏大同盟を形成していたスウェーデンや英国などがデンマークとの間でキール条約を締結したことにより，独立した。

イ：東ティモールは，長くポルトガルの支配下に置かれていたが，1970年代中頃，ポルトガル本国でクーデタが発生すると，西ティモールを支配下に置いていたインドネシアによって併合された。しかし，1990年代末，スハルト退陣後のインドネシアは東ティモールの独立容認へ方針を転換し，国連も関与する中で，2002年5月には東ティモール民主共和国が独立を果たした。

ウ：スーダンは，1956年に英国植民地支配から独立したが，スーダン内戦が勃発して，断続的に不安定な状態が続いた。しかし，2000年代中頃には南北包括和平合意（CPA）の締結により南部に自治が認められ，CAPに基づいて2011年1月には住民投票が実施され，その結果，同年7月には南スーダン共和国が独立を果たした。

エ：スコットランドは，18世紀初頭にイングランドと合併し，グレートブリテン王国の一部となった。その後，1990年代後半には，英国（グレートブリテンおよび北アイルランド連合王国）政府から大幅な分権（権限移譲）を認められて，議会や自治政府が創設された。2014年9月にはスコットランド独立の是非を問う住民投票が実施されたが，その結果，英国への残留が決まった。

1 ア，イ
2 ア，エ
3 イ，ウ
4 ア，ウ，エ
5 イ，ウ，エ

No.3 エスニック・ナショナリズムとは，1つの政治的な単位と1つの民族的
な単位とが国民として一致するべきだとする政治的主張である。このエスニック・
ナショナリズムが原動力となって，1国からの特定域内領域の分離独立や，1国へ
の特定域外領域の併合を求める動きが各地で生まれた。これらの国境再編を求める
運動に関する次の記述のうち，妥当なのはどれか。

【国家総合職・平成24年度】

1 エスニック・ナショナリズムに基づく国民国家形成の手段として，しばしば新
生国家間では本来居住するべき国家に居住していない住民を対象に，強制力を伴
う人口移動・交換が行われる。そのため，国民の追放を禁止する現行の欧州人権
条約も，「集団的措置によるものではない限り，何人も自己の国籍国の領域から
追放されない」としている。

2 アフリカ諸国は独立を達成するに当たり，多くの場合，現地の住民の意向に配
慮することなく宗主国が引いた植民地の境界線を国境としたが，1963年に創設さ
れたアフリカ統一機構（OAU）は，主権尊重の立場をとり，独立達成時点の国
境の維持を確約すると決議した。

3 コンゴ内戦におけるビアフラ，エチオピア内戦におけるエリトリアの分離独立
運動のように，アフリカでは分離独立の要求が武力紛争を引き起こした事例は多
いが，広範な国際的支持を確保するに至らず，いずれの地域も独立を達成してい
ない。

4 旧ソ連は，特定の基幹民族名（たとえばロシア人）を冠する連邦構成共和国
（たとえばロシア）の領域的範囲と同基幹民族の居住分布の一致を図った。しか
し，革命直後の旧ソ連に併合されたバルト三国には併合後に大量のロシア人が流
入したため，ソ連解体後もこれらの三国においてはロシア人がその多数派を占め
た。

5 冷戦の終結によって旧ユーゴスラヴィアや旧ソ連等の社会主義諸国の解体が進
む過程において内戦が勃発したのは，ユーゴスラヴィア連邦の多数派であったク
ロアチア人やソ連のロシア人が新生国家の独立を機に「少数者」の地位に転落し
たためであった。たとえばチェチェン紛争も，ソ連を構成する共和国の一つであ
ったチェチェン共和国の独立を契機とするものだった。

No.4 次の英文は，国際関係にゲーム理論を応用した一例の説明である（一部省略または変更している箇所がある）。この説明を下の表のように示したとき，ア〜エのセルに入る利得の組合せとして妥当なのはどれか。各セルの数値（x，y）は，x が Prisoner A の利得，y が Prisoner B の利得を示している。

【国家総合職・令和４年度】

To illuminate how states have incentives to work together but also encounter a serious obstacle to do so, scholars make use of an analytical device called the Prisoner's Dilemma. The Prisoner's Dilemma game illustrates how two actors can fail to achieve mutually beneficial cooperation and end in mutually costly non-cooperation. The two actors are confronted with mixed interests that arise from a particular combination of payoffs — they do well by cooperating with each other, but even better by cheating, and they do the worst if they are cheated upon. Because they lack some overarching mechanism to ensure that they faithfully comply with an agreement, they end up doing a lot worse than if they cooperated with each other. Liberal scholars of International Relations argue that international law and organizations can help states overcome the Prisoner's Dilemma and achieve mutually beneficial forms of international cooperation.

		Prisoner B	
		Cooperate	Defect
Prisoner A	Cooperate	ア	イ
	Defect	ウ	エ

	ア	イ	ウ	エ
1	$(-5, -5)$	$(0, -50)$	$(-50, 0)$	$(-20, -20)$
2	$(-5, -5)$	$(-20, 0)$	$(0, -20)$	$(-50, -50)$
3	$(-5, -5)$	$(-50, 0)$	$(0, -50)$	$(-20, -20)$
4	$(-20, -20)$	$(0, -50)$	$(-50, 0)$	$(-5, -5)$
5	$(-20, -20)$	$(-5, 0)$	$(0, -5)$	$(-50, -50)$

実戦問題 **1** の解説

→問題はP.182 **正答5**

No.1 の解説 国際関係の基礎用語

ア× パブリック・ディプロマシーの担い手は
「民間の団体や個人」に限られない。
「外交」である以上，外交担当官庁や政府各機関が関与するのは当然だろう。
➡ 前半の定義の部分は妥当である。後半の「もっぱら」を見て，政府がかかわらないわけはないと，すぐに気づかなければならない。

イ× 国内避難民と難民の人数を比べた場合，
前者が「はるかに少ない」とはいえない。
UNHCR（国連高等難民弁務官事務所）の統計では，難民は2590万人で，国内避難民は4130万人であった（2018年末時点）。なお，前半の定義の部分は妥当である。

ウ○ 「R2P」はResponsibility to Protectの略語である。
正しい。こうした考え方が提唱された背景には，1990年代にアフリカで，ソマリアのような国家としての機能を失った「破綻国家（失敗国家）」における人権維持や，ルワンダ虐殺などが問題となったことが挙げられる。この「R2P」という考え方は，2005年9月の国連首脳会合成果文書において公式に認められた。通常，国家は内政不干渉を主張できるが，この考え方では国際社会の保護する責任は不干渉原則に優先する。

エ× デモクラティック・ピース論は，
政治体制が民主的である国どうしの話である。
ラセットは歴史的な検証において，民主主義国どうしは戦争をしにくかったし，したとしても比較的短期に収束したと指摘したのであって，民主主義国が非民主主義国に比べて戦争を起こしにくいと指摘したわけではない。実際，アメリカを念頭に置けばわかるように，民主主義国は非民主主義国に対する戦争をしてきたし，逆に独裁的な国でも対外的には戦争を起こさなかった国もある。両者の「戦争の可能性」は簡単に語れない。

オ○ 「民主主義の赤字」とは，EUにおいて民意が政策に反映していないと指摘するときに用いられる言葉である。
正しい。EUでは，各国の首脳あるいは関係閣僚の協議が政策の方向性を決めることが多く，政策決定に対する欧州議会の役割はまだ限定的である。「民主主義の赤字」は，この現状を問題視し，議会の権限強化を求めるときのフレーズとして用いられている。

よって，正答は**5**である。

No.2 の解説 分離国家 →問題はP.183 **正答5**

ア✕ **ノルウェーが独立を達成したのは1905年のことである。**

キール条約はスウェーデンとデンマーク＝ノルウェー連合王国との条約で，ノルウェーをスウェーデンに割譲することが定められた。ノルウェーがスウェーデンの支配下に移されることは，ナポレオン戦争後のヨーロッパの領土分割を話し合ったウィーン会議でも了解され，決定した。

イ〇 **東ティモールは2002年に独立した。**

正しい。ポルトガルの植民地だった東ティモールは，ポルトガルの政変で解放された後，いったん独立宣言をしたが，**1976年にインドネシアに併合された。**その後，スハルト政権の崩壊後のインドネシアの民主化運動の影響もあって1998年に独立が容認され，**1999年の住民投票で「分離・独立」が決定した。**その直後から急速に治安が悪化したため，国連安保理は多国籍軍とPKO（国連東ティモール暫定行政機構）を派遣して事態を沈静化させ，2002年の独立達成を支援した。

ウ〇 **南スーダンは2011年に独立した。**

正しい。スーダンでは独立当初から，**北部のアラブ系イスラム教徒と南部のアフリカ系キリスト教徒の対立**が見られた。特に1983年に中央政府が国家のイスラム化を推し進める政策を掲げると，南部では反政府組織「スーダン人民解放軍」が作られ，独立をめざして武力闘争を開始した。

2000年代中頃に和平合意が調印されると，停戦監視のために国連PKOが派遣された。その後，2011年に独立をめぐる住民投票で独立が決まり，「南スーダン」として193番目の国連加盟国入りも果たした。

なお，このスーダンの南北対立とは別に，スーダン西部の**ダルフール地方**では，2003年以降，政府が支援するアラブ系民兵と黒人住民との間で深刻な武力紛争が発生している。

エ〇 **スコットランドの独立は，2014年の住民投票では否決された。**

正しい。2011年のスコットランドの議会選挙で独立を掲げる「スコットランド国民党」が過半数を獲得したことをきっかけに，スコットランドでは2014年に連合王国からの分離独立の是非を問う住民投票が実施された。16歳以上の有権者が「独立国家になるべきか」に Yes か No で投票した結果は，**45％対55％で「No」の勝利となり，スコットランドの独立は否決された。**

よって，**5**が正答である。

第4章

国際関係理論

1✕ 欧州人権条約は国家からの追放を無条件に禁止している。

特定のエスニック集団を国家から追放してよいと定めるような人権条約があるだろうか？ 「集団的措置によるものでない限り」などと条件を付けていることを見て，直感的に「かえっておかしい！」と気づいてほしい。なお，**欧州人権条約における追放の禁止は第四議定書に定められている。**

2◎ アフリカ諸国の国境については現状維持の原則がとられた。

正しい。**アフリカ諸国の独立は，植民地時代に作られた国境線を変更することなく行われるのが通例であった。**主権国家として独立した以上，その後の国境の変更には困難が伴う。アフリカ諸国の連帯のために作られた国際機構である「アフリカ統一機構」が，参加国どうしがもめるような原則を採用するわけはない。

3✕ エリトリアは1993年に独立し，国連にも加盟した。

2つ挙げられている事例のうち，エリトリアは独立を果たした。一方，ナイジェリア（コンゴではない）東部のビアフラの独立運動（1967～1970年）は，ナイジェリア政府軍に鎮圧され，独立は実現しなかった。

4✕ バルト三国ではロシア人は少数派である。

バルト三国がもしロシア人が多数派の国であったとしたら，今EUに加盟しているだろうか？ それだけでおかしいと気づく。

なお，この選択肢の記述については歴史的経緯にも誤りがある。バルト三国は革命直後ではなく，1940年にソ連に併合された。

5✕ ユーゴスラビアの多数派はセルビア人であった。

そもそも内戦の要因を人口構成に求めているが，説明の理屈がおかしい。一般には，旧国家の多数派が，少数派による新生国家の樹立を阻もうとして内戦が起きるのであろう。それに，チェチェン共和国は現在のロシア連邦の1共和国であり，ソ連を構成していたわけではない。

No.4 の解説　国際関係へのゲーム理論の応用　　→問題はP.185　**正答3**

　英文であるために難解に見えるが，ゲーム理論の基礎知識である「囚人のジレンマ」を知っていれば，比較的簡単に解ける。

英文の要旨

　国家が協力するインセンティブを持ちながら，それをするために深刻な障害に遭遇するかを描くために，学者たちは「囚人のジレンマ」と呼ばれる分析装置を利用する。「囚人のジレンマ」ゲームは，いかに2人のアクターが互いに有益な協力を達成できず，互いにコストがかかる非協力に終わるかを描き出す。2人のアクターは，特定の組合せの利得から生じる混成利益に直面する。互いに協力すればうまくいくが，だましたほうがもっとうまくいき，だまされたほうは最悪になる。合意の誠実な遵守を保証する全体的なメカニズムがないため，互いに協力する場合よりもかなり悪い結果に終わるのである。国際関係論のリベラル派の学者は，国際法や国際組織が，国家を助けて「囚人のジレンマ」を克服させ，互いに有益な国際協力の形が実現できると主張している。

　ジレンマとは，どちらを選んでも困った事態になることである。お互いが裏切らなければ損失は少なくて済むが，**相手が裏切った場合には自分は最悪の事態に置かれる**ことから，お互い自分から裏切ってしまって，協力し合った場合よりも損失が大きくなる。「囚人の」とついているのは，共犯の場合の自白を裏切りととらえ，利得を刑期の長さで表現した例が，このジレンマの説明で一般に使われるからである。

　この問題では，0，－5，－20，－50を表のどこに書き入れるかが問われている。まず，互いにとってよい選択は「2人の協力」であるから，2人の合計利得が一番高い組合せ，すなわち合計が－10になる組合せ（－5，－5）が該当する。また，最悪は裏切られた場合であると書かれているので，**イ**と**ウ**に－50を含まない選択肢の**2**と**5**は除外される。残った**1**と**3**のうち，裏切ったほうが0になることを示している選択肢，つまり**イ**にBが0，**ウ**にAが0と書かれている**3**が正答となる。

No.5　国際関係に関する次の用語や理論の説明のうち，妥当なのはどれか。

【国家総合職・平成26年度】

1　グローバル・ガヴァナンスという概念は，グローバル・ガヴァナンス委員会が3年近くにわたる討議を経て，1995年にダボスの世界経済フォーラムで発表した報告書において示されたことで知られる。この概念には多様な議論が含まれるが，カント主義的なコスモポリタニズムに依拠してリアリズムやリベラル制度論を退けていることで共通している。

2　特定の知識を持つ専門家集団が政策決定に影響を及ぼす場合，これを知識共同体（エピステミック・コミュニティ）と呼ぶことがある。専門家集団は新しいものの見方を提示し，ときには国境を越えたネットワークを作る。モントリオール議定書や京都議定書といったグローバルな環境レジームの形成にこれが見て取れる。

3　R.パットナムは，国際交渉と国内の批准者との二層ゲームという分析手法を案出した。これによると，議会の表決において国内批准に必要な多数を獲得することができるような国際合意の集合を勝利集合（ウィン・セッツ）とし，勝利集合が小さければ小さいほど，国際交渉のフリー・ハンドが拡大するため，国際交渉が妥結しやすくなるが，他方で相手国より譲歩を引き出しにくくなる。

4　国家安全保障に対して，人間を中心に置いた安全保障の構想が人間の安全保障である。国連貿易開発会議（UNCTAD）が1994年の『人間開発報告書』で先駆的に唱え，人間の安全保障委員会が2003年に『安全保障の今日的課題』を提出した。この中では，目標として「恐怖からの自由」と「欠乏からの自由」が挙げられ，国家による安全保障の時代は終わったとして，安全保障の担い手として，さまざまな脅威から人間を守るために多様な非国家主体が掲げられた。

5　国際関係の批判理論の代表的論者であるR.コックスは，「理論は常に誰かのために，何らかの目的のために存在している」という立場から，客観法則を追究しようとする実証主義を批判し，世界システムを実体化してとらえないよう戒めた。他方で，とりわけ社会勢力の役割を強調して抑圧や暴力からの人間の解放を構想する発想をユートピア主義としてこれを排除した。

No.6 人間が活動を営む空間は，領域国家が排他的に統治する国家領域に限定されるものではない。非国家領域をめぐる国際的な政治過程に関する次の記述のうち，妥当なのはどれか。

【国家総合職・平成24年度】

1 国際連盟の委任統治は，第一次世界大戦における敗戦国ドイツの旧植民地の処分をめぐり，自決を主張した米国と領土割譲を主張した他の戦勝国の妥協の産物であった。国際連合の信託統治は，第二次世界大戦における敗戦国の旧植民地について米ソが受任国の選択をめぐって対立したため，例外的にイタリア領ソマリランドだけが信託統治の下に置かれることになった。

2 1963年に発効した部分的核実験禁止条約は，宇宙空間を含む大気圏外および公海に限って核実験を禁止するものだった。それゆえこの条約の成立後も，フランス，中国を含む原締約国は国家領域内部での実験を繰り返したため，第五福竜丸事件などが発生し，放射性降下物に対する懸念が世界的に深まった。

3 領海の幅員については，伝統的には軍事技術上の理由により3海里原則が国際的に広範に受け入れられてきたが，資源ナショナリズムが石油ショックの形で急進化した1974年，もっぱら資源配分上の理由により，国連海洋法条約に領海の幅員は200海里までとすることが明記された。

4 牧草地のような村落の共有地は，フリーライダーを消費から排除できないために荒廃を免れない。この悲劇を経済学者のM.フリードマンは「共有地の悲劇」と呼び，規制の必要を説いた。地球規模の共有資源であるオゾン層も，放置すれば「共有地の悲劇」を免れないため，オタワ条約は，このオゾン層を破壊するおそれのある物質を特定したうえで，当該物質の所有，生産，貿易を締約国に禁止した。

5 冷戦の終結後，平和維持活動の一形態として国際連合が特定領域を一定期間にわたって管理する事例が増えている。たとえば2008年にセルビアからの独立を宣言したコソヴォについては，1999年のNATO加盟諸国による当時のユーゴ連邦に対する軍事作戦の後，安全保障理事会は国連コソヴォ暫定統治機構を設置して領域管理を行った。

第4章 国際関係理論

**
No.7 国際政治の歴史に関する次の記述のうち，妥当なのはどれか。

【国家一般職・平成27年度】

1 16世紀のJ.ボダンや17世紀のT.ホッブズは，戦争が慢性化していた時代に，帝国支配による秩序を構築するために，国家主権を理論化した。1648年のウェストファリア条約においても，主権原則は，神聖ローマ帝国の支配を継続するために用いられ，戦争状態を恒常化させる効果を持った。

2 18世紀初頭のスペイン王位継承戦争では，英国やオランダと同盟を組んだフランス（ブルボン家）によるヨーロッパ支配の野心はくじかれ，神聖ローマ帝国（ハプスブルク家）が勝利を収めた。その終結に向けて締結されたユトレヒト条約（1713年）では，帝国支配が再び正当化され，勢力均衡（バランス・オブ・パワー）の維持という目的はまだ明記されていなかった。

3 18世紀後半のアメリカ独立革命やフランス革命は，民衆による自由の獲得という思想（ナショナリズム）をヨーロッパに広めた。したがって，1814～1815年のウィーン会議では，英国，フランス，ロシア，オーストリアなどの大国が「ヨーロッパ協調」の理念の下，君主主権から人民主権への転換の必要性を共有して，ヨーロッパ各地における革命運動を支援することになった。

4 18～19世紀を通じて，米国など，西半球を中心にヨーロッパ人の入植地において主権国家体制が徐々に拡散していった。大英帝国内の白人植民地（カナダ，オーストラリアなど）も自治領となり，外交においても自律性を持った。アジア・アフリカにおいても，ヨーロッパ諸国は自らの文明的優越を主張することなく，19世紀中頃以降，中国，トルコ，わが国，タイなどとの間で，主権平等の原則に基づく国際条約を締結していった。

5 19世紀の末には国家間紛争を司法的解決に委ねる仲裁裁判条約締結の機運が強まっていた。そのような中，ヨーロッパ諸国だけでなく米国やわが国も参加して，2度にわたって開催されたハーグ平和会議において，常設仲裁裁判所の設置が合意された。この会議では，非人道的な兵器とされたダムダム弾の使用禁止宣言や，捕虜の人道的扱いを定めたハーグ陸戦条約なども採択された。

No.8 国際関係の理論に関する次の記述のうち，妥当なのはどれか。

【国家総合職・平成28年度】

1 D.ミトラニーは，国家間の経済・技術分野での協力が進むと隣接他分野への波及が自動的に生じると想定し，政治・安全保障の分野での国際統合が進むようになるという機能主義理論を唱えた。これに対しE.B.ハースらの新機能主義理論は，政治・安全保障分野での国際統合は現実には進まないことを強調し，ヨーロッパ統合の停滞を憂えるユーロペシミズムの広がりを招いた。

2 国際秩序についての考察が国内秩序においても成立すると推定して政治を理解しようとする立場は，国際関係研究において国内類推論と呼ばれる。勢力均衡や同盟の分析が部分的に修正されて国内政党政治や内戦について用いられるのがその例である。この国内類推論は，近年のグローバリゼーションの進展によって国際レベルと国内レベルの政治の連関が高まったことで，注目されるようになった。

3 国際連合は，国際の平和と安全を守るための基本的な制度として集団安全保障を採用している。国連憲章では，各国が個別的・集団的な固有の自衛権を持つと明示しており，この集団的自衛権を具体化する装置として集団安全保障体制が作られ，安全保障理事会の決議に基づいて自衛権が発動されることとなった。他方，地域的取極は紛争を拡大しがちだとして，原則禁止されている。

4 対人地雷禁止条約の締結過程において，地雷禁止国際キャンペーンなどのNGOがカナダやそのほかの中小国と連帯して運動を展開し，国際社会における支持を拡大させた。新たな規範的な主張を提示し，これを普及させる機能を持つこうした主体は，規範起業家と呼ばれる。当初は条約案を支持していなかった国家も国際的な評判を意識し始め，また利益認識を転換させることで，支持に回るようになった。

5 18世紀以前の東アジアでは冊封に基づく華夷秩序が千年以上にわたって国際関係の基本的な仕組みとなった。そこでは中国を徳や文化の頂点に置く階層的な秩序が築かれ，周辺諸国が恭順を示す見返りに，皇帝からその地域の支配を認められた。また，国家の領域は曖昧で，明確な排他的管轄権を持たなかった。こうした華夷秩序は，ウェストファリア体制と共通性が高く，清朝期に近代の国際システムに比較的スムーズに吸収された。

In May 2016, Japan hosts the Group of Seven (G 7) Summit at Ise-Shima in Mie Prefecture. It is the 42nd Summit, following the 2015 meeting in Schloss Elmau, Germany.

The Summit originated in 1975 through informal meetings of the leaders of six industrialized countries (the United States, the United Kingdom, France, West Germany, Italy, and Japan). In 1976 ⬚ **A** ⬚ joined the group. Beginning in 1994, Russia attended the discussions, and the group became known as the G 8. In March 2014 Russia precipitated an international crisis when it occupied and annexed Crimea, an autonomous republic of ⬚ **B** ⬚. The original G 7 responded by indefinitely suspending Russia's membership in the group, effectively dissolving the larger G 8.

With no formal charter, a limited bureaucratic structure, and no permanent secretariat, leaders of the G 7 discuss major economic issues in an informal setting. The agenda has changed depending on international circumstances — e.g., the ⬚ **C** ⬚ in the 1970s, global environmental issues in the 1980s, economic transition in the formerly communist countries and debt and financial instability in the 1990s, and the special problems facing Africa in the early 21st century. Since the late 1990s the annual meetings have attracted intense international media attention and ⬚ **D** ⬚ demonstrations.

［注］precipitate （よくないことを）引き起こす
indefinitely 無期限に

	A	B	C	D
1	Canada	Georgia	oil crises	anti-globalization
2	Australia	Afganistan	oil crises	pro-abortion
3	Canada	Ukraine	terrorism	pro-globalization
4	Australia	Georgia	terrorism	anti-abortion
5	Canada	Ukraine	oil crises	anti-globalization

実戦問題 **2** の解説

→問題はP.190 **正答2**

No.5 の解説 国際関係用語

1✕ グローバル・ガバナンスの概念はリベラリズムを退けない。

グローバル・ガバナンスの概念は，国境を越えた問題に対処するには，多様
な主体が国境を越えて連携を進め，秩序を形成していく必要があるとの認識
から生まれた。理論的にはリベラルな制度論を否定するものではない。

2◎ 環境問題への対処では特に専門家が政策決定に及ぼす影響が顕著といえる。

正しい。2016年に発効した「パリ協定」の成立過程を見ても，「気候変動に
関する政府間パネル（IPCC）」に代表される科学者からの提言は大きな影響
を持っていた。ちなみに，国際レジームの形成における「知識共同体」の重
要性に着目した研究者としてはピーター・ハースが知られている。

3✕ 勝利集合が大きいほど妥結は容易になるが，譲歩は引き出しにくくなる。

**二層ゲームは国際交渉での合意と国内支持の獲得の2つから成り立ってい
る。**ある政策について国際交渉を進める際，仮に国内に大きな反対勢力がい
たとしよう。その場合，国際交渉で合意が得られても，国内で合意を得るた
めの多数派形成は難しい（＝勝利集合は小さい）。無理に国際合意を取り付
けても，国内政治において反発が大きくなるだけなので，安易な妥協は避け
られ，交渉は決裂しやすい。一方，この事情を交渉相手国がわかっていると
すると，交渉をまとめるには譲歩するしかないので，結果的に，勝利集合が
小さいほうの国の交渉力は強くなる。逆に，国内に交渉妥結支持派が多い
（＝勝利集合が大きい）場合には，相手は譲歩の必要を感じにくくなる。

4✕ 「人間の安全保障」は「国家の安全保障」の不十分さを補う概念である。

「国家による安全保障の時代は終わった」という部分が誤りである。「人間の
安全保障」は，戦争のない状態に国家があるだけでは不十分で，個人が欠乏
や恐怖などにさらされていないことを重視している。「人間の安全保障」の
実現においては，確かに非国家主体が大きな役割を果たすことが想定される
が，かといって国家の役割を否定するのは誤っている。

5✕ 批判理論は人間の解放を重視する。

マルクス主義の流れをくむ国際政治理論のうち，批判理論は，従属論や世界
システム論を経済からの視点を取りすぎるとして，むしろ抑圧からの人間の
解放を構想する。

➡「目的のための理論」という記述が「ユートピア主義」を示唆していると気づけば，矛
盾があるとわかる。

　　　国際関係や国際法の基礎知識である「国家の領域」を念頭に，「非国家領域」に目を向けた応用問題である。

1 ✕ 信託統治領には第二次世界大戦期に日本領であった地域も含まれていた。

　国連の主要機関に３つの理事会が含まれることは基礎知識として習う。安全保障理事会，経済社会理事会，**そして今は機能を停止した信託統治理事会である。**もし「ソマリランドだけ」のために主要機関が作られたとしたら，ずいぶん破格の扱いとなる。実際には11地域で信託統治が行われ，その中には日本が第二次世界大戦期に領有していた地域もあった。これらは次々と独立し，最後の信託統治領のパラオが1994年に独立して，この制度は役割を終えた。

2 ✕ 部分的核実験禁止条約の原締約国は米英ソの３か国である。

　つまり，中国とフランスは原締約国ではない。また，この条約は，地下以外のすべての場所における，**すなわち大気圏内，宇宙空間，そして水中における核実験を禁止している。**したがって「公海に限って」も間違っている。さらに，ビキニ環礁におけるアメリカの水爆実験に巻き込まれた第五福竜丸の被爆事故は，この条約以前の1954年に起きている。

3 ✕ 領海は12カイリと定められている。

　1982年の国連海洋法条約で，領海は12カイリと定められた。同時に，資源管理の権利を有する**「排他的経済水域」は200カイリと定められた。**

4 ✕ オタワ条約は対人地雷全面禁止条約である。

　オゾン層の保護に関する条約は1988年に発効した「ウィーン条約」である。この条約に基づき，具体的に規制対象とする物質を定めたものが，1989年に発効した「モントリオール議定書」である。

　なお，「共有地の悲劇（コモンズの悲劇）」の提唱者は，フリードマンではなく，生物学者のハーディンである。

5 ◎ コソボへのPKOは暫定統治を担っている。

　正しい。コソボでは，1999年の紛争終結後，**国連から派遣されたPKO「国連コソボ暫定行政ミッション」が同地を暫定的に統治し，政府樹立の支援をした。**コソボは2008年に独立を宣言し，このPKOは役目を終えるはずであったが，コソボ独立をセルビアやロシアなどが認めていないことから，同PKOは現在も解散していない。

No.7 の解説 国家主権

→問題はP.192　**正答5**

「国際関係の歴史」となっているが「国家主権」を内容としている。

1× ウェストファリア条約は主権国家による近代国家体系を成立させた。

言い換えれば，この条約により**神聖ローマ帝国は事実上解体し**，主権を持った領邦国家が相争う時代を迎えた。

2× ユトレヒト条約では「勢力均衡」の原則が明文化された。

ユトレヒト条約により，フランスとスペインの合併は禁止され，イギリス，プロイセンなどとの力のバランスが重視されることになった。これ以降，ナポレオンが登場する頃まで，**ヨーロッパでは基本的に主要国間の勢力均衡が図られた。**

3× ウィーン会議は，正統主義に基づき君主主権の維持を認めた。

フランス革命などによって，人民主権やナショナリズムという考え方が広まったのは事実である。ただし，ウィーン会議では，フランス革命以前の状態に戻すことをめざす「正統主義」が基本原則に掲げられ，**人民主権やナショナリズムは受け入れられなかった。**もちろん，「君主主権から人民主権への転換の必要性」も認めていないし，「革命運動を支援」したわけでもない。

4× アジア・アフリカにおいては，欧州諸国の帝国主義的支配が長く続いた。

「主権平等の原則に基づく国際条約」とあるが，幕末の日本が欧米諸国と「不平等条約」を結ばざるをえなかったことを思い出せば，すぐに誤りとわかる。それに，ヨーロッパ人の入植地であったカナダなどと，アジアやアフリカの国との扱いが同じであるとは考えにくい。「文明的優越を主張することなく」といった表現も誤りを示唆している。

5◎ ハーグ平和会議は1899年と1907年に開かれた。

正しい。帝国主義国間の武力衝突の回避を目的とした会議であったが，むしろ戦争を制限する国際法規を次々と生み出した点に歴史的意義がある。「ハーグ陸戦条約」では毒ガスやダムダム弾の禁止や捕虜の適切な取扱いなどが定められ，オランダのハーグには世界最初の国際司法機関である**「国際仲裁裁判所」**が設立された。

第4章

国際関係理論

「国際関係の理論」となっているが「国際秩序」を内容とし，新たな国際関係の主体としてのNGOに注目した総合問題である。

1 ✕ ハースは経済統合の進展が政治統合にも波及するとの
「新機能主義」を提唱した。

一方，ミトラニーは機能別の国際機関の重要性を指摘した。この点で，「機能主義」の最初の理論家と位置づけられている。

➡ この選択肢には2人の学者が登場する。学者名と学説が入れ替わっているのがよくある出題パターンだが，この選択肢は違う。前半は確かにハースの理論になっているが，呼び名は「新機能主義」である。統合の停滞に関する後半の記述は，2人のどちらの学説とも異なる。

なお，「ハースといえばスピルオーバー（波及）」という基礎知識一つで，この選択肢は誤りと判断できる（P.203参照）。

2 ✕ 国内類推論とは，
国内秩序についての考察が国際秩序においても成立するという考え方である。
立憲的秩序は国際政治においても導入可能とする理論などが含まれる。

3 ✕ 国連憲章は第8章において「地域的取極」について定めている。
国連憲章は，「地域的取極」の機関と行動が国連の目的や原則と一致することを前提に存在を容認し（第52条），必要に応じて安保理の強制行動に利用するとしている（第53条）。

なお，第2文の最後の「安全保障理事会の決議に基づいて自衛権が発動される」という表現も適切ではない。国連憲章第7章第51条には「この憲章のいかなる規定も，国際連合加盟国に対して武力攻撃が発生した場合には，安全保障理事会が国際の平和及び安全の維持に必要な措置をとるまでの間，個別的又は集団的自衛の固有の権利を害するものではない」と書かれている。

4 ◎ NGOには「規範起業家」の役割を果たすものがある。
正しい。コンストラクティビズムの理論系譜に属する M.フィネモアと K.シッキンクは，NGOなどの「規範起業家」が提唱した規範に，国家を含む他の主体がつながっていくことで，その規範が国際社会に定着していく過程（＝規範のライフサイクル）を研究した。このプロセスの代表例は，対人地雷禁止条約の締結過程とされている。

5 ✕ 華夷秩序とウェストファリア体制とは性格が異なる。
華夷秩序は，中国を上位に置き，他を下位に置く「上下関係」である。主権国家平等を原則としているウェストファリア体制には，そうした固定的な上下関係は存在しない。両者の共通性が低かったため，清朝の国際システムへの参加は「スムーズ」には進まなかった。

No.9 の解説 首脳外交
→問題はP.194 **正答5**

　現代の外交において，首脳会議は日常的に開催されている。なかでも主要国首脳会議は，その重要性に加え，時事的話題からも出題されやすい。この問題は，2016年の三重県伊勢志摩でのG7サミット開催を先取りした問題であった。

英文の要旨

　2016年5月，日本は三重県伊勢志摩でG7サミットを主催する。ドイツのエルマウ城での会合に次ぐ42回目のサミットである。

　サミットは1975年の先進6か国の非公式会合に始まる（アメリカ，イギリス，フランス，西ドイツ，イタリア，日本）。1976年には　　A　　が参加した。1994年からはロシアが議論に参加し，G8になった。2014年3月，ロシアは　　B　　の自治共和国であったクリミアを占領・併合し国際的な危機を引き起こした。もともとのG7の国々は，即座にロシアを無期限資格停止にして，事実上G8を解体した。

　正式の憲章もなく，官僚機構も限定的で，常設の事務局もなく，G7首脳は非公式の場で重要な経済問題を議論している。議題は国際政治の置かれた状況によって変わる。1970年代は　　C　　だったし，1980年代は環境問題だった。1990年代は旧共産国家の移行と，累積債務や財政不安だったし，21世紀初頭はアフリカが直面する問題だった。1990年代末以降，毎年のサミット会合は国際メディアの関心や　　D　　デモを引きつけてきた。

A：「カナダ（Canada）」が入る。
　オーストラリアはG7のメンバーではない。
B：「ウクライナ（Ukraine）」が入る。
　なお，もともと「グルジア」と呼ばれてきた旧ソ連の独立国は，現在，日本でも「ジョージア」と表記するようになっている。
C：「石油危機（oil crises）」が入る。
　石油危機は1970年代を特徴づける国際問題であった。
D：「反グローバリゼーション（anti-globalization）」が入る。
　G7諸国が先進国に都合のよい形で経済のグローバル化を推し進めているとして，反対運動を展開している。
　ちなみに，「abortion」は妊娠中絶なので関係ない。

　よって，**5**が正答である。

必修問題

国際関係の理論に関する次の記述のうち，妥当なのはどれか。

【国家一般職・平成29年度】

1　J.ナイは，国際関係でパワーが論じられるときには，軍事的手段や経済的手段などを用いて他の主体の行動に直接的に作用するパワーに加えて，文化的手段を説得・感化に用いて他の主体の行動に間接的に作用するハード・パワーがあるとした。

2　国益を追求する諸国家間の力の関係に着目して国際関係をとらえる見方を，一般に**現実主義（リアリズム）**と呼ぶ。人間の性向に着目するK.ウォルツの現実主義や，国際システムを重視するH.モーゲンソーの構造的現実主義（ネオリアリズム）等がある。

3　1969年の著作『危機の二十年』で，H.キッシンジャーは，19世紀以来の自由主義思想を国際政治に適用しようとする考え方に対して，世論と規範意識によって国際平和が達成されると信じる立場は国際政治の権力的要素を無視していると批判し，**現実主義**の必要性を説いた。

4　国際関係における行為主体は，物質的であると同時に規範的な構造の中に埋め込まれており，社会における相互行為を通じて形成された間主観的な理解を共有していることを強調する学派は，**理想主義**と呼ばれる。

5　**英国学派**とは，諸国家が持つ共通の制度や規則の存在に着目し，アナーキー（無政府状態）なものではあるが社会としての性格も持つ国際社会の存在を論じ，その制度や歴史に関する研究を発展させたH.ブルらが代表する学派である。

難易度　＊

必修問題の解説

　国際関係理論に関する基礎問題。リアリズム，リベラリズム，コンストラクティビズム，英国学派といった頻出の学派を取り上げている。**1**は常識で，**2**と**3**は基礎知識で，すぐにおかしいと気づく。

1 × **ナイはソフトパワーの重要性を指摘した。**

ナイは「文化的手段を説得・感化に用いて他の主体の行動に間接的に作用する」ようなパワーのことを**「ソフトパワー」**と呼んだ。

➡ 選択肢では、前半で「軍事・経済」を「直接的」と表現し、後半で「文化」を「間接的」と描写している。そして、どっちが「ハードパワー」と呼ばれるのにふさわしいか。ハードの反対語がソフトであることを知っていれば、ナイの理論について知らなくても、前半がハードで後半がソフトだろうと気づく。

2 × **構造的現実主義はウォルツが提唱した理論である。**

➡ モーゲンソーとウォルツの説明を入れ替えただけの単純な誤りの選択肢である。ウォルツについて知らなくても、モーゲンソーが古典的な現実主義の理論を唱えた学者であること、すなわち、「ネオ」でなかったことを知っているだけで解ける。

3 × **『危機の二十年』はカーの著作である。**

H.キッシンジャーは、ニクソン政権でリアリズムに基づく外交を展開したことで知られる。

➡ 著者名と出版年が違っているだけの単純な誤りの選択肢である。正しい著者名はE.H.カーで、出版年は1939年である。冷戦が始まってずいぶんたつ1969年に、ようやく「国際政治の権力的要素」に気づいてリアリズムに目覚めることなど、ありうるだろうか？

4 × **間主観的な理解を重視するのは構成主義の特徴である。**

国際関係の理論学派としての「理想主義（リベラリズム）」は、**国家間の交流や相互依存、あるいは国際機構などの制度**を国家の権力行使よりも重視する。制度よりも認識の変化が国際関係を動かす点に着目する学派は、一般に構成主義（コンストラクティビズム）と呼ばれている。

➡ 理想主義のキーワードは「制度」「相互依存」「レジーム」などである。これらが見当たらない以上、学派の名前が違うことを疑うべきである。

5 ◎ **ブルはアナーキカル・ソサエティ論を展開した。**

正しい。ワイトやブルに代表される**英国学派は、国家の行動を規制する国際法や規範に注目する**。なかでもブルは、国際社会はたとえアナーキーであっても無秩序ではないと指摘し、これを**「アナーキカル・ソサエティ」**と呼んだ。

正答 **5**

FOCUS

国際関係の理論については、学派と学者と概念をセットで覚えていくしか対処のしようがない。もちろん、よく取り上げられる学者とそうでない学者がいるので、頻出度を意識しながら問題演習を進めていくとよい。「またこいつだ」「以前も見た」といった気づきが、理論の理解と定着では重要だ。

次ページからは重要学説が一覧表形式で整理されている。ここに何度も立ち返れば、同じ学派間の学者のつながりを確認することができる。学者の発想にも時代の制約はある。何年頃の理論かまで頭に入れられたら完璧といえるだろう。

国際関係の理論は，その視点の違いからいくつかの系譜に分類することができる。また，これとは別に学派とみなされる理論グループがある。もちろん，ユニークな理論として個人の学説が取り上げられることもある。

重要ポイント 1 ▶ リアリズム

リアリズム（現実主義）は，国際社会が**無政府状態（アナーキー）**であるために，国際政治は権力を用いた国家間の**パワー・ポリティクス**になると考える。勢力均衡論，覇権論，構造的現実主義などを含む。

H.モーゲンソー 古典的現実主義	国際政治の本質は国力によって定義される**「国益（ナショナル・インタレスト）」をめぐる権力闘争**であるとし，ゆえに対外政策の善し悪しは国益の増減によって判断できると主張。また，自国の安全保障は関係国家間のパワー・バランスにより確保されるとして**勢力均衡論**を唱え，それに基づく**同盟外交**を重視した。
F.ケナン 古典的現実主義	冷戦初期のアメリカで**現実主義外交**を提唱。伝統的な道義的アプローチを批判し，トルーマン大統領の**封じ込め政策**に理論的支柱を与えた。
E.カー 古典的現実主義	イギリスの歴史家。『危機の二十年』（1939年）で，第一次世界大戦後の理想主義的な国際政治を検証し，**ユートピア的な理想主義**として批判。国際関係における権力的側面を重視する現実主義の必要性を指摘した。ただし，その一方で理想を欠く現実主義には問題点があるとも述べた。
C.キンドルバーガー 覇権安定論	国際経済論の観点から，世界恐慌は強い経済力を持つ国家の欠如に要因があったと指摘。国際政治の安定にはグローバルなルールを作れる**覇権国が必要である**と主張した。ちなみに，「**覇権（ヘゲモニー）**」とは強大で支配的な力であり，通常は1か国が握っている。
R.ギルピン 覇権安定論	世界の平和的安定のためには，国際秩序の維持コストを負担する**覇権国家の存在が不可欠である**と指摘。ただし，平和と繁栄の維持といった**国際公共財のコスト**を負担しているうちに覇権国の力は衰退し，次の覇権国に交代する。この交代の際には，**次の覇権をめぐる世界戦争が発生する**と論じた。
G.モデルスキー 覇権安定論， 覇権循環論 （長期サイクル論）	覇権安定論に基づき覇権の循環（長期サイクル）に着目。近代の国際政治は「**世界大国**」の覇権的支配の循環によって説明できるとした。モデルスキーのいう「世界大国」は海洋国家であることが特徴。16世紀のポルトガル，17世紀のオランダ，18・19世紀のイギリス，20世紀のアメリカがこれに該当する。

K.ウォルツ 構造的現実主義	戦争の原因についての３つのイメージ，すなわち人間の本性，国家の内部的要因，国際システムを検討。**戦争は国際システムによって生じる**と結論づけた。国家レベルでの権力行使を中心に国際社会を見ていた伝統的な現実主義理論から離れ，国際システムのレベルでの「力の分布」に着目した点が新しいとして，「**ネオリアリズム**」と呼ばれる。 また，ウォルツは，ある時代の国際システムの性質は，そこにある大国の数と性格で決まるとして，**構造的現実主義**を提唱。予測可能性が高く，大国が自国の利己的行動を抑制しやすいとして，**二極システム**のほうが多極システムよりも安定していると主張した。
J.ミアシャイマー 攻撃的現実主義	国家が「生存すること」を目標の一つとし，しかもすべての国家が攻撃的な力を備えている以上，現状に不満な国家は**自己の覇権の最大化をめざして攻撃力を行使する**と指摘。具体的には，冷戦後のアメリカ覇権時代においても，中国がこれに満足しなければ，北東アジアにおける自己の覇権を力によって追求するに違いないと主張した。

重要ポイント2　リベラリズム

　リベラリズム（理想主義）は，国際政治において「協力関係」が形成されうる点を重視し，**国際機構などの制度があれば国際紛争は回避可能になる**と考える。機能主義，新機能主義，相互依存論，レジーム（国際体制）論などを含む。

D.ミトラニー 機能主義	外交による駆け引きを必要とする政治的分野と技術的に協力し合える非政治的分野とを分け，政治的に対立していても**非政治的分野での協力は可能である**と指摘。そして，郵便など機能が限定された非政治的な分野について国際機関を作っていけば，国際平和は達成できると主張し，後の国連専門機関の設立を促した。
E.ハース 新機能主義	国家統合は国家どうしの機能の共有で達成できると主張。しかも，統合は１領域から別領域に波及するとして「**スピル・オーバー仮説**」を提唱し，経済統合は政治統合をもたらすと論じた。新機能主義は国家主権の制約も超国家機構の成立も可能としており，EUの思想的基盤になったといわれる。
K.ドイッチュ 交流主義	コミュニケーションとトランザクション（物流）による国際交流が進むと，国境を越えた「**われわれ意識**」が形成されやすくなる。その結果，戦争の危険のない「**安全保障共同体**」が設立されると論じた。

R.コヘインとJ.ナイ 相互依存論	現代の国際システムでは，国家だけでなく，トランスナショナルな（国家横断的な）多国籍企業やNGOなどの行動主体も重要。国際システムは「**複合的相互依存**」状態にある。経済的な相互依存が進むと，互いに影響を受けやすくなって「**敏感性**」が増大。また互いに依存し合うことで，「**脆弱性**」が増す。そのため，協調関係はますます促進され，その一方で軍事力の有効性は低下すると指摘した。 なお，コヘインは自身の著作で**国際レジームの重要性**を指摘。覇権国が衰退してもレジームがあれば世界は安定すると主張した。 一方，ナイは「**ソフトパワー**」の重要性に着目。ある国の文化，価値観，政策・政治体制などには，その国の存在を印象づけるものが含まれており，これらは外交にとっても有利な影響力を持つと主張した。
S.クラズナー レジーム論 （国際体制論）	「レジーム」を，**特定の政策領域で，国際関係の各主体が尊重する原則，規範，ルール，政策決定手続の枠組み**と定義。一般にレジーム論では，レジームが形成されれば，覇権が存在していなくても無秩序に陥ることなく，国際社会は安定すると考えた。

重要ポイント **3** その他の学派

（1）構成主義（コンストラクティビズム）

　国際関係の構造が**国家の行動や人間の認識によって構成されるもの**である点に着目する。リアリズムでもリベラリズムでも説明できなかった冷戦終結現象を説明したことで注目された。

A.ウェント 構成主義	アナーキーであるはずの国際社会の様相は変わらなかったにもかかわらず，米ソのリーダーがもたらした認識の変化で冷戦が終結した点に注目。具体的には，ソ連のゴルバチョフ書記長の「新思考外交」（世界全体の安定が自国の安定にもつながるとする考え方）があったからこそ，状況は変化したと指摘した。 こうしてウェントは，国際関係の状況は**人間の認識に働きかける実践によって構成可能**であると主張。当然の前提のように思われているアナーキーについても，それが各国でどのように理解されているかが重要であるとした。こうして冷戦終結以降，国際政治に変化をもたらす理念や言説に着目する「**構成主義（コンストラクティビズム）**」が理論グループとして確立していった。
J.ラギー 埋め込まれた自由主義	第二次世界大戦後のパックス・アメリカーナの自由主義体制の特徴は，19世紀のパックス・ブリタニカ時代の自由放任主義と異なると指摘。先進各国は，国際的には自由貿易体制を支持しつつも，国内的には自由主義を抑えて社会福祉の充実を掲げているとして，これを「**埋め込まれた自由主義（embedded liberalism）**」と呼んだ。

(2) 英国学派

国家間で形成される法的規制や規範を重視する点が1つの特徴である。

M.ワイト **合理主義**	国際関係理論を現実主義と理想主義に分ける考え方を批判。国際関係を闘争と見る現実主義（ホッブズ的伝統）と普遍的共同体を夢見る革命主義（カント的伝統）の中間に，国家間の法的規則や制度を重視する**合理主義（グロティウス的伝統）**を置いて，これを重視した。
H.ブル **アナーキカル・** **ソサエティ**	ワイトと同じく3つの伝統を取り上げ，グロティウス的伝統を尊重すべきとした。複数の国家が互いの決定に影響を及ぼしうる状態を「国際システム」と呼び，それらが共通の利益や価値を自覚した段階を「国際社会」と定義。そして，国際社会はアナーキーだが無秩序ではなく，国家の行動を規制する国際法や規範を作り出すようになると指摘し，これを「**アナーキカル・ソサエティ**」と呼んだ。

(3) マルクス主義

資本家と労働者の階級闘争という見方を国際社会における先進国と途上国の関係に応用する点が特徴である。

A.フランク **従属論**	マルクス主義的な視点から，途上国（周辺国）は先進国（中心国）に従属し，**経済的な搾取を構造的に受けている**と指摘。そして，途上国は，世界経済の分業体制の中で，低開発であることを強いられていると主張した。
I.ウォーラーステイン **世界システム論**	資本主義は**「中心国」，「準周辺国」，「周辺国」**の3層の国際政治構造をもたらすが，ここで準周辺国は中心国から搾取を受け，一方で周辺国を搾取する。この準周辺国の存在のおかげで，中心国は周辺国と直接対峙する必要がなく，安定的な地位を享受している。
J.ガルトゥング **構造的暴力論**	戦争のような直接的な暴力以外にも，貧困や差別など世界経済システムに**構造化された暴力**があると指摘。そして，直接的暴力のない「消極的平和」だけでなく，構造的暴力のない「**積極的平和**」を追求すべきであると主張した。

第4章

国際関係理論

B.ラセット 民主的平和論	2つの国が共に民主主義国であるとき，他の政治体制の組合せと比べ，軍事紛争を起こす可能性が小さく，もし起きたとしてもエスカレートする可能性が低いことを実証した。
J.アイケンベリー アフター・ヴィクトリー	戦勝国の戦後構築を検証し，勢力均衡型，覇権型，立憲型のうち，**立憲型の国際秩序が最も安定する**と指摘。戦勝国は自国の権力行使を抑制して，他国の合意が得られるような国際制度の構築にかかわる必要があると主張する。
S.ハンティントン 文明の衝突論	冷戦後の主要な国際対立は，冷戦期のような政治的イデオロギーをめぐる国家の対立ではなく，文化や価値観の違いによる「**文明の衝突**」になると指摘。主要文明のうちでは，特に「西洋文明」と「イスラム文明」・「儒教文明」の対立が深刻になると主張した。なお，ハンティントンは，民主化の波が史上3回訪れたとする「第三の波」論でも知られている（第三波は1974年以降）。
T.シェリング 紛争のゲーム理論	ゲーム理論を用いて紛争にまつわる戦略的意思決定を考察。相互抑止力を安定させるには報復力を強化すべきことを指摘した。また紛争では「共有されたリスク」をギリギリで操作する「**瀬戸際作戦**」が有利に働くと結論づけた。
J.ハーツ 安全保障のジレンマ	自国の安全を高めようとして行った軍備増強などが別の国家の類似行為を促し，結果的に，誰も欲していないにもかかわらず，緊張の増加を生み出す状況を「**安全保障のジレンマ**」と呼んだ。
J.ギャディス ロング・ピース	米ソ間の冷戦について考察。強大な核兵器を持つ2国が争う中，第三勢力の台頭は難しくなり，結果的に「**長い平和**」が実現したと述べた。
M.ウォルツァー 正戦論	侵略を受けた場合や人道的介入が必要な場合には，戦争という手段を用いることは道徳的に正当化されると主張。また，「**戦う理由の正しさ**」と「**戦い方の正しさ**」は違うと指摘し，勝利することと正しく戦うことの間にジレンマがあると論じた。左派の論客だが，アメリカの対テロ戦争を支持したことでも知られる。

実戦問題 **1** 基本レベル

✦ **No.1** 国際政治の理論に関するア～エの記述のうち，妥当なもののみをすべて
挙げているのはどれか。

【国家総合職・平成27年度】

ア：リアリズムの立場から主張される勢力均衡の理論は，諸国家の軍事力などを中
心とするパワーが同程度で釣り合っていれば国際政治の安定が保たれやすいとい
うものだが，リアリズムの流れをくむネオリアリズムの代表的論者であるR.ギ
ルピンも，同様に，ある覇権国に対抗しうるようなパワーを持つ別の覇権国の存
在が国際政治の安定をもたらすとの覇権安定論を展開した。

イ：リベラリズムは，リアリズムと同様に国家を自己の利益を追求する主体ととら
え，国際関係をアナーキー（無政府状態）ととらえていることから，O.ヤング
は，資源保護や環境問題への対策等に関する研究において，国際制度や問題対応
のための国際レジームの有用性を否定した。

ウ：リベラリズムの立場からは，技術的・経済的な問題は政治性が低いため，国際
協調が比較的容易であるとの機能主義が主張され，経済社会分野での国境を越え
た協力関係の強化を通じて国際紛争を抑制することができるというD.ミトラニ
ーの主張した見解は，国際連合の専門機関の設立にも影響を与えた。

エ：リベラリズムの代表的な論者であるR.コヘインとJ.ナイは，国家間関係におけ
る軍事力の相対的な重要性が低下し，国家間に存在する経済・社会的な多様な領
域での複雑なイシュー・リンケージ（問題領域間の連携性）が起こるなど，それ
以前の理論とは異なる国際政治過程が見られる「複合相互依存」状態を一つの理
念型として提唱した。

1 ア，イ

2 ア，ウ

3 イ，ウ

4 イ，エ

5 ウ，エ

国際政治の理論をめぐる議論に関する次の記述のうち，妥当なのはどれか。

【国家一般職・令和4年度】

1 　人間の性格は利他的であっても，国際政治は主権国家がそれぞれの国益を追求して形成される権力政治（パワー・ポリティクス）の性格を持つと考える見方を，政治的リアリズムと呼び，第一次世界大戦後の時代の英国の国際政治学において大きな影響力を持った。

2 　古典的リベラリズムは，国家の主権を制限して国際社会における平和を維持すべきだと考える見方をさす。文化的な相互信頼や，民主主義国は相互に戦争をしないという国際社会論を強調したりする立場も，リベラリズムとして理解される。

3 　下部構造の経済の在り方が政治や文化を決定すると考えるマルクス主義的な見方は，帝国主義を自由主義の歴史の中で位置づけたV.レーニンや，中心が周辺を従属させていると考える国家中心主義システム論を唱えたI.ウォーラーステインの議論などに見られる。

4 　社会構成員の間の認識に注目し，規範が行動に与える影響や，規範が形成される過程を強調する見方は，コンストラクティヴィズムと呼ばれる。構造と代理人（エージェント）の相互関係に着目する視点で，国家の対外政策と規範や文化との関係を分析する。

5 　S.ハンティントンは1989年の東欧諸国の革命を見て，自由民主主義が普遍的なイデオロギーとなったと考えて，「冷戦の終わり」を論じた。これに対して，権威主義体制の勢力の復活によって大国の間で争いが起こり続けるとする「文明の衝突」を主張する見方もある。

No.3 国際関係の理論に関する次の記述のうち，妥当なのはどれか。

【国家総合職・平成29年度】

1 リベラリズムの理論では国際関係における道徳の役割を重視しない傾向が強い。これに対しリアリズムの論者として知られるS.ホフマンは『国境を超える義務』で，国際関係でも道徳的行動の余地が一般に論じられている以上に大きいことを主張し，国際社会であっても一定の道徳基準があり，政治家には責任倫理が求められることを強調した。

2 H.ブルは，近代主権国家システムの歴史を通じて，3つの競合する思想的伝統が存在するとした。すなわち，国際政治を闘争状態とみなすホッブズ的伝統，潜在的な人類共同体が国際政治においても機能しているとみなすカント的伝統，国際政治は国際社会の枠内で発生するとみなすグロティウス的伝統の3つである。

3 コンストラクティヴィズムは社会学的な理論構成を掲げ，国際政治を国家相互の間主観的な関係ではなく，個々の国家が一方的に持つ主観的なイメージや理念がぶつかり合う領域とみなした。各国が名声を気にし，自らの国益を制限するように見える国際規範を受け入れることがあるのは，そうした一方的な主観的要因が作用するためである。

4 恒久平和の実現は，共和政体，常備軍の廃止，国家連邦といった制度から構築されると論じたのは啓蒙思想家のJ.ロックである。この思想は国家間の協調を追究するリベラリズムの論調に継承され，M.ドイルやB.ラセットは戦争防止には民主主義よりも自由貿易体制が重要だとする「通商による平和」論を唱えた。

5 ナポレオン戦争後のヨーロッパで形成されたウィーン体制は，1821年から始まるギリシア独立戦争やそれに付随する露土戦争によって短命に終わり，H.モーゲンソーやH.キッシンジャーらのリアリストから，勢力均衡のメカニズムを欠いた不安定な仕組みだとみなされた。多くのリアリストがそれに代わって安定した勢力均衡のモデルとみなしたのが，第一次世界大戦後のいわゆる戦間期である。

No.4 国際政治に関する以下の代表的な研究者に関する次の記述のうち，妥当なのはどれか。

【国家総合職・平成25年度】

1 H.モーゲンソーは『国際政治』で，国際関係では「力によって定義される利益」をめぐって権力闘争が繰り広げられると論じた。モーゲンソーによれば，権力闘争は国際関係において政治，経済，文化，倫理などのあらゆる局面で見られる客観的原理であり，あらゆる国家の行動準則を形作っている。

2 J.ナイは，冷戦初期について「平和は不可能だが，戦争はありそうにない」と記述したことで知られている。東西の大分裂を国家間のパワーのバランスから分析し，また西側にとっての大西洋同盟の重要性を強調した。さらに『平和と戦争』を著し，核戦略についての研究を進めた。

3 I.ウォーラーステインによって提唱された世界システム論は，15世紀末以降に形成された世界経済と国際政治を世界資本主義による分業の体制ととらえた。そこでは周辺と中央の二極分化が貫徹し，周辺の剰余価値の中央への収奪が進むため，中央の経済発展の一方で周辺の絶対的窮乏化が進むとされた。

4 J.ガルトゥングは平和研究の代表的研究者であり，暴力を行使する主体が明確な直接的・個人的暴力と，暴力の主体が明確ではない間接的・構造的暴力とを区別した。そのうえで，直接的・個人的暴力は平和研究の対象としては重要ではなく，これまで見落とされがちであった間接的・構造的暴力こそが，長期的で大規模になりやすいとして，もっぱらこれを考察すべきだと主張した。

5 A.ウェントらが唱えるコンストラクティヴィズムは，これまで国際関係の分析において重視されてきた物質的・客観的な要素よりも，非物質的・主観的な要素の重要性を強調する。そのため，理念，規範，イデオロギー，アイデンティティなどが間主観的に構成されることで国際関係が形成され，展開するとみなした。

No.5 **国際関係理論に関する次の記述のうち，妥当なのはどれか。**

【国家総合職・令和4年度】

1 国際関係を論じる際の「パワー」という概念について，H.モーゲンソーは，「他者の心と行動に及ぼす制御」と定義した。J.ナイは「パワー」をその性質により区分し，軍事力，経済力などを「グレート・パワー」，価値観，理念，文化，情報などに起因する力を「マイナー・パワー」と表現したが，両者に共通するのは，相手に自分の望むことをさせたり，相手の行動に直接的に働きかけたりするという性質である。

2 K.ウォルツは，国際関係を一種のシステムととらえ，個々の国家や政治家の特性にとらわれない理論の構築をめざした。ネオアリアリズムと呼ばれるウォルツの国際関係理論では，国際システムは，秩序原理，ユニット間の機能分化，ユニット間のパワーの分布という3つの要素で規定され，とりわけ，秩序原理においてアナーキー（無政府状態）であることがユニット間の闘争の主因となっていると指摘し，国家は生き残りを基本原理として行動すると論じられた。

3 「勢力均衡」とは，自国よりも大きなパワーを有する国家が勢力を拡大しようとするときに，その国家と同盟を組むことで，勢力拡大への自制を促す考え方である。「勢力均衡」は19世紀以前の国際社会には見られなかったが，20世紀初頭には欧州で多極体制が形成され，それぞれの国家が勢力拡大を志向したことで第一次世界大戦が引き起こされたという反省から，国際連盟設立によってその実現がめざされた。

4 国際政治において圧倒的なパワーを有し，指導的な地位に立つ大国（覇権国）が存在するときに国際関係全体が安定するとする理論は「覇権安定論」と呼ばれ，国際協調を重視するその考え方からリベラリズムの潮流に位置づけられる。覇権国は突出したパワーを背景に国際秩序の形成や維持のコストを負担するが，覇権国が提供する諸制度はその指導下にある諸国のみが利用できるという点で，私的財としての性格が強い。

5 同盟には，パワーの比較的均質な国家間で形成される場合と，パワーに格差のある国家間で形成される場合があり，冷戦期は前者の同盟が多く見られた。一国がパワーを増強すると，他国が不安を覚え，軍拡などさらにパワーを増強することが繰り返される状況を「安全保障のディレンマ」と呼ぶが，同盟を形成することで複数国の安全保障が確保され，軍拡競争の鎮静化を図ることができる。

No.6 国際レジームに関するア，イ，ウの記述のうち，妥当なもののみをすべて挙げているのはどれか。

【国家総合職・平成29年度】

ア：国際レジームとは，「国際関係の特定問題領域における，諸主体の期待が収斂するところの黙示的あるいは明示的な原則，規範，規則，意思決定手続の集合」と定義される。国際レジームの例としては，国際貿易レジーム，核不拡散レジーム，国際人権レジーム，地球温暖化防止レジームなどが挙げられる。このような国家間協力に着目したのが国際レジーム論である。

イ：リアリズムでは一般的に国家間協力は難しいとされるが，ネオリアリズムの覇権安定論では，覇権国によって作られた国際レジームまたは国際制度に他の国々が従うことで国家間協力が実現されることは珍しくないと論じられた。また，国際レジームはいわば覇権国による秩序安定のための手段であり，国家間協力は覇権国の圧倒的パワーによって促されるとされた。

ウ：覇権安定論の主張どおりであれば，覇権国が衰退すれば，圧倒的なパワーという後ろ盾を失うことになる国際レジームや国際制度もまた崩壊・消失していくことになる。これに反論したのが，ネオリベラリズムの国際レジーム論あるいはネオリベラル制度論であった。この立場によれば，何も存在しないところに国際レジームを作るのは容易なことではなく，覇権国の主導を要するが，一度作られた国際レジームを運用していくだけであればさほどコストはかからないとして，覇権衰退後の世界でも国際レジームは存続しうるとされた。

1 ア

2 イ

3 ア，イ

4 イ，ウ

5 ア，イ，ウ

実戦問題 1 の解説

→問題はP.207 **正答5**

ア✕ **覇権安定論は1国が覇権を保有することを前提とする。**

この理論グループは，国際公共財の提供には膨大なコストが伴うため，**国際社会の安定には唯一の超大国が覇権を握るような状況が必要であると主張した。**

➡️ 「勢力」の均衡と「覇権」による安定とはフレーズからして違うので，2つが「同様」のことを指摘したとする選択肢の内容は明らかに間違っている。そもそも「同様」のことを言葉を換えて論じただけであれば，覇権安定論が「ネオ」な理論と呼ばれることはなかっただろう。

イ✕ **リベラリズムは国際社会の秩序維持における制度やレジームの役割を重視する。**

リアリズムがアナーキーにおける自己利益追求を前提としたのに対し，**リベラリズムは国際協調の存在を重視する。**制度化が十分になされていない緩やかなレジームによっても，国家間の協調が可能になることをヤングは環境対策を例にとって指摘した。

➡️ ここにも「同様に」がある。冒頭からリベラリズムとリアリズムが同様だとしているので，この時点で後半を検討する必要がないくらい誤りの選択肢であると判断できる。もちろん，最後まで読めば，「否定した」と書かれており，誤りだと確信できる。

ウ◯ **機能主義理論を代表するミトラニーの主張を的確に要約している。**

正しい。ミトラニーは，郵便や電気通信といった政治性が低い分野での国際協力制度の存在に着目し，こうした制度が多くの分野に広がることが，ひいては国際紛争の抑止につながると述べた。**この発想は国連専門機関の設立増加を後押ししたといわれている。**

エ◯ **コヘインとナイはリベラリズムの観点から相互依存論を展開した。**

正しい。コヘインとナイは，国際関係のアクターの多様化を前提に，**国家や国家以外のアクターが複雑な相互依存関係にあること，**したがって国際問題が多様化したこと，そうした中で**軍事力の有効性が低下したこと，**などを指摘した。

　　よって，正答は**5**である。

1☒ 政治的リアリズムが大きな影響力を持ったのは，
第二次世界大戦後のアメリカにおいてである。

また，国際政治を権力政治の観点から特徴づけた **H.モーゲンソー**は，人間が利己的で権力欲を持っている点を強調し，そこから国家の権力性も説明できるとした。したがって，選択肢の冒頭にある「利他的」も誤りである。

2☒ 古典的リベラリズムは国家を前提に国際機関などの役割を重視する。

「国家の主権を制限して」の部分が誤りで，**古典的リベラリズムは国家間の協調や国際機関の役割に期待した。**国際連盟はしばしば古典的リベラリズムが具現化したものと理解されている。

3☒ ウォーラステインは世界システム論を唱えた。

世界システム論は，個々の国家よりも，**「中心」「半周辺」「周辺」といった概念で国際社会を説明する理論**である。ゆえに，「国家中心主義システム」という表現は妥当ではない。ちなみに，レーニンについても「自由主義の歴史」のところは「資本主義の歴史」が適切である。

4◎ コンストラクティビズムは，人間の認識に着目する理論である。

正しい。コンストラクティビズム（構成主義）は，**国家などの社会制度や政策は人間の思想と意思の産物である**として，エージェントとしての人間の認識を理解する必要を指摘する。

5☒ 「文明の衝突」を主張したのがハンティントンである。

前半は **F.フクヤマ**の「歴史の終わり」についての記述となっている。後半に「文明の衝突」が出てくるが，名前と学説がうろ覚えであっても，これがヒントとなって誤りに気づける。

No.3 の解説　国際関係理論

→問題はP.209 **正答2**

1 ✕ **ホフマンはリベラリズム（理想主義）の論者である。**

「国境を超える義務」とは，国家利益を上回る価値や倫理があるという主張である。リアリズムの言動とは思えない。

➡ 選択肢の冒頭に，リベラリズムが道徳を重視しない，とある。次の文で，リアリズムの論者が道徳の重要性を主張している，とある。リベラリズムとリアリズムが入れ替えられていることは，すぐに気づく。ホフマンが何を主張したのか詳しく知らなくても，正誤の判断はつく。

2 ◎ **ブルは3つの思想的伝統があったことを指摘した。**

正しい。そのうえで，ブルは**グロティウス的伝統を尊重すべきとし**，「国際社会」が国家の行動を規制する国際法や規範を作り出す点を重視した。

3 ✕ **コンストラクティビズム（構成主義）は間主観的な理解を重視する。**

選択肢にあるように，国家が一方的に持つ主観的イメージの「ぶつかり合い」が国際政治であるとすると，構成主義と呼ばれる理論は一体何を構成するのであろうか。国際規範についても，共通の認識が形成されていくことで受け入れられていくものであろう。

4 ✕ **恒久平和について論じた思想家はカントである。**

I.カントは1795年に『永遠平和のために』を出版した。この中でカントは，平和には国民代表が政治を動かす共和制が必要であると論じた。この哲学は**ドイルやラセットの「民主的平和論」**に受け継がれているといわれる。なお，選択肢ではドイルやラセットについて「民主主義より自由貿易体制が重要」とされているが，この点ももちろん誤りである。

5 ✕ **勢力均衡のモデルとされるのはウィーン体制である。**

一般にウィーン体制（1815～1848年）は，勢力均衡によって大きな国際紛争の抑制に成功したといわれている。また，国際政治学者であったキッシンジャーは，メッテルニヒ外交の研究でも知られ，ウィーン体制を高く評価している。第一次世界大戦後にナチスドイツが台頭して第二次世界大戦に至ったことを考えると，戦間期を勢力均衡のモデルにするのは無理だろう。

第4章

国際関係理論

1 ✕ **モーゲンソーは権力闘争を政治特有の原理であるとした。**

モーゲンソーが国際政治を「力によって定義される利益」をめぐる権力闘争ととらえたことはよく知られている。考えるべきは，モーゲンソーがこの原理を政治だけでなく，経済，文化，倫理などの「あらゆる局面」にも適用されると述べたか，である。彼は，政治を他の社会的営みとは別個の領域ととらえ，その特徴を権力闘争に求めたが，それを普遍的に適用できる社会原理とはみなさなかった。

2 ✕ **ナイは相互依存論の提唱者である。**

ゆえにナイは「国家間でのパワー」や「同盟」といった視点から国際関係を見ていない。戦争と平和について考察し，**冷戦について「平和は不可能だが，戦争はありそうもない」と指摘したのは，フランスの哲学者のレイモン・アロンである。**

3 ✕ **世界システム論は，世界を三層構造としてとらえる。**

国際社会を「周辺と中央の二極分化」という視点でとらえ，そこに搾取の構造を見いだすのは従属論の特徴である。一方，**ウォーラーステインは，「中心，準周辺，周辺」という三層構造で「世界システム」が成り立っているとした。** ここで「準周辺」諸国は，中心国から搾取を受けるものの，一方で周辺国を搾取する。

4 ✕ **ガルトゥングは直接的暴力も間接的暴力もない平和の実現を求めた。**

ガルトゥングは，人に直接向けられた暴力がない状態を「消極的平和」と呼び，**これに加えて，間接的・構造的な暴力もない「積極的平和」も追求していかなければならないと主張した。** ここで，「間接的・構造的暴力」というのは，貧困，差別など，暴力主体がはっきりとしないものの，受け手には被害や苦痛が及ぶものをさす。もちろん，これに着目したからといって，直接的な暴力のもたらす問題を軽視したわけではない。

5 ◎ **コンストラクティビズムは，主観的要素の重要性に着目した理論である。**

正しい。コンストラクティビズム（構成主義）は，国益などの実体的要素よりも，たとえば自国と他国の関係についての認識のような主観的要素が，国際関係の形成に影響を与えているとする。

→問題はP.211**正答2**

No.5 の解説 国際関係理論

　　　国際関係理論の基礎問題である。選択肢**3**と**5**は「勢力均衡」「同盟」という用語の意味理解だけで，**4**は「覇権安定論」の特徴がわかるだけで正誤が判断できる。学者名が登場する選択肢の**1**と**2**も難易度は高くない。

1 ✕ ナイは「パワー」を
「ハードパワー」と「ソフトパワー」に類型化した。

　　　ナイは，**軍事力や経済力を「ハードパワー」**と呼び，**価値観，理念，文化などによってもたらされる「ソフトパワー」**と区別した。そして，現代の外交では「ハードパワー」だけでなく「ソフトパワー」が重要になっていることを指摘した。

2 ◎ ウォルツは構造的現実主義を提唱した。

　　　正しい。ウォルツは，国際社会のシステムの秩序原理はアナーキーであるとし，ユニットにとっては生存戦略をとることが基本原理であると主張した。

3 ✕ 国際社会では，歴史上，勢力均衡は一般的な考え方である。

　　　ある大きな国が拡大路線をとるとき，その支配下に置かれるおそれのある国は，**他の国と同盟を組んで対抗する。**こうして成立するのが勢力均衡であり，昔から一般的な考え方である。なお，国際連盟がめざしたのは，**勢力均衡ではなく集団安全保障**である。

4 ✕ 覇権安定論はリアリズムの潮流に位置づけられる。

　　　「協調」ではなく**「力」を重視している点**で，リアリズムに属することは明らかである。なお，覇権国が提供する制度は「私有財」というよりも**「国際公共財」**としての性格が強い。

5 ✕ 米ソ冷戦は米ソという大国を中心に形成された同盟であった。

　　　「冷戦」が「米ソ」を軸にしたものであったことを思えば，すぐに誤りとわかる。なお，**「安全保障のジレンマ」**を前提にすれば，同盟外交は軍拡競争の「沈静化」ではなく，むしろその激化をもたらすものになるはずである。

第4章

国際関係理論

ア○ 国際レジームに関するクラズナーの有名な定義を引用している。

正しい。4つの具体例はいずれも適切である。確かに貿易レジームについては，貿易協定に関する会議体であったGATTが国際機構であるWTOに移行したが，それでもラウンド（多角的貿易交渉）において決定される貿易ルールを基礎に据えている点で，GATT時代はもちろん，今もなおレジームとしての面を有しているとみなすことができる。

イ○ 国際レジームが存在することを前提に，

ネオリアリズムがこれをどう解釈しているかが書かれている。

正しい。ネオリアリズムは，国際レジームを覇権国が他国の決定を促す手段とみなす。国際レジームの存在は覇権国のパワーの低下を意味するわけではない，というのである。

ウ○ 国際レジームが存在することを前提に，

ネオリベラリズムがこれをどう解釈しているかが書かれている。

正しい。『覇権後（after hegemony)』の著作があるコヘインによると，覇権国衰退前に制度化された国際レジームは，その維持が各国の利益となる以上，覇権国の衰退後も存続する。すなわち，覇権国と共に自動的に死滅するわけではない。

　　よって，正答は**5**である。

➡ なお，**ア**が正しいことは基礎知識で判断できるので，5択は，**ア**のみ，**ア**と**イ**，**アイウ**すべて，の3択となる。**イ**と**ウ**では理論の内容やキーワードを入れ替えて「誤り」とするケースが考えられるが，ここでは双方の解説とも理屈に合っている。

実戦問題 **2**　応用レベル

No.7　国際関係の理論に関する次の記述のうち，妥当なのはどれか。

【国家一般職・平成28年度】

1　覇権国というべき最強国が国際社会の安定に責任を持って行動することによって初めて国際秩序は維持されるという覇権安定論の考え方がある。この考え方によれば，米国は19世紀に覇権を握り，20世紀の2度の世界大戦の収拾に覇権国として指導力を発揮したということになる。

2　複数の対立する諸国家間の国力が同程度である場合には，力の均衡状態が生まれるという考え方を勢力均衡論という。この考え方においては，2つの大国の間で第三の国がバランサーとして重要な役割を果たすこともあり，さらに国力が小さい諸国は，何十か国も集まって，まとまったグループとして1つの力の極を形成して対抗することになるとされる。

3　複数の国々の間で経済的な交流が深まり，貿易関係の増大などを通じて相互に依存し合う関係が深まると，戦争の危険は低下すると考えられる。こうした考え方は「民主的平和論」と呼ばれ，民主主義国家どうしでは戦争が起こらないという議論を生み出している。

4　敵対する相手国と同じ程度の攻撃力を自国も持つことによって，相手の行動を抑止することができるとし，恐怖の均衡とも呼ばれた抑止論の考え方は冷戦中に発展し，核兵器による相互確証破壊という考え方も生まれた。こうした考え方に立って，冷戦中は対立する核保有国間での軍拡競争が防がれた。

5　侵略行為などの国際秩序を乱す国が現れたときには，その他の諸国が共同で対抗措置をとれる仕組みを作っておくことによって，秩序を乱す国の行動を抑制することができるとする考え方を集団安全保障という。対抗措置には武力行使を含む強制的な手段が含まれる。この考え方は，20世紀以降に国際社会の安全保障制度の原則となった。

＊＊
No.8 **国際関係におけるヘゲモニーに関する次の記述のうち，妥当なのはどれか。**

【国家総合職・平成25年度】

1 ヘゲモニーとは，国際関係において一国が突出したパワーを持ち，国際的なリーダーシップを発揮して国際公共財を提供することで国際秩序を形成し，その受益国をフォロワーとする仕組みのことである。16世紀以降の近現代ではどの時代でも継続的に見られる。

2 ヘゲモニー・サイクル（覇権循環）とは，覇権国が勃興，勝利，成熟，衰退という共通のサイクルを描き，覇権国の盛衰が歴史的に繰り返されたことを示す。19世紀後半から20世紀初頭の英国，第二次世界大戦後の米国などのヘゲモニー・サイクルを見ることができるが，それぞれのヘゲモニーを支えるパワーの基盤は歴史的に多様である。

3 覇権安定論とは，ヘゲモニーが成立している期間には，大国間の戦争が減り，国際秩序が安定するという説である。しかしR.コヘインは，ヘゲモニー衰退後も，覇権国主導で作られた国際レジームが持続性を持つため，国際秩序の安定が維持されると論じた。相反するこれらの見解は，いずれも伝統的な勢力均衡論に基づく主張である。

4 覇権国のパワーが低下し始めると，新興国家が既存の国際秩序へのチャレンジャーとして現れ，国際秩序の再編をめぐる闘争が展開し，チャレンジャーがかつての覇権国に代わって新たな覇権国としてヘゲモニーを確立する。16世紀以降，この繰り返しが100年から120年ほどの周期で見られた。

5 19世紀後半のパックス・ブリタニカは，海軍力と経済力で他を圧倒した英国がもたらした平和をさす。英国は「世界の工場」であり，「世界の銀行」であり，高関税政策と保護主義貿易で自らの帝国圏内での資本蓄積を強力に進めることができた。

No.9 国際政治の理論的な諸問題に関する次の記述のうち，妥当なのはどれか。

1 福澤諭吉は『文明論之概略』で，西洋の理想主義的な近代思想を唱える洋学紳士，帝国主義的な国土膨張を主張する豪傑君，人類の進歩の紆余曲折に配慮し，理想を追求しながらも，現実との妥協や調整を重んじて慎重であるべきだと考える南海先生の3人の架空の鼎談を記述した。このうち，南海先生の考え方が福澤に最も近いとされている。

2 他国をその意図に反しても従わせる力をハード・パワー，自国が望む結果を他国が望むようにする力をソフト・パワーと呼んだのはJ.ナイである。彼によれば，冷戦後には軍事力の効能が著しく低下し，ハード・パワーの行使はもはや効果的でなく，その国の価値や文化や政策の魅力で世界をリードするソフト・パワーがもっぱら重要となっている。

3 正義の戦争はあるのか，あるとしたらどのような戦争が正義にかなうものなのかを考えるのが正戦論であり，中世キリスト教思想においても多々論じられた。現代においてはM.ウォルツァーが，テクノロジーが高度化し大量虐殺の可能となった状況においてはいかなる意味でももはや正義の戦争はありえないとして，正戦の考え方を退けている。

4 イギリス学派に属するH.ブルは，「国際システム」は，主権国家が一定の共通利益と共通価値を自覚し，相互関係が共通の規則体系によって拘束され，共通の制度を機能させることに対して共に責任を負っているとみなしている場合に存在していると考えた。また，これと対照的に，「国際社会」は実際には存在せず，分析概念としては有益でないと考えた。

5 S.クラズナーによれば，国際レジームとは，ある争点領域においてその周囲にアクターの期待が収斂するような原則，規範，ルール，意思決定手続として定義される。国際レジームには，法的な形式を持つ公的なものだけでなく，慣行から形成されるような非公式のものも含まれる。

*国際政治学における安全保障をめぐる議論に関する次の記述のうち，妥当なのはどれか。

【国家一般職・令和3年度】

1 K.ウォルツは，戦争の原因を，個人，国家（国内），国際システムの3つのイメージによる異なる分析のレベルからとらえることができると論じた。ウォルツ自身は，国際システムを強調する第三イメージを重視し，ネオリアリズムの立場をとった。

2 トゥキュディデスの罠とは，新興国の台頭が，従来の大国に同盟を模索させる現象をさすものであり，防衛的な新興国アテネの行動が，従来の大国であったスパルタの脅威に映ってアテネとの同盟を模索させたことから始まったペロポネソス戦争を叙述した中世ヨーロッパの歴史家の名前に由来する。

3 勢力均衡は，多義的な概念である。権利の分布を客観的に叙述する場合や，ある国が圧倒的優越を達成するのを促進するように政策を遂行する場合などがある。自助のシステムとされる国際政治では，諸国が自らの行動を通じて勢力均衡を図るのは，基本的な安全保障策である。

4 覇権安定論とは，国際政治経済の秩序は，他を圧倒する国力を持つ覇権国の力の低下によって形成され維持されるとする考え方である。1970年代に国際経済体制が安定していった際に，その原因を覇権国としての米国の衰退に求める議論から生まれた。

5 集団安全保障は，紛争の平和的解決の仕組みとして国際連合憲章第6章で規定されており，国連憲章第2条第4項に規定されている武力行使の禁止に違反するなどの国際の平和と安全の脅威が発生した場合に，すべての国連加盟国が調停活動に協力する仕組みである。

No.11 国際政治を論じるに当たって，多くの論者は国内政治について成り立つ命題が，国際政治においても同様に成り立つという推定に依拠して議論を展開してきた。万人の万人に対する闘争から逃れるには，その上に立つ公権力が必要だという命題が，個人間のみならず国家間においても成り立つとする議論はその典型であると考えられる。このほかにも，国際政治学にはこの国内類推型の思考様式が散見される。この思考様式に関する次の記述のうち，妥当なのはどれか。

【国家総合職・平成24年度】

1 『危機の二十年』の中で大国の興亡を歴史的に分析したE.H.カーは，国内政治においてほぼ一定の周期で体制派と反対制派との勢力分布が逆転して革命が生じるのと同様に，国際政治においても一定の周期で覇権国と挑戦国との勢力分布が逆転して覇権戦争が勃発する傾向があると論じた。

2 『紛争の戦略』の中でT.シェリングは，国内の集団間の交渉においても国家間の交渉においても，交渉のテーブルにおいて集団や国家を対外的に代表する交渉者の裁量の範囲が小さくては好ましい交渉結果は得られないとして，国内世論の制約から逃れられない民主主義国の政府は国際交渉を進めるうえで不利であると論じた。

3 『国際政治理論』の中でK.ウォルツは，国内政治において小選挙区制が二大政党制をもたらすように，国際政治においても権力政治対立が二極体制を生むとしたうえで，二極体制は，その下で核軍備競争などがエスカレートし，対峙する二大超大国が互いに先制攻撃を仕掛ける動機を持つことになるために，大規模な戦争を引き起こす傾向があると論じた。

4 『第三の波』の中で人権侵害発生件数の歴史的増減には波があることを指摘したS.ハンティントンは，国内において人権侵害に関する訴追の威嚇が人権侵害の発生を未然に防ぐうえで有効であるのと同様に，国際刑事裁判所（ICC）による残虐行為に関する訴追の威嚇も，人権侵害の発生を未然に防ぐうえで有効だと論じた。

5 『アフター・ヴィクトリー』の中でG.J.アイケンベリーは，安定した秩序を築くには，力の非対称が生み出す関係国の不安を払拭しなければならないとして，国内において立憲体制が権力の抑制を通じて国内秩序に安定をもたらすのと同様に，大規模な戦争の後の国際的な制度形成は，主導国の権力の抑制を通じて国際秩序に安定をもたらすと論じた。

I argue that self-help and power politics do not follow either logically or
causally from anarchy and that if today we find ourselves in a self-help world,
this is due to process, not structure. There is no "logic" of anarchy apart from
the practices that create and instantiate one structure of identities and
interests rather than another; structure has no existence or causal powers
apart from process. Self-help and power politics are institutions, not essential
features of anarchy. Anarchy is what states make of it.

	筆者	学派
1	J.ボードリヤール	ポストモダニズム
2	A.ウェント	コンストラクティヴィズム
3	K.ウォルツ	ネオリアリズム
4	K.ホルスティ	古典的リアリズム
5	S.ホフマン	ネオマルキシズム

実戦問題 ❷ の解説

No.7 の解説　国際関係理論

1 ✕ **覇権安定論によれば**
アメリカが覇権国としての活動を始めたのは第二次世界大戦からである。
覇権安定論が「覇権による安定」を主張し，しかももし19世紀末からアメリカが覇権を握っていたというのなら，2度の世界大戦のような「不安定」が起きたことと理論的に矛盾するはずである。これについて，覇権安定論者であるキンドルバーガーは，19世紀末にはイギリスの覇権が揺らぎ始めていたものの，アメリカがそれを積極的に引き継ごうとしなかったため，戦間期の混乱が生じたと分析した。アメリカが覇権国家としての役割を引き受けるようになったのは，第二次世界大戦になってからとされたのである。

2 ✕ **大国は勢力均衡に向けて小国を同盟関係に取り込むことも多い。**
一般的に勢力均衡論は，2つの大国が同盟外交によって勢力のバランスを取ることを想定する。第三国が「バランサー」として振る舞うことも可能かもしれないが，両陣営から味方につくように求められ，中立を維持するのが難しくなるケースをむしろ想定するべきであろう。また，小国の集まりで1つの極を作って大国に対抗できるのであれば，「大国」は名ばかりの存在になってしまう。大国間の競合において，むしろ小国が大国の同盟に取り込まれていくことを想定するのが，勢力均衡の考え方からすれば適切であろう。

3 ✕ **民主的平和論は，民主主義国どうしの2国の場合，**
軍事紛争を起こす確率が低いと指摘している。
民主的平和論が着目したのは政治体制である。「経済的な交流」の在り方が理論のベースにされたわけではない。経済的な相互依存が進むと軍事力の重要性が低下していくと指摘したのは，相互依存論と呼ばれる理論グループである。「相互に依存」という表現を見て，相互依存論を想起し，これと民主的平和論がイコールではなかったことに気づけば，正誤の判断は容易である。

4 ✕ **冷戦中には米ソの軍拡競争が見られた。**
相互確証破壊は1960年代の核抑止の基本的考え方になっていた。しかし，それでも米ソ両国とも軍拡競争を完全にやめようとはしなかった。確かに1970年代から米ソは保有する核兵器の数を制限するようになったが，一方で宇宙空間への武器配備が検討されるなど，軍備の拡張は続いた。

5 ◎ **国際連盟と国際連合によって集団安全保障の理念は現実の制度となった。**
正しい。国際社会を構成する国のほとんどすべてが今では国連の加盟国である。集団安全保障の理念は現在の国際社会の安全保障制度の原則になっているといってよい。

1 × ヘゲモニー（覇権秩序）は
「近現代ではどの時代でも継続的に」見られたとはいえない。

選択肢の定義には「国際公共財を提供することで国際秩序を形成」とあるが，秩序があるのだったら覇権国が参加する戦争は起きないはずである。実際には，**覇権国の力の低下や，これに挑戦しようとする国の力の増大によって，覇権秩序が揺らぎ，覇権をめぐる戦争が起きてきた。**

2 ◎ ウォーラーステインの「世界システム論」に基づく
覇権循環の考え方を示している。

正しい。なお，ウォーラーステインは，**近代以降の覇権国は，17世紀中頃のオランダ，19世紀後半から第一次世界大戦までのイギリス，第二次世界大戦後からベトナム戦争までのアメリカの3か国だけとした。**パワーの要因は，時代が異なる以上，海運であったり産業革命（工業）であったりと，多様である。

3 × 覇権安定論もコヘインの理論も勢力均衡論に基づくものではない。

最初の文は，ギルピンによる覇権安定論の基本的考え方を示している。その修正をレジーム論によって図ったコヘインの議論を示す第2文も正しい。違っているのは最後の文である。第1文と第2文で紹介した2つの理論を「相反する見解」と説明したうえで，「いずれも伝統的」な「勢力均衡論」と一緒くたに位置づけているのだから，誤りであることはあまりにも明白である。

4 × 覇権循環論は，
ヘゲモニーを支えた国が覇権国の地位を継承すると指摘する。

継承国はヘゲモニーに挑戦した国ではなく，ヘゲモニーを支えた国である，という点が重要である。たとえば，イギリスの覇権に挑戦したのはドイツであったが，結局ドイツは2度の世界大戦に敗れ，イギリスを支援したアメリカが新たに覇権国になった。

なお，**覇権の交代が100～120年の周期で代わると述べたのは，G.モデルスキーである。**彼は，ウォーラーステインと異なり，覇権国を16世紀はポルトガル，17世紀はオランダ，18世紀と19世紀はイギリス，20世紀はアメリカととらえている。そして，それぞれの覇権国には挑戦国（スペイン，フランス，ドイツ，ソ連）があったが，覇権を奪い取ることはできなかったと指摘する。

5 × 覇権を取ったイギリスは強力な経済力を背景に自由貿易主義を採用した。
関税の引き下げも進めた。ただし，自由貿易主義とはいっても，相手によっては不平等な通商条約を強大な軍事力を背景に強要することもあった。

→問題はP.221 **正答5**

No.9 の解説　国際関係理論

1 ✕ **この架空の鼎談は，中江兆民が『三酔人経綸問答』で書いた。**

福澤諭吉の『文明論之概略』ではない。ちなみに，福澤はこの本で東西の文明の特徴や西洋文明を学ぶ必要性などを説いている。

2 ✕ **ナイはソフトパワーの重要性を指摘した。**

ナイは文化力のようなソフトパワーの重要性を指摘したが，かといって軍事力や経済力などのハードパワーが「もはや効果的ではなくなった」とまではいっていない。

➡「彼」から後ろの文には，３つの主張が，それぞれずいぶんと強い言葉とともに表現されている。「著しく低下」，「もはや……ない」「もっぱら」といった言葉である。学者はバカではない。そこまで断言するだろうかと考えれば，誤りだとすぐわかる。ちなみに，ナイは政府に入って活躍した学者としても知られている。アメリカのクリントン政権においては，国際安全保障担当の国防次官補を務めた。軍事力の効果を完全否定するわけはない。

3 ✕ **政治思想家のウォルツァーは「正戦（正しい戦争・正義の戦争）」とはどのようなものかを考察した。**

ウォルツァーは，戦争における道徳の問題を取り上げ，**侵略を受けた場合や人道的介入が必要な場合には戦争という手段を用いることは道徳的に正当化される**とした。

なお，彼は大義を有する戦争であれば，どんな非道なこともしてもよいわけではないとも指摘する。**戦う理由の正しさと，戦い方の正しさは違うのである。**もちろん，正しく戦おうとして不利になっては戦う理由を完遂できない。こうして，彼は戦争における勝利と正しく戦うこととの間には深刻なジレンマがあることを指摘したのである。

4 ✕ **「国際システム」は複数の国家が相互に接触し，互いの決定に影響を及ぼしうる状態である。**

選択肢は「国際システム」ではなく「国際社会」についての記述になっている。ブルは，複数の国家が相互に接触し，互いの決定に影響を及ぼしうる状態を**「国際システム」**と呼び，さらにそれらの国家が共通の利益や価値を自覚した国家集団になった段階を**「国際社会」**と呼んだ。「国際社会」は次第に共通規則や共通制度を作り出すようになり，アナーキーではなくなっていく。国際社会は彼によればアナーキーだが無秩序ではない，すなわち**「アナーキカル・ソサエティ」**なのである。

5 ◎ **レジームには非公式のものも含まれる。**

正しい。クラズナーによる有名な国際レジームの定義がそのまま書かれている。なお，「レジーム（体制）」は，それ自体は法規範に基づかなくても，事実上のルールとして機能しており，国際的な相互依存はしばしば国際レジームへと収斂していく。

　国際関係理論の基本概念の復習問題である。「勢力均衡」「覇権安定論」「集団安全保障」がわかっていれば，選択肢は2つに絞られる。

1 ◎ ウォルツは，戦争の原因を国際システムに求めた。

正しい。戦争の原因については多くの研究者が政治リーダーや国家の意図に注目してきたが，ウォルツはそれを**国際システム**に求めた。

2 ✕ トゥキュディデスの罠とは，

新興国の台頭が従来の大国の脅威となり戦争をもたらすことをいう。

ペロポネソス戦争について書いた古代の歴史家トゥキュディデスは，軍事大国であったスパルタが経済力で台頭してきたアテネに恐怖を抱いたため，戦争を引き起こしたと説明した。これを一般化し，現代の国際政治学者のアリソンは，台頭する新興国とそれを警戒する既存の大国の関係が戦争へと発展する危険性を「**トゥキュディデスの罠**」と呼んだ。

➡「罠」である以上，恐ろしい結果にならないといけない！

3 ✕ 勢力均衡は他国の圧倒的優越を阻止するための国家戦略である。

「権利の分布」とあるのは「権力の分布」が適切である。また，「ある国が圧倒的優越を達成するのを促進」とあるのは「達成するのを阻止」となっていないとおかしい。

4 ✕ 覇権安定論は

覇権国の衰退によって国際経済体制が不安定化すると指摘する。

他を圧倒する国力を持つ**覇権国によって国際社会が安定する**というのが覇権安定論の主張である。この論者は，覇権国アメリカがベトナム戦争で疲弊した結果，1970年代の国際経済体制が不安定化したと指摘する。

5 ✕ 集団安全保障は全加盟国による制裁を前提としている。

集団安全保障は，すべての加盟国が平和を脅かした違反国に**軍事的あるいは経済的な制裁**を加えることで，平和回復を図るという考え方である。そもそも安全保障とは軍事活動を念頭に置いた言葉であり，「調停活動に協力」程度では安全保障の実施とはいえない。ちなみに，集団安全保障についての規定があるのは**国連憲章第7章**である。

No.11 の解説 国内類型論 →問題はP.223 **正答2**

1✕ **覇権循環論の代表的理論家はモデルスキーである。**
リアリズムの理論的系譜は，勢力均衡論から覇権論へと展開していく。カー
はリアリズムの重要性を説いた初期の理論家であり，覇権国の存在を念頭に
置いた理論展開をしたわけでない。一方，**モデルスキーは，100〜120年
で覇権国が循環していくと考え，その転換点では覇権国と挑戦国との間で
「覇権戦争」が起きる**とした。

2✕ **シェリングは紛争の戦略を研究し，
相互抑止には報復力の強化が必要であると述べた。**
シェリングは，国際交渉における民主的制約を論じたわけではなく，**ゲーム
理論を駆使して冷戦における核抑止や限定戦争のシナリオを検討した。**そし
て，共有されたリスクを持つ冷戦ゲームにおいては瀬戸際作戦が有効である
ことなどを指摘した。

3✕ **ウォルツは「二極システム」は安定するとした。**
戦争の発生について，ウォルツは「国際システムにおけるパワーの配分」が
最も重要な説明要因であることを指摘した。そして，その類型には「多極シ
ステム」と「二極システム」があるが，複数の極に力が分散し，アクター間
で誤解などが生じやすい多極システムよりも，アクター相互の行為予測がし
やすく，また利己的な行動を抑制しがちな二極システムのほうが安定すると
考えた。

4✕ **ハンティントンは「民主化の波」を3期に分けた。**
『第三の波』は，歴史上，民主化に「3回の波」があったという前提で，特
に近年の3回目の民主化の特徴を分析したハンティントンの著作である。彼
は，1回目の民主化をアメリカ独立やフランス革命に影響された時代（1828
〜1926年），2回目を第二次世界大戦後の民主化の時代（1943〜1962年），そ
して**3回目を南欧・東欧諸国が民主化した時代（1974〜1990年代）**と
区分し，3回目については，経済，教育，宗教，メディアなどの要因が多面
的に作用したことを指摘している。

5◎ **アイケンベリーは，戦後の国際秩序では
戦勝国が権力行使を抑制することが重要であると指摘した。**
正しい。アイケンベリーは，歴史の研究から，**戦勝国が自国の権力行使を抑
制し，立憲的な国際制度の構築にかかわるべきである**と主張した。たとえ
ば，第二次世界大戦後に国際政治システムが安定したのも，アメリカが覇権
的パワーに頼らず，むしろ立憲的な制度構築を進めたためであるとしてい
る。

英文の要旨

　自助や権力政治は，論理的にも因果的にも，アナーキー（無政府・無秩序状態）から生じるものではない。もし私たちが自助の世界にいるとすれば，それは構造にではなく，過程に起因する。アイデンティティや利害の独特な構造を創り示す実践から離れたところに，アナーキーの「論理」はない。つまり，過程から離れて構造が存在し，因果関係を持つわけではない。自助や権力政治は制度であり，アナーキーの本質的特徴ではない。アナーキー（の特徴）は，各国家が作るものだ。

　筆者は，国際社会を特徴づけるアナーキーについて，構造ではなく，アイデンティティや利害を反映した「実践」に着目すべきだと述べている。なお，最後の文は，このウェントの論文のタイトルにもなっているが，格言のように使われる「Life is what you make it.＝人生は自分で作るもの」のもじりである。

1✕ ボードリヤールはポストモダニズムの社会学者であり，「9.11」や暴力について独自の見方を示している。この問題文とは無関係である。

2◎ 正しい。**ウェントのコンストラクティビズム（構成主義）は，自国と他国の関係についての認識の変化が国際関係に影響を与えているとする理論である。**

3✕ ネオリアリズムのうち**ウォルツの理論は，アナーキーにおける構造＝大国の配置を重視する。**ウェントの理論は，ウォルツの理論への批判にもなっている。

4✕ ホルスティの理論は，国際政治における権力闘争を前提に，戦争の原因と平和の条件を考察するものであり，古典的リアリズムに属する。

5✕ ホフマンは通常はリベラリストに含められ，ネオマルキシズムの系列には入れられない。

　➡ 問題文を読みながら「process」や「make」にかかわりが深い言葉を選択肢で探せば，「construct」の可能性が高いことがわかる。問題文には「institution」も出てくるが，リベラリズムが選択肢にないので，そこがポイントでないこともわかる。
　なお，ボードリヤールは社会学者として著名であり，ホルスティやホフマンは，それぞれの学派の中心人物とはいえないレベルの理論家である。

実戦問題 3 発展レベル

***
No.13 ア，イ，ウの文章とその著者の組合せとして妥当なのはどれか。

【国家総合職・平成28年度】

ア：The Cold War, with all of its rivalries, anxieties, and unquestionable dangers, has produced the longest period of stability in relations among the great powers that the world has known in this century; it now compares favorably as well with some of the longest periods of great power stability in all of modern history.

イ：The main signpost that helps political realism to find its way through the landscape of international politics is the concept of interest defined in terms of power. This concept provides the link between reason trying to understand international politics and the facts to be understood.

ウ：Theories of international politics can be sorted out in a number of ways. Elsewhere I have distinguished explanations of international politics, and especially efforts to locate the causes of war and to define the conditions of peace, according to the level at which causes are located — whether in man, the state, or the state system.

	ア	イ	ウ
1	J.L.Gaddis	K.N.Waltz	H.J.Morgenthau
2	K.N.Waltz	H.J.Morgenthau	J.L.Gaddis
3	J.L.Gaddis	H.J.Morgenthau	K.N.Waltz
4	H.J.Morgenthau	K.N.Waltz	J.L.Gaddis
5	H.J.Morgenthau	J.L.Gaddis	K.N.Waltz

第4章

国際関係理論

💎 **No.14** ア，イ，ウの英文は，国際関係理論に関する文献の一部である（一部変更している箇所がある）。それぞれの文章とその著者の組合せとして妥当なのはどれか。

【国家総合職・平成29年度】

ア：It is often maintained that the existence of international society is disproved by the fact of anarchy, in the sense of the absence of government or rule. It is obvious that sovereign states, unlike the individuals within them, are not subject to a common government.《中略》But the modern international system does not entirely resemble a Hobbesian state of nature.《中略》It is also an international society, at least in the sense that international society has been one of the elements permanently at work in it.

イ：In any self-help system, states worry about their survival, and the worry conditions their behavior.《中略》A state worries about a division of possible gains that may favor others more than itself.《中略》A state also worries lest it become dependent on others through cooperative endeavors and exchanges of goods and services.《中略》States do not willingly place themselves in situations of increased dependence. In a self-help system, considerations of security subordinate economic gain to political interest.

ウ：The question is whether self-help is a logical or contingent feature of anarchy.《中略》A fundamental principle of constructivist social theory is that people act toward objects, including other actors, on the basis of the meanings that the objects have for them. States act differently toward enemies than they do toward friends because enemies are threatening and friends are not. Anarchy and the distribution of power are insufficient to tell us which is which. U.S. military power has a different significance for Canada than for Cuba, despite their similar "structural" positions.

	ア	イ	ウ
1	K.Waltz	A.Wendt	H.Bull
2	H.Bull	K.Waltz	A.Wendt
3	K.Waltz	H.Bull	A.Wendt
4	H.Bull	A.Wendt	K.Waltz
5	A.Wendt	K.Waltz	H.Bull

***
No.15 次の図は，ヘゲモン（覇権国）が立憲的制度を作り出して自らの権力を制約し，安定した国際秩序が形成されるメカニズムについて，ヘゲモンとセカンダリー国家（フォロワー）それぞれの相対的な権力および権力資産の利得の時間的変化を示したものである。この図に基づいて説明している記述として，妥当なのはどれか。

【国家総合職・平成27年度】

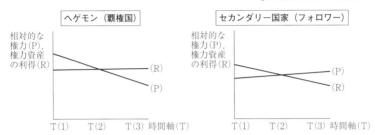

1 The postwar Western order fits this basic logic. Its open and decentralized character invites participation and creates assurances of steady commitment. Its institutionalized character also provides mechanisms for the resolution of conflicts and creates assurances of continuity. Moreover, like a marriage, the interconnections and institutions of the partnership have spread and deepened.

2 By making the two strongest states still more powerful and the emergence of third powers more difficult, nuclear weapons have helped to consolidate a condition of bipolarity. It is to a great extent due to its bipolar structure that the world since the war has enjoyed a stability seldom known where three or more powers have sought to cooperate with each other or have competed for existence.

3 The main signpost that helps political realism to find its way through the landscape of international politics is the concept of interest defined in terms of power. This concept provides the link between reason trying to understand international politics and the facts to be understood.

4 In the Periphery nation, the center grows more than the periphery, due partly to how interaction between center and periphery is organized. Without necessarily thinking of economic interaction, the center is more enriched than the periphery.

5 Offensive realists, on the other hand, believe that status quo powers are rarely found in world politics, because the international system creates powerful incentives for states to look for opportunities to gain power at the expense of rivals, and to take advantage of those situations when the benefits outweigh the costs. A state's ultimate goal is to be the hegemon in the system.

No.16 冷戦後の世界について論じた次の文章に関し，内容的にその主張と最も関連の深い見解として妥当なのはどれか。

【国家総合職・平成28年度】

Nation states remain the principal actors in world affairs. Their behavior is shaped as in the past by the pursuit of power and wealth, but it is also shaped by cultural preferences, commonalities, and differences. The most important groupings of states are no longer the three blocs of the Cold War but rather the world's seven or eight major civilizations. Non-Western societies, particularly in East Asia, are developing their economic wealth and creating the basis for enhanced military power and political influence. As their power and self-confidence increase, non-Western societies increasingly assert their own cultural values and reject those "imposed" on them by the West. The "international system of the twenty-first century," Henry Kissinger has noted, "… will contain at least six major powers — the United States, Europe, China, Japan, Russia, and probably India — as well as a multiplicity of medium-sized and smaller countries." Kissinger's six major powers belong to five very different civilizations, and in addition there are important Islamic states whose strategic locations, large populations, and/or oil resources make them influential in world affairs. In this new world, local politics is the politics of ethnicity; global politics is the politics of civilizations. The rivalry of the superpowers is replaced by the clash of civilizations.

1 I am concerned with the theoretical moves that have evacuated the people and traits of "women" from International Relations theory, and seek to offer a feminist method that can disturb the train of gender stories that touts a certain homesteading experience at the expense of others. I argue that the early debates in the field, and the pretheoretical discussions about international relations that preceded them, helped to establish International Relations as a "man's" realm of politics.

2 Nonviolence is the greatest force at the disposal of mankind. It is mightier than the mightiest weapon of destruction devised by the ingenuity of man. Destruction is not the law of the humans. Man lives freely by his readiness to die, if need be, at the hands of his brother, never by killing him. Every murder or other injury, no matter for what cause, committed or inflicted on another is a crime against humanity.

3　We understand that wars cannot be abolished unless classes are abolished and socialism is created; we also differ in that we regard civil wars, i.e. wars waged by an oppressed class against the oppressor class, by slaves against slaveholders, by serfs against landowners, and wage-workers against the bourgeoisie, as fully legitimate, progressive and necessary.

4　The cultural gap between Islam and America's Christianity and Anglo-Protestantism reinforces Islam's enemy qualifications. And on September 11, 2001, Osama bin Laden ended America's search. The attacks on New York and Washington followed by the wars with Afghanistan and Iraq and the more diffuse "war on terrorism" make militant Islam America's first enemy of the twenty-first century.

5　The great turning points in world history have been provided by these hegemonic struggles among political rivals; these periodic conflicts have reordered the international system and propelled history in new and uncharted directions. They resolve the question of which state will govern the system, as well as what ideas and values will predominate, thereby determining the ethos of succeeding ages.

第4章

国際関係理論

No.17 次の英文は，ある文献の序文の一部である。著者がそれに続く部分で唱えている主張として妥当なのはどれか。

【国家総合職・平成29年度】

What do states that have just won major wars do with their newly acquired power? My answer is that states in this situation have sought to hold onto that power and make it last, and that this has led these states, paradoxically, to find ways to set limits on their power and make it acceptable to other states. Across the great postwar settlements, leading states have increasingly used institutions after wars to "lock in" a favorable postwar position and to establish sufficient "strategic restraint" on their own power as to gain the acquiescence of weaker and secondary states. Leading postwar states might ideally want to tie other states down to fixed and predictable policy orientations and leave themselves institutionally unencumbered. But in seeking the institutional commitment of less powerful states — locking them into the postwar order — the leading state has to offer them something in return: some measure of credible and institutionalized restraint on its own exercise of power.

1 I argue that the prospects for major crises and war in Europe are likely to increase markedly if the Cold War ends and this scenario unfolds. The next decades in a Europe without the superpowers would probably not be as violent as the first 45 years of this century, but would probably be substantially more prone to violence than the past 45 years.

2 From imperialism to Empire and from the nation-state to the political regulation of the global market: what we are witnessing, considered from the point of view of historical materialism, is a qualitative passage in modern history. When we are incapable of expressing adequately the enormous importance of this passage, we sometimes quite poorly define what is happening as the entry into postmodernity.

3 Today, the myth of interdependence both obscures the realities of international politics and asserts a false belief about the conditions that may promote peace. The size of the two greatest powers gives them some capacity for control and at the same time insulates them to a considerable extent from the effects of other states' behavior. The inequality of nations produces a condition of equilibrium at a low level of interdependence.

4 Most important, in the settlements of 1815, 1919, and 1945, the leading states made increasingly elaborate efforts to institutionalize the postwar security relations between the major powers. Rather than rely simply on balance-of-power strategies or preponderant power, they sought to restrain power, reassure weaker potential rivals, and establish commitments by creating various types of binding institutions.

5 The postmodern European order faces the same dangers as the United States. First, there is the danger from the pre-modern. We may not be interested in chaos but chaos is interested in us. In fact chaos, or at least the crime that lives within it, needs the civilized world and preys upon it. Open societies make this easy. At its worst, in the form of terrorism, chaos can become a serious threat to the whole international order.

【国家総合職・平成29年度】

ア：The effects of transactions on [A] will depend on the constraints, or costs, associated with them. A country that imports all of its oil is likely to be more dependent on a continual flow of petroleum than a country importing furs, jewelry, and perfume (even of equivalent monetary value) will be on uninterrupted access to these luxury goods. Where there are reciprocal (although not necessarily symmetrical) costly effects of transactions, there is [A]. Where interactions do not have significant costly effects, there is simply interconnectedness.

イ：Realist theories are not invalidated by the post-1989 transformation of world politics. Indeed, they explain much of the story. Realism is rich and varied, and cannot be limited just to [B], which deals poorly with change. Many criticisms of realism based on the post-1989 system transformation contrast the most parsimonious form of realism, Kenneth Waltz's [B], with the richest and most context-specific alternative explanations derived from liberalism, the new institutionalism, or constructivism. This is not a fair or convincing approach to the evaluation of theories.

ウ：[C] is not the only world-system that has existed. There were many others. It is, however, the first one that was organised and able to consolidate itself as a capitalist world-economy. Although initially formed primarily in (part of) Europe, its inner logic propelled it to seek the expansion of its outer boundaries. Over some four centuries, it proved durable and strong enough to be capable repeatedly of incorporating new areas and peoples within its division of labour until, by the late nineteenth century, its organisation or integrated labour processes effectively covered the entire globe, the first world-system in history to achieve this.

	A	B	C
1	interdependence	structural realism	The modern world-system
2	globalization	rational theory	Pax Americana
3	dependency	structural realism	Westphalian System
4	interdependence	structural realism	Westphalian System
5	globalization	rational theory	The modern world-system

実戦問題 3 の解説

→問題はP.231

No.13 の解説　国際関係理論　　正答 **3**

英文の要旨

ア　対立，不安，疑いない危険を伴った「冷戦」は，今世紀では最も長い期間，大国間の関係を安定させてきた。これは近代史における他の大国関係の安定に十分比肩しうるものである。

イ　現実主義が国際政治を理解するための主な指標は，権力によって定義された国益の概念である。この概念は，国際政治を理解しようという理性と理解されるべき事実とを結びつける。

ウ　国際政治の理論はさまざまに分類できる。私は国際政治のこれまでの説明を，特に戦争の原因や平和の条件をはっきりさせる努力を，原因とされたのが人，国家，あるいは国家のシステムのどれであったかで区分けしてきた。

　アは，ギャディスの『ロング・ピース』からの引用である。**冷戦は「戦争」ではなく「平和」な時代だったととらえた**ことで知られる。

　イは，モーゲンソーの古典的学説を示している。**国際政治は各国の「国益の追求」の観点から分析すべきだ**としたことで知られる。

　ウは，ウォルツの著作からの引用である。**戦争の原因は人や国家よりもシステムにある**と指摘したことで知られる。

　よって，正答は**3**である。

➡ 選択肢に登場する学者は3名だけなので，3つの対応関係すべてを確認する必要はない。英文と学者名の組合せが2つわかれば，残り1つは自動的に決まるのである。また，もし1つの組合せだけ確実にわかった段階で正答が決まるような問題ではまずいと作問者が考えたとすれば，**ア**では**2**，**イ**では**5**，**ウ**では**1**がそれに当たるので，正答は**3**と**4**の可能性が高いと見て，この2つの組合せから検討すべきだ。さて，3人の学者の中では最も有名なモーゲンソーの学説は**ア**と**イ**のどっちだろうか？

第4章 国際関係理論

人名のうち，ウォルツは「構造的現実主義」，ウェントは「構成主義（コンストラクティビズム）」，ブルは「英国学派」の理論家として知られている。選択肢の組合せを見ると，3人のうち2人がわかれば，あとの1つは自然と決まるようになっている。

英文の要旨

ア よくいわれることだが，国際社会の存在は，政府あるいはルールがない点でアナーキーであるという事実から，誤解されている。明らかに，主権国家は，そこにおける個人と異なり，共通の政府には従っていない。とはいえ，近代国際システムは，ホッブズ的な自然状態と完全に似たものではない。近代の「国際システム」は，少なくとも自然状態において持続的に機能してきた1つの要素であったという意味において，「国際社会」なのである。

イ いかなる自助のシステムにおいても，国家はその存続を気にかけており，またその心配が国家の行動を条件づけている。国家は，自国よりも他国に都合よく利益が分けられることを懸念する。国家は，協力の試みや財・サービスの交換によって他国に依存してしまわないか，心配する。国家は，依存が増える状況に自らを置こうとはしない。自助努力のシステムでは，安全保障について考えることにより，経済的利得よりも政治的利益が重視される。

ウ 問題は，自助努力がアナーキーの論理的特徴なのか，偶然的特徴なのかということである。コンストラクティビズムの社会理論の基本原則では，人は対象（他者を含む）に向かって行動する。その対象が彼にとってどういう意味を持つかをもとに，である。国家は，友に対する場合と敵に対する場合で違う行動をする。敵は脅威だが友は違うからである。アナーキーや権力の分配は，友なのか敵なのかを十分に教えてくれない。アメリカの軍事力は，カナダとキューバでは違った重要性を持っている。両国の「構造的な」地位は似ているにもかかわらず，である。

アは，ホッブズ的な見方を否定し，**「国際システム」と「国際社会」を分けている**ことから，国家間で形成される法的規制や規範を重視する英国学派の「ブル」だとわかる。

イは，他国への依存よりも自助を重視する現実主義的な見方をしている。「ウォルツ」が該当する。

ウは，国際関係の状況を知るうえで，認識が重要であることを示している。しかも「constructivist」という単語も出てくる。「ウェント」が該当する。

よって，正答は**2**である。

No.15 の解説 覇権理論

→問題はP.233 **正答 1**

　まずは日本語の問題文をよく読んでみよう。覇権国が自己抑制すれば「安定した国際秩序」が形成される話だと書かれている。対立や紛争が起きそうな記述とは矛盾することがわかる。

　しかも，定義上「覇権国」は１国であり，だからこそ「セカンダリー国家」という言い方がなされている。「フォロワー」とも書いてあるのだから，冷戦時代の米ソのような２つの大国の存在を念頭に置いていないこともわかる。

　次に図を見てみよう。ヘゲモンの図は，覇権国のパワーが次第に落ちていくことを示している。覇権国が，あたかも独裁者のように，時間とともにますます権力を強めていくようには示されていない。一方，セカンダリー国家の図は，こうした国家が権力を少しずつ高めていくものの，権力を持つことで得られる利得は低下してくことを示している。これではどんどん権力を増やして覇権を握ろうという動機は薄らいでいくだろう。

英文の要旨

　1　戦後の西側の国際秩序はこの基本論理に適合している。その開放的で分権的という特徴は（セカンダリー国家の）参加を促し，安定的な関与を生み出す。その制度化という特徴は紛争解決のメカニズムを提供し，秩序の継続性を保証する。結婚のように，パートナーの相互のつながりや制度化が拡大・深化してきたのである。

　2　核兵器は，２つの強国をよりパワフルにし，第三勢力の台頭をより難しくさせることで，二極構造を確かなものにしてきた。３つ以上の勢力が協力したり生存競争をしたりしてきた時代を思えば，**戦後の世界がまれなる安定を享受してきたのは，この二極構造に負うところがかなり大きい。**

　3　現実主義が国際政治を理解するための主な指標は，**権力によって定義された国益の概念である。**この概念は，国際政治を理解しようという理性と理解されるべき事実とを結びつける。

　4　周辺と中心の相互関係がどう組織化されるかにもよるが，**中心は周辺よりも成長する。**経済的相互作用を考えずとも，中心は周辺よりも豊かになるのだ。

　5　**攻撃的現実主義は，現状維持指向の国はまれだと考える。**国家は敵対国を退けて権力を得る機会を求め，コストより利得が大きければそういう機会をうまく利用しようとする強い誘因を国際システムは創り出すからである。国家の究極の目標は覇権国になることなのだ。

1 ◎ 正しい。アイケンベリーの「アフター・ヴィクトリー」の考え方である。

2 × ギャディスのロング・ピース論を表している。

3 × モーゲンソーの古典的リアリズムの考え方を示している。

4 × マルクス主義的な国際関係理論に見られる「中心―周辺」の考え方を示している。

5 × ミアシャイマーの攻撃的現実主義の主張である。

英文の要旨

　国民国家は今も国際関係では主たる存在である。ただ，その行動は，昔ながらの権力や富の追求によってだけでなく，文化の共通性や差異によっても形成されている。国家について最も重要なグループ分けは，もはや冷戦時代の3ブロックではなく，7～8の文明なのである。非西欧社会，なかでも東アジアは，経済的に繁栄し，軍事力や政治力を高めているが，こうして力と自信を増した非西欧社会は，だんだん自身の文化的価値を強調し，西欧文化の「押しつけ」を拒否するはずだ。キッシンジャーは，21世紀の国際システムは最低6つの主要国を含むと書いたが，これらは5つの異なる文明に属している。これらに加えて，イスラム諸国も，地理的重要性によって，人口の多さによって，あるいはまた石油資源によって，国際関係に影響力を持っている。この新しい世界では，地域政治はエスニシティ（民族）をめぐる政治となり，世界政治は文明をめぐる政治となる。超大国の競争は文明の衝突に取って代わられるのだ。

　この問題文の特徴は，国際政治を「**文明の衝突**」として見ていることである。**1**から**5**の選択肢のうち「文明の衝突」と内容的に整合するのは**4**だけである。

1✕　これまで「男性の世界」と見られてきた国際関係の理論に，「フェミニズム」の観点を導入すべきだと主張している。

2✕　殺人や傷害はいかなる理由があろうとも人間性に対する罪であるとして，「非暴力」の重要性を指摘している。

3✕　階級がなくなり「社会主義」が作られないと，戦争はなくならない。それゆえ，階級間の内戦は正当で必要なものであると述べている。

4◎　正しい。イスラム教とキリスト教の文化的なギャップが，イスラム敵視につながること。「テロリズムに対する戦争」により，21世紀のアメリカがイスラムを第一の敵と見るようになったことを指摘している。

5✕　世界史の転換点をもたらしてきたのは，ライバル国家どうしの周期的な「覇権闘争」であったと述べている。

問題文の要旨

　大きな戦争に勝利したばかりの国は，新たに獲得した権力をどうするか。私の答えはこうだ。こうした状況にある国家は，権力にしがみつき，それを持続させることを追求してきた。そして，逆説的だが，自分たちの権力を制限する方法を見出し，他国がそれを受け入れられるようにしてきた。大戦争後の和解で共通なのは，リーダー国家が，戦後の好ましい地位を「固定化する」ために，そしてより弱い第二レベルの国家の黙従を得られるに十分な「戦略的制

約」を自身の権力に設定するために，戦後の制度を次第に多く利用するようになるということである。戦後のリーダー国家にとって理想的なのは，他国を決められた予想可能な政策に縛りつけ，自国は制度で制約されない状態にすることである。しかし，力のない国に制度的関与を求めるには，すなわちそれらを戦後秩序の中に閉じ込めるには，リーダー国家は何か見返りを提供しなければならない。それは，自らの権力行使に対する信頼できて制度化された幾分かの制約である。

戦勝国は自国の権力行使を抑制して，他国の合意が得られるような国際制度の構築にかかわる必要があると主張したアイケンベリーの『アフター・ヴィクトリー』からの出題である。

各選択肢の要旨

1 私が論じているのは，冷戦が終わり，このシナリオが進むと，ヨーロッパで大きな危機や戦争が起こる見込みは飛躍的に増えそうだということである。超大国なしのヨーロッパの次の何十年かは，たぶん今世紀の最初の45年と同じくらい暴力的ではないだろう。しかし，過去45年と比べれば，たぶん暴力にさらされやすいだろう。

2 帝国主義から「帝国」へ，そして，国民国家からグローバルマーケットの政治的規制へ。史的唯物論の視点から考えると，今われわれが目にしているのは，近代史における質的な移行である。この移行の大いなる重要性を的確に表現できないなら，ポストモダン時代に入るときに何が起きるか，貧弱にしか示せない。

3 今日，相互依存という神話が，国際政治の現実を曖昧にし，平和を促進する条件について誤った信念を主張している。2つの超大国の規模は，それらに統制能力を与え，同時に他国の行動の影響をかなりの程度遮断させる。国家の不平等がもたらす条件は，相互作用の少ない均衡である。

4 1815年，1919年，そして1945年の戦後処理について最も重要なことは，リーダー国家は，大国間の戦後の安全保障関係を制度化する念入りな努力をしてきたということである。勢力均衡戦略や圧倒的権力に単純に依存するのではなく，権力を制約し，潜在的なライバル国家を安心させ，そして多様な拘束的制度の構築による公約の確立を進めてきた。

5 ポストモダンのヨーロッパの秩序は，アメリカ合衆国と同様の危険にさらされている。第一に，プレモダンからの危険がある。私たちはカオスに興味はないかもしれないが，カオスのほうは私たちに興味を持っている。実際，カオスは，あるいは少なくともその中に含まれる犯罪は，文明化された世界を必要とし，それを餌食とする。開放的社会はこれを容易にする。最悪の場合，カオスは，テロリズムの形態をとって，国際秩序全体にとっての連続的な脅威になる。

引用文が，権力の戦略的制約（strategic restraint on their own power）を強調していることは，引用符があるので簡単にわかる。同様のフレーズ（restrain power）を持っている選択肢は正答の**4**だけである。

英文の要旨

ア　　**A**　におけるトランザクション（物の取引）の効果は，それらに伴う制約，あるいはコストによるだろう。石油をすべて輸入に頼っている国が石油の持続的流通に依存している程度は，毛皮や宝石や香水（あるいは同様の金銭的価値を持つ物）を輸入している国がそうした贅沢品への不断のアクセスに依存している程度に比べ，大きいことだろう。相互利益的なトランザクション（必ずしも対称的でなくても）にコスト面での効果があれば，そこには　　**A**　がある。相互作用がコスト面で十分な効果を持たないなら，そこには単なる相互連結（interconnectedness）があるにすぎない。

イ　現実主義の理論は，1989年後の世界政治によって無効になったわけではない。現実主義は豊かで多様で，変化をうまく扱えなかった　　**B**　だけに限定されるものではない。1989年後システムへの変化を根拠にした現実主義に対する批判の多くは，最もしみったれた現実主義であるウォルツの　　**B**　を，リベラリズムに由来する最も豊かで最も文脈限定的な説明と，すなわち新制度主義，あるいは構成主義と対比させる。これでは理論の評価としては公平ではないし，説得力もない。

ウ　　**C**　は過去に存在した世界システムの唯一のものではない。ほかにも多くの世界システムがあった。しかし，それは組織化され，資本主義の世界経済と一体化しうる最初のものであった。当初は主にヨーロッパ（の一部）で形成されたものの，その内在的論理はその外側への拡大を促した。およそ4世紀間，それは，新しい領域と人々を自身の労働区分に次々と取り込んでいくのに十分な継続力と強さを示してきた。そして19世紀末には，その組織あるいは労働過程が全世界を効果的に覆った。これを達成したのが史上初の世界システムである。

選択肢の構成を見ると，3つのうち2つがわかっただけでは正答を決定できない組合せが含まれている。したがって，**ア・イ・ウ**のすべてを検討する必要がある。なお，**イ**には人名があるので，**B**の語句は基礎知識ですぐにわかる。**ア**は文末の「interconnectedness」との対比によって，また**ウ**は資本主義や労働といったマルクス主義をイメージさせる単語から，正答を見いだすことができるだろう。

Aには「相互依存」，**B**には「構造的現実主義」，**C**には「近代世界システム」が当てはまる。よって，正答は**1**である。

第5章
国際経済

テーマ **9** 国際経済と開発支援

試験別出題傾向と対策

試験名	国家総合職					国家一般職					地方上級 (全国型)				
年度	21 ー 23	24 ー 26	27 ー 29	30 ー 2	3 ー 5	21 ー 23	24 ー 26	27 ー 29	30 ー 2	3 ー 5	21 ー 23	24 ー 26	27 ー 29	30 ー 2	3 ー 5
出題数	1	1	4	2	2	1	2	3	1	2	2	1	1	1	0
⑨国際経済と開発支援	1	1	4	2	2	1	2	3	1	2	2	1	1	1	0

（頻出度 A）

　この章では、国際経済や開発支援を取り上げる。本来であれば国際経済は「国際金融」と「通商政策」に分け、「開発支援」とともに３つのテーマとしたいところだが、出題数が少ないことから本書では一緒にした。なお、最近の開発支援には経済援助だけでなく教育支援なども含まれる。開発支援についての出題は、国際経済が中心ではあっても「総合問題」となる可能性がある。

　これら「国際経済」の出題頻度は、問題数の多い国家総合職と国家一般職では毎年１問が「出たり出なかったり」という状況だが、それでも「きっと１問は出る」という前提で対処する必要がある。特に総合職は平成28年度から国際経済重視の方向に出題内訳が変更されており、28年度は通商政策で１問、開発支援で１問の合計２問が出題された。上記の３テーマから、「最低１問、もしかすると２問出る」という想定で対処すべきかもしれない。

　一方、問題数が少ない地方試験では、２年に１度程度の出題で、「たまに出る」といった状況である。無視は怖いが、かといってトコトン勉強するほどでもない、という感じの出題頻度である。

　なお、国家公務員試験の場合、ODAは教養試験（基礎能力試験）でも出題されることがある。ODA実績のような時事知識を求められることも多い。

　お勧めの対策は、日本と関係が深い事項を優先的に（あるいはそこだけに絞って）学ぶことである。たとえば経済外交については、国際金融体制の歴史よりも、日本が力を入れているEPA（経済連携協定）を中心に学ぶ。また、開発支援については、南北問題の歴史よりも、日本の国際的地位を高めるために不可欠なODAに絞って、しかも現状把握を中心にノートにまとめる、といった学習法である。

　時事対策にもなるので、これは一挙両得である。試験直前に小社の『公務員試験　速攻の時事』などを使って、ODA実績とEPAの締結状況だけはしっかり確認しておこう。

地方上級 (関東型)					地方上級 (中部・北陸型)					市役所 (C日程)				
21 ー 23	24 ー 26	27 ー 29	30 ー 2	3 ー 5	21 ー 23	24 ー 26	27 ー 29	30 ー 2	3 ー 5	21 ー 23	24 ー 26	27 ー 29	30 ー 2	3 ー 4
1	1	1	1	0	0	0	1	1	0	1	1	0	0	2
1	1	1	1				1	1		1	1			2

テーマ **9**

● 国家総合職（政治・国際・人文）

　国際経済をテーマにした問題だけでなく，たとえばアジア地域の問題にEPAの話が出てきたり，外交の成果についての問題でプラザ合意への言及があったり，といったケースが過去にはあった。出題数が多いことと総合的な問題が多いことを考えると，なんらかの形で国際経済が絡んだ問題が必ず1問は出ると思って，対策を進めるべきだろう。

　国際金融，通商政策，開発支援は，比較的バランスよく出されている。歴史と事情についても同様である。どちらかだけをやっておけばよい，といった考え方はしないほうがよいだろう。

● 国家一般職

　時事に関係した出題のほか，歴史もけっこう多く出されている。頻出の援助政策や通商政策に加え，念のため国際金融の歴史や時事もフォローしておく必要がある。

● 地方上級

　日本の援助政策や通商政策が出題されたほか，国際経済に関する歴史なども取り上げられてきた。幅広い対策が必要だが，出題数が少ないので，時事を中心に勉強することとして，歴史には深入りしないほうがよいだろう。

● 市役所

　通商政策では，日本のEPAのほか，WTOの動向やG20とは何かなども取り上げられたことがある。援助政策では，当時は重要だったミレニアム開発目標が出た。時事を中心とした対策を心掛けたい。

国際経済と開発支援

必修問題

経済連携に関する次の記述のうち，妥当なのはどれか。

【国家総合職・平成28年度改題】

1　「関税および貿易に関する一般協定」（GATT）の下で行われたウルグアイ・ラウンド交渉の妥結の際に，**世界貿易機関（WTO）**の設立が合意された。WTO協定では，従来GATTが対象としてきた物品の貿易に加えて金融・通信などのサービス分野，著作権や特許権などの知的財産権分野に関してもルールが策定され，また，WTOにより統一化された紛争解決手続によらず一方的措置を発動することが禁止されるなど紛争解決手続が強化された。

2　WTO協定においては，不公正な貿易による被害に対する救済手段として貿易救済措置を設けている。貿易救済措置のうち**アンチ・ダンピング関税措置**は，特定品目の輸入の急増が国内産業に重大な損害を与え，国民経済上緊急の必要性が認められる場合に，損害を回避するために発動されるもので，輸入数量の制限を内容としている。わが国では，ネギや生シイタケの輸入に関して措置が発動された例がある。

3　WTOに代表されるグローバルな貿易秩序が存在する一方で，一部の国や地域で協定構成国のみを対象として関税を原則廃止してモノやサービスの貿易自由化を行う**自由貿易協定（FTA）**が締結されている。FTAの新規の締結件数は，1990年代には，多国間での貿易自由化交渉に比較して合意形成が容易であることから急速に増加したが，2000年以降になるとWTOの枠組みが活用されるようになり，新規の締結件数は大幅に減少している。

4　わが国は，モノやサービスの貿易自由化だけではなく投資の自由化，人的交流の拡大等幅広い分野を含む**経済連携協定（EPA）**を2002年に初めてシンガポールとの間で締結した。2021年末現在，東南アジア諸国連合（ASEAN），欧州連合（EU），インド，オーストラリア，メキシコなどの地域・諸国とのEPAが発効しており，これらEPA相手国との貿易額がわが国の貿易総額に占める割合は約40％となっている。

5　米国は，安全保障政策上の観点から北米自由貿易協定（NAFTA）などの地域横断的なFTAの締結による経済連携を進めてきており，二国間FTAは外交政策上有効でないとして2021年末現在締結されたものはない。他方，中国は，WTO加盟以降，政治面での近隣諸国との関係を重視して経済連携に関する協定の締結交渉を行っており，2021年末現在，香港，マカオ，パキスタン等との間で協定が締結されている。

難易度　＊＊

必修問題の 解説

EPAやTPPが話題になる最近では，国際貿易はテーマとして取り上げられやすくなっている。**1**と**2**はWTOの貿易ルールを取り上げ，**3**，**4**，**5**は二国間のFTA/EPAを取り上げている。国際経済では時事的もよく取り上げられるので，**4**と**5**は内容をアップデートした。

1 ◎ **WTOの紛争解決手続によらない一方的な制裁措置は禁止された。**
　正しい。WTOは，**1995年にGATTに代わる常設の国際貿易機関として設立された。**幅広く貿易に関するルールを定めるとともに，紛争処理に関する手続を強化した。その中で，WTO協定への違反についてはWTOの紛争解決手続を用いることとされ，一方的な制裁措置は禁止された。

2 ✕ **アンチ・ダンピング課税とはダンピング価格差分の課税措置である。**
　WTO協定の貿易救済措置には，アンチ・ダンピング課税，相殺関税措置，セーフガード措置の3つがある。このうち，アンチ・ダンピング課税は文字どおり「課税」による措置であり，数量制限を伴うものではない。上記の3つの措置では，セーフガードだけが数量制限措置をとれる。なお，ネギや生シイタケに対するセーフガード（日本初）は，中国に対して2001年にとったものである。

3 ✕ **世界のFTA締結件数は2000年以降，大幅に増加している。**
　「大幅に減少した」理由として「WTOの枠組みの活用」を挙げているが，**2001年に始まったWTOのドーハ・ラウンドが大きな成果を出していないことはよく知られている。**このためもあって，二国間や数か国によるFTAの締結件数は2000年から増加してきた。ちなみに，これまでの締結件数は，1990年以前は21件，1990年代に56件，2000年代以降では300件以上となっている。

4 ✕ **日本のFTA比率は約8割である。**
　2021年のFTA比率（EPA相手国との貿易が貿易総額に占める割合，FTAカバー率ともいう）は78.8%であった。なお，日本はEUに加え，EUを離脱したイギリスとも日英EPAを締結している。

5 ✕ **アメリカも二国間FTAを数多く締結している。**
　2021年時点で，アメリカはすでに20の国と二国間のFTAを締結している。中南米諸国が多いが，**韓国やシンガポールとのFTAも発効済みである。**なお，中国も，「近隣諸国」のみならず，カナダ，スイス，ペルーなどとFTAを締結している。

正答 1

FOCUS

　国際貿易でも国際金融でも，重要なのは現状理解である。多国間制度を中心に，まずは動向をしっかり把握しよう。

―POINT―

重要ポイント 1 **国際貿易と通商政策**

(1) WTO

①**GATT（関税および貿易に関する一般協定）**：1947年，欧米各国は貿易の自由化を促進する協定を締結した（日本は1955年に加盟）。この協定の運営機関もGATTと呼ばれる。

②**多角的貿易交渉（ラウンド）**：貿易ルール等を定めるために一定期間にわたって開催される多国間協議。GATTでは計8回にわたって実施され，自由貿易の拡大に貢献してきた。最後の**ウルグアイ・ラウンド**（1986～1994年）では，関税・非関税問題に加えて，サービス貿易や知的所有権などに関するルールも策定した。

③**WTO（世界貿易機関）**：GATTを発展的に解消して1995年に設立された世界貿易に関する国際機関。多角的貿易交渉（ラウンド）を進めるのはもちろん，貿易問題をめぐる紛争処理手続きの運用も担う。

④**紛争処理小委員会（パネル）**：WTOの紛争処理において，問題の調査と是正措置の勧告を行う小委員会。自由貿易ができずに被害を受けた国が相手国を提訴した場合，全加盟国が反対しない限り設置される。

⑤**ドーハ開発アジェンダ（ドーハ・ラウンド）**：2001年にWTOがスタートさせた新ラウンド。8分野で交渉が進められてきたが，各国の利害調整が難しく，大きな成果は得られていない。

(2) FTA／EPA

FTA（自由貿易協定）	EPA（経済連携協定）
締結国どうしが，相互に物品の関税を撤廃したり，サービス貿易の障壁を取り除いたりして，貿易の拡大を図る協定。	FTAに加え，投資，競争，人の移動の円滑化や，経済諸制度の調和など，経済全般の連携強化をめざす総合的な協定。

①**二国間FTA**：2000年代に入ると，世界中で二国間の自由貿易協定を結ぶことが盛んに行われるようになった。日本も2002年のシンガポールとのEPA締結を皮切りに，ASEAN諸国や中南米諸国などとEPAを締結してきた。このうち，インドネシア，フィリピン，ベトナムとのEPAでは，看護師・介護福祉士の候補者を日本に受け入れる労働市場の開放も盛り込まれた。

②**地域貿易協定**：二国間FTAのほか，地域機構において，あるいはその枠を越えて，多国間FTAの締結が進められている。日本を含む幅広い地域の国々が参加するものには，2018年12月に発効したCPTPP（包括的および先進的なTPP）や2022年1月に発効したRCEP協定（地域的な包括的経済連携）がある。

重要ポイント 2 **国際金融**

(1) ブレトン・ウッズ体制

　1944年，アメリカのブレトン・ウッズにおける国際会議で作成された第二次世界大戦後の新しい国際通貨体制。ドルと金を共に国際通貨として，固定為替相場制を採用。体制を維持するための国際機関として IMF と世界銀行を設立した。

IMF（国際通貨基金）	国際復興開発銀行（IBRD）
国際通貨の安定を図る国連の専門機関。国際収支赤字国に対する短期の融資などを行う。決議は出資金に応じて票数を割り当てる加重投票制で行われる。	開発途上国に融資を行う国連の専門機関。一般には「世界銀行（世銀）」と呼ばれる。戦後経済の復興を目的に設立されたが，現在は主として開発途上国の経済構造を改革するための融資を行っている。

　なお，「世界銀行」については，その活動を補完する専門機関が次々と設置されてきた。これらを総称して「世銀グループ」と呼ぶことも多い。

国際復興開発銀行（世界銀行 IBRD）	信用力のある中・低所得国の政府に低金利の融資を提供。
国際開発協会（IDA）	最貧国の政府に無利子の融資や贈与を提供。
国際金融公社（IFC）	途上国の民間企業育成を支援。
多数国間投資保証機関（MIGA）	途上国への直接投資の促進のため，投資家や貸し手に政治リスク保険を提供。
投資紛争解決国際センター（ICSID）	国際投資紛争の調停と仲裁を行う中立的な場を提供。

(2) 国際通貨体制の変遷

①**ブレトン・ウッズ体制の崩壊**：ブレトン・ウッズ体制はアメリカの強大な経済力を背景として運営されていた。しかし，1950年代からアメリカの国際収支は悪化し始め，ベトナム戦争がもたらした財政負担もあって，ドルへの信認は次第に低下していった。各国がドルと金との交換を促進させ，アメリカの金の準備高が大きく減少した結果，アメリカ政府はドルと金の交換停止に追い込まれた（1971年）。これをきっかけに，ブレトン・ウッズ体制は大きく修正されることになった。

②**SDR（特別引出権）**：金・ドルの不足を補うために，IMFが1969年に創設した国際準備資産（国際通貨制度の共通単位）。IMFへの出資額に応じて加盟国に割り当てられる。緊急の場合，加盟国はSDRを使って他国から必要な外貨を取得できる。SDRの価値は標準バスケット方式（一定率のドル，円，ポンド，ユーロ，人民元の組合せ）によって決定されている。

第5章

国際経済

●国際通貨体制の変遷

1944年 ブレトン・ウッズ協定	国際通貨をドルと金と規定。 固定為替相場制を採用。
1971年 ニクソン・ショック スミソニアン合意	アメリカのニクソン大統領が金とドルとの交換停止を突然発表。ブレトン・ウッズ体制が破綻。 当座の通貨調整。固定為替相場制は維持。
1973年	日本や欧州各国が変動為替相場制に移行。
1976年 キングストン合意	IMFで変動為替相場制への移行を正式に承認。国際通貨としての金の廃貨を決定。
1985年 プラザ合意	主要先進国（日米英仏独）は国際金融市場に協調して介入し，ドルの価値を意図的に下げること（＝ドル安）に合意。 →目的は，財政赤字と貿易赤字という「双子の赤字」に悩まされていたアメリカの経済力の回復。
1987年 ルーブル合意	主要先進国（G7）はプラザ合意後の過度のドル安に歯止めをかけ，金融政策の協調で為替レートの安定化を模索。 →合意後もドル安は持続し，合意は破綻。

(3) 国際金融体制の危機

①**通貨危機**：ある国の通貨の価値が急激に低下し，その国の経済活動が大きな打撃を受ける現象。1997年の「アジア通貨危機」では，タイが事実上の通貨の切り下げに踏み切ったことをきっかけに，アジア各国の通貨が一斉に下落し，海外から流入していた短期資金が国外に逃避して，各国の経済が混乱した。タイ，インドネシア，韓国には，一定の制度改革を行うという条件の下，IMFが巨額の緊急融資を実施した。

②**金融危機**：金融を原因とする経済危機。2008年の「リーマンショック」では，投資銀行リーマン・ブラザーズの経営破綻をきっかけに，株式暴落と信用収縮が一気に進んだ。破綻の背景には，2007年に発生したアメリカのサブプライム・ローン問題があった。各国の政府と中央銀行は，事態打開に向け積極的な金融緩和と資金提供を実施した。

重要ポイント 3 開発支援

(1) 開発支援の歴史

①**南北問題**：南の開発途上国と北の先進国との間の経済格差をめぐる問題を表す言葉。ただし，新興国が出てきたことで，近年は，先進国以外について，新興国，途上国，後発開発途上国（＝最貧国）などと分けるのが一般的になっている。

②**国連開発の10年**：アメリカのケネディ大統領の提唱に従って国連が定めた取組み。1960年代から10年間単位で目標を定め，先進国の協力の下，途上国の発展を促した。

③**国連貿易開発会議（UNCTAD）**：「援助よりも貿易を」という考え方に立って，貿易による南北問題の改善を図るための会議機構。1964年に国連で創設が決まり，その後，4年ごとに開催されている。

④**資源ナショナリズム**：石油などの天然資源を持つ途上国が，それを開発した先進国の企業から採掘権などを取り戻し，自国の利益のために資源を利用しようとすること。1970年代の石油危機において特に強く主張された。

⑤**新国際経済秩序**：1970年代に国連などの場で途上国が唱えた国際経済の変革を求める意見。天然資源に対する国家主権の行使などが求められた。

(2) 国連の開発目標

ミレニアム開発目標（MDGs）	持続可能な開発目標（SDGs）
2000〜2015年	2015〜2030年
国連で2000年に策定された途上国支援の目標。貧困と飢餓の撲滅，初等教育の普及，女性の地位向上，感染症防止など8つの分野で21の目標と60の指標が定められた。	ミレニアム開発目標の後継。貧困・飢餓対策など17分野で169項目の具体的な達成目標を示した。先進国に対しても，貧富の格差是正や気候変動への対応などを求めている。

なお，「持続可能な開発」とは，将来世代のニーズに配慮して，環境や資源の消費を制限しながら開発を進めていこうという考え方で，1992年の国連環境開発会議で大きく取り上げられて普及した。

(3) ODA

①**ODA（政府開発援助）**：開発途上国の経済開発と福祉の増進を目的として，政府ないし政府関係機関によって実施される経済協力のうち，援助条件が緩和されたもの。

②**グラント・エレメント**：商業条件に比べてどのくらい贈与の割合があるかを表す指標。贈与を100％として，25％以上のものをODAとする。

③**DAC（開発援助委員会）**：経済先進国の国際機関であるOECD（経済協力開発機構）において開発援助問題を担当。各国のODA実績等はここでの統計で比較される。

第5章

国際経済

(4) 日本の援助政策

①**開発協力大綱**：現在の日本政府の途上国支援の基本方針（2015年，閣議決定）。それまでの「**政府開発援助大綱**」（ODA大綱，1992年策定，2003年改正）を見直し，「開発」の概念を広くとらえて，経済援助に加え，平和構築やガバナンス，基本的人権の推進，人道支援なども含めた。また，外交戦略の一環であることを重視し，必要に応じて経済開発が進んだ国も支援できることとした。

②**国際協力機構（JICA）**：日本のODAを一元的に行う実施機関（独立行政法人）。資金協力のほか，技術協力のための人員派遣なども担っている。

③**円借款**：日本のODAのうち，インフラ整備などのために実施される有償の資金融資。「円建て」であることから「円借款」と呼ばれる。

●日本のODA実績

支出額	1990年代は世界一であったが，財政逼迫などの理由からODA支出額は削減された。近年は世界第3〜5位となっている。 なお，支出額については「支出総額」のほかに，OECDは2018年の統計から，ODAの実績額の算出について「贈与相当額計上方式」を採用している。
GNI比	ODAの対国民総所得比は近年0.2%前後で推移している。DACでの順位は下位レベルにある。
グラント・エレメント	援助条件の緩やかさを表す指標。DACでの順位は下位レベルにある。
アンタイド率	援助資金の使用に当たり，供与国から資材や機材などの調達を義務づけて資金提供することを「タイド」と呼び，そうした縛りがない援助を「アンタイド」と呼ぶ。 近年の日本の援助はアンタイド率が高いことが特徴となっている。
形態別内訳	およそ8割が「二国間ODA」で，残り2割が国際機関などを通じて行われる「多国間ODA」である。
地域別内訳	アジア向けが最も多く，アフリカ（サハラ砂漠以南）向け，中東・北アフリカ向けのどちらかがこれに続く。

実戦問題 **1**　基本レベル

No.1　**開発経済に関する次の記述のうち，妥当なものはどれか。**

【地方上級（全国型／関東型／中部・北陸型）・平成30年度】

1　1960年代には，国連安全保障理事会が「国連開発の10年」決議を採択し，発展途上国全体の年平均経済成長率を10％以上とする目標を打ち出した。

2　1970年代には，南北問題の解決を図るため，国際復興開発銀行（IBRD）は「ベーシックインカム」戦略を推進した。

3　1980年代には，東南アジアを中心に新興工業経済地域（NIES）が台頭したことから，国連総会は「NIESの樹立に関する宣言」を採択し，特恵関税制度の撤廃を各国に求めた。

4　1990年代には，ブラジルのリオデジャネイロで国連環境開発会議（地球サミット）が開催され，「持続可能な開発」のための協議が行われた。

5　2000年代には，南アフリカのヨハネスブルグで持続可能な開発に関する世界首脳会議（環境開発サミット）が開催され，「国連ミレニアム開発目標（MDGs）」の達成が確認された。

第5章
国際経済

1 「関税および貿易に関する一般協定」（GATT）は，自由，無差別，互恵を原則としており，加盟国が相互に最恵国待遇を供与し，一部の国を優遇する制度である内国民待遇や貿易ブロックを形成することを原則として禁じていた。また，加盟国が例外的に保護的措置をとる際には，関税ではなく数量制限によることが決められていた。

2 第二次世界大戦後，米国は圧倒的な経済力を背景に国際経済をけん引し，米国のドルを基軸として変動為替相場制をとるブレトンウッズ体制を築いた。しかし，1960年代末からベトナム戦争や社会保障費の支出により米国の財政収支が悪化するようになると，ドルの信用が低下した。この事態に R.ニクソン大統領は，金とドルの交換制を一方的に停止し，アジア通貨危機につながった。

3 世界貿易機関（WTO）は，GATTを発展的に継承した国際機関であり，世界の貿易自由化の推進と貿易制度の管理を担っている。一方，近年では，中国やロシア等を含む多様な国が加盟するようになったことや，交渉の内容が関税だけにとどまらない複雑なものになって合意形成が難しくなったこと等を背景に，より合意形成が容易な個別の自由貿易協定（FTA）の締結が増えている。

4 「環太平洋パートナーシップ（TPP）協定」は，2015年に大筋合意に達し，ニュージーランドのオークランドで署名が行われた。しかし，D.トランプが米国大統領就任後に，米国のTPPからの離脱を宣言したため，TPP協定は失効した。2021年3月現在，米国を除く11か国により，「環太平洋パートナーシップに関する包括的および先進的な協定」（TPP11協定）の締結に向けた交渉が進められている。

5 東アジア地域包括的経済連携（RCEP）は，東南アジア諸国連合（ASEAN）加盟国10か国とそのFTAパートナーである日本，中国，韓国，オーストラリア，ニュージーランドの5か国により交渉の立上げが2010年代前半に宣言された。RCEPが実現すれば，世界人口の約半分，世界の国内総生産（GDP）および貿易総額の約3割を占める経済圏が誕生することになるが，各国の思惑が一致せず，2021年3月現在，正式な交渉は開始していない。

No.3 開発や貧困問題に関する次の記述のうち，妥当なのはどれか。

1　「アフリカ開発会議（TICAD）」は，米国が主導して，国連，国連開発計画，世界銀行およびアフリカ連合委員会と共同で開催される，アフリカ諸国の開発の支援をテーマとする国際会議である。わが国は，アフリカ大陸でのレアアースの確保の必要性が高まったことなどから2013年に初めて同会議に参加した。

2　A.センは，貧困を人間の基礎的な潜在能力である選択の幅や自由度が欠如している状態であるととらえ，貧困削減とは個々人の潜在能力を高めていくことであるとした。「経済協力開発機構開発援助委員会（DAC）貧困削減ガイドライン」も，能力の欠如に着目し，貧困とは，経済的能力，人間的能力，政治的能力，社会・文化的能力，保護能力が欠如している状態であるとした。

3　「人間の安全保障」という概念は，1984年に国連安全保障理事会における「人間開発報告」の中で公に取り上げられた。同報告は，人間の安全保障を，飢餓・疾病・抑圧等の恒常的な脅威からの安全の確保と日常生活から突然断絶されることからの保護の2点を含む包括的な概念であるとし，開発を進めるに当たり個々人の生命と尊厳を重視することが重要であると指摘した。

4　グラミン銀行は，バングラデシュ政府により設立され，バングラデシュの農村において大地主を対象として，低金利で大規模な融資を行っている。融資をもとに農業の近代化が図られ，農業経営による収益が拡大した結果，土地を所有せず農業に従事していた貧困層の生活の向上や農村女性の地位の向上等の成果も見られるようになった。

5　「国連ミレニアム開発目標（MDGs）」においては，2015年までに達成すべきものとして，初等教育の完全普及の達成，乳幼児死亡率の削減等の教育および保健分野に限定した目標が設定された。「国連ミレニアム開発目標」とはされなかった極度の貧困と飢餓の撲滅については，2016年から2030年までの目標である「持続可能な開発のための2030アジェンダ（SDGs）」に含められることとなった。

開発援助等の国際協力に関する次の記述のうち，妥当なのはどれか。

【国家一般職・令和３年度】

1 　途上国に対する政府開発援助（ODA）は，国際連合の機関である経済協力開発機構（OECD）の下にある開発援助委員会（DAC）に加入する諸国によって，途上国の経済開発や福祉の向上を目的として行われる融資制度である。

2 　2000年９月のG７ミレニアム・サミットで定められたミレニアム開発目標（MDGs）は，さまざまな開発目標を統合し，８つの共通目標にまとめたものである。2025年からは持続可能な開発目標（SDGs）に引き継がれる予定である。

3 　国連安全保障理事会は，世界保健機関（WHO）などの専門機関のみならず，国連開発計画（UNDP）や世界食糧計画（WFP）などの基金と計画を管轄し，世界各地でさまざまな人道的干渉の活動を行っている。

4 　冷戦終焉後に始まった国連の平和維持活動（PKO）は，平和構築と呼ばれる紛争の発生を防ぐための多角的な活動と結びついて発展してきた。ただし，治安部門改革などの社会安定化のための平和構築活動は，内戦後の脆弱国家などでは行われていない

5 　国際協力の現場では，さまざまな行為主体（アクター）が存在しており，主権国家だけでなく，2021年３月現在193の加盟国を持つ国連のような国際組織や欧州連合（EU）のような地域機構に加えて，非国家主体の民間団体などが協力して活動している。

実戦問題 **1** の 解説

No.1 の解説 開発経済　　　　　　　　　　　　　　→問題はP.255　**正答4**

1✕ 「国連開発の10年」は1961年の国連総会で決議された。

安保理の役割を考えると，経済支援について安保理が決議したとの記述が誤りであることは容易に判断できる。こうした「国連○○の10年」は頻繁に宣言されているが，**総会で採択されるのが一般的である。**

なお，この決議で示された発展途上国全体の経済成長率の目標値は10%ではなく，5％であった。

2✕ 70年代に推進されたのは「ベーシックインカム」戦略ではなく，
「ベーシック・ヒューマン・ニーズ」戦略であった。

「ベーシックインカム」は現金給付による所得保障を意味し，主として先進国における貧困対策として検討される。一方，**「ベーシック・ヒューマン・ニーズ」**は，生活していくうえで最低限必要なものの提供を意味し，具体的には途上国への支援において衣食住，飲料水，医療，教育などを優先させる戦略であった。

なお，この概念を最初に提唱したのはILO（国際労働機関）であった。

3✕ 国連で採択されたのは，
「新国際経済秩序（NIEO）の樹立に関する宣言」である。

「NIESの樹立に関する宣言」などというものはない。1980年代には経済成長が顕著だった香港，シンガポール，韓国，台湾が「アジアNIES」と呼ばれていたが，このNIESとNIEOをひっかけただけの選択肢である。

なお，新国際経済秩序（NIEO）は**1974年の国連資源特別総会で採択された宣言で，天然資源に対する国家主権を産油国等に認めた。**

4◎ 1992年の国連環境開発会議は
「持続可能な開発」の理念を基本姿勢に据えた。

正しい。この会議は環境保護と開発を同時に扱った点で画期的であり，加えて気候変動枠組条約や生物多様性条約も採択された（P.281参照）。

5✕ MDGsは2000年の国連ミレニアム・サミットで採択された。

MDGsの期間が2000〜2015年で，その後はSDGs（持続可能な開発目標：2015〜2030年）が引き継いでいる，というのは時事常識である。

なお，**環境開発サミットが開催されたのは2002年であった。**

No.2 の解説 国際経済 →問題はP.256 **正答3**

　選択肢**1**と**3**が国際貿易制度，**4**と**5**が多国間の経済連携協定，**2**だけが
国際金融を取り上げている。そして，**1**と**3**は基礎知識，**4**と**5**は時事知
識，**2**だけが歴史の知識を必要とする。

1✕ **GATTは「緊急関税」を容認していた。**

GATTのルールでは，輸入急増による国内産業への重大な損害の防止には，
例外的な保護的措置（セーフガード）として，**割増関税（緊急関税）を課す**
ことが認められていた。なお，このルールはWTOにも引き継がれているの
で，基礎知識があれば，GATTでもあっただろうと判断できる。

また，GATTは輸入品と国内商品の扱いに差があってはならないとする**内
国民待遇を規定**しており，これを禁じていたという点も誤りである。

2✕ **1997年からのアジア通貨危機は，ニクソン政権の政策とは関係ない。**

1971年のニクソン政権による金とドルとの交換停止（いわゆるニクソン・
ショック）までの説明は妥当である。最後に出てくる**「アジア通貨危機」
は，1997年に始まったアジア各国での通貨下落のこと**をさし，ニクソン
政権とは時代が20年も離れている。

3◎ **WTOでは新たな多角的貿易交渉での合意が困難になっている。**

正しい。WTOでは2001年に中国，2012年にロシアが加盟するなど，加盟国
の増大と多様化が進み，新たな貿易ルールの形成が難しくなっている。こう
した事態を受けて，**二国間あるいは多国間の自由貿易協定（EPA）や経済
連携協定（FTA）を締結する動き**が顕著になっている。

4✕ **TPP11協定（CPTPP）は2018年12月に発効した。**

「包括的および先進的なTPP（CPTPP）」は，加盟国の数から俗に「TPP11」
とも呼ばれる。加盟国はABC順に，オーストラリア，ブルネイ，カナダ，
チリ，日本，マレーシア，メキシコ，ニュージーランド，ペルー，シンガポ
ール，ベトナムである。2017年1月にアメリカのトランプ政権が離脱を表明
した後も早期発効をめざして協議が続けられ，2018年3月に署名，同年12月
に発効した。なお，2023年7月にはイギリスの加盟も決定した。

5✕ **RCEPは2022年1月に発効した。**

RCEPは，2012年に交渉が始まり，2020年11月に15か国（ASEAN10か国，
日本，中国，韓国，オーストラリア，ニュージーランド）で署名された。そ
の後，2022年1年に発効した。時事知識である。

No.3 の解説 　開発支援

→問題はP.257 **正答2**

1 ✕ TICADは日本が主導するアフリカ開発の支援会議である。

TICADは，Tokyo International Conference on African Development の略である。1993年に第1回が開催された。その後，東京以外でも開催されているが（横浜，ケニア），名称には今もT＝東京が付けられている。

2 ◎ センは貧困を「潜在能力」の欠如ととらえた。

正しい。インドの経済学者でノーベル賞受賞者のA.センは，人がよい生活やよい人生を生きるための潜在能力（ケイパビリティ）を欠いた状態を「貧困」と考えた。すなわち，所得や財の多寡よりも，**人間生活の在り方や人間の財活用行動の自由さ**を問題にしたのである。そして，貧困を削減するには，財活用行動の自由度を決する個人の境遇（財産，健康，教育）などに加えて，自尊心や社会参加も重要であると主張した。

3 ✕ 「人間の安全保障」は1994年のUNDP（国連開発計画）の「人間開発報告」で用いられ，その後，広く普及した。

「人間の安全保障」は開発支援にかかわる言葉である（ゆえに，この問題で取り上げられている）。選択肢では，「安全保障」という単語が出てくるだけで，無理やり「安全保障理事会」で議論したこととしているが，明らかにおかしい。「人間開発」という言葉や，文末の「開発を進めるに当たり」といった表現に目を向ければ，安保理の守備範囲ではないことに気づけるだろう。

4 ✕ グラミン銀行は，バングラデシュの経済学者のユヌスが創設した。

グラミン銀行は，政府が設立したものではなく，バングラデシュの経済学者のユヌスが考案した。この銀行は，貧困のため融資が受けられない人々を対象に極めて少額な融資を無担保で行う**「マイクロクレジット」の先駆となった**。ちなみに，貧困撲滅と女性の地位向上に大いに貢献したことなどが評価され，ユヌスは2006年にノーベル平和賞を受賞した。

5 ✕ 飢餓や貧困の撲滅はミレニアム開発目標でも目標に含められていた。

千年紀を意味する言葉を付けながら，「ミレニアム開発目標」が教育と保健だけに解決すべき問題を限定するなど，ありえるだろうか。実際には，ミレニアム開発目標は，2億人を飢餓から救い出し，1990年に19億人いた極度な貧困人口を半分以下にすることに成功したと評価されている。

なお，後継の「持続可能な開発目標」では，貧困や飢餓を終わらせることを含め，17分野で169の具体的な達成目標を掲げている。

第5章

国際経済

　　開発援助の基礎知識を確認する問題である。活動主体が妥当か，活動内容が妥当かの2点に注意すると，比較的簡単に誤りを見抜ける。

1 ✕ ODAでは無償援助（贈与）も多く行われる。

あちこちに間違いがあるが，文末の「融資制度」でおかしいとわかる。**ODAには「贈与」や「技術援助」もある**からである。また，ODAは途上国に対する政府開発援助の意味なので，必ずしもOECD加盟国だけが行うものではない。

2 ✕ MDGsもSDGsも国連で合意された目標である。

MDGsは2000年の国連ミレニアム・サミットで合意され，2015年にSDGsに引き継がれた。G7（主要7か国グループ）では参加国が少ないだろうと考えれば正誤は簡単に判別できる。

3 ✕ 国連専門機関などとの連携を図るのは経済社会理事会である。

経済社会理事会の存在を知っていればすぐにわかるが，そうでなくても五大国が拒否権を持つ安全保障理事会の役割に，紛争と平和に直接的なかかわりのないWHOの管理などが入っているのは変だと気づくだろう。

4 ✕ 最近のPKOの任務には平和構築活動も含まれている。

武力衝突を防止するだけがPKOの任務ではない。治安維持に向けた政府機能の再構築といった平和構築のための活動も今では重要任務とみなされている。

5 ◎ 国際協力ではNGO（非政府組織）の活動が重要となっている。

正しい。国際協力は政府レベルで決定すれば目的が達成できるわけではない。援助の実施には多くの人材が必要であり，NGO（非政府組織）をはじめとする民間団体の協力は不可欠である。**事実，国連は多くのNGOと連携関係を結んでおり，経済社会理事会の協議への参加も認められている。**

実 戦 問 題 ❷   応用レベル

No.5 ** 国際関係の経済思想と史実に関する次の記述のうち，妥当なのはどれ
か。

【国家一般職・平成28年度】

1　自由な市場原理に基づく経済活動こそが発展につながるので国家介入は少ない
ほうがよいという自由放任主義（レッセ・フェール）の考え方は，17世紀にドイ
ツを中心に興隆した経済思想である。自由な貿易を維持することによって各国の
成長が促進されるという自由貿易主義の思想とも結び付いて発展した。

2　「従属理論」の立場によると，国際関係では「北」と「南」の間に搾取関係が
あり，後発地域が資本主義世界分業の中に組み込まれたことによって，経済面，
政治・社会面で重大な影響を受けた。20世紀後半の脱植民地化によって生まれた
新興独立諸国の多くは，「新経済秩序」を唱えて，ヨーロッパ資本の投資を活発
化させること，および国際機関の融資条件を遵守することを強調した。

3　世界恐慌が起こると，従来の資本主義経済の見直しの動きが高まった。主要国
は高い関税を導入してブロック経済圏を作って保護貿易を追求した。ドイツや日
本のような後発資本主義国家は，植民地帝国らに対して自らを「持たざる国」と
主張し，世界市場の再分割を要求して，拡張主義的な軍事行動をとるようになっ
た。

4　冷戦時代に米ソという2つの超大国の間で影響力が低下したヨーロッパでは，
ドイツとフランスを中核とする共同市場の設立をめざし，ヨーロッパ域内の地域
統合を通じて「規模の経済」の弊害を是正する動きが高まった。欧州経済共同体
（EEC）を経て，1993年に発効したマーストリヒト条約は，欧州連合（EU）の成
立を導き出した。

5　第二次世界大戦後に作られた国際的な通貨・貿易制度の安定を図る仕組みは，
今日のGATT（関税および貿易に関する一般協定）体制にも受け継がれている。
近年では，さらにFTA（自由貿易協定）やEPA（経済連携協定）の例も増えて
いる。普遍的で無差別な自由貿易をめざすGATT体制と，特定国間の経済統合
をめざすFTA／EPA体制は，時には相反する要素も見せる関係にある。

第5章

国際経済

No.6 **国際政治経済に関する次の記述のうち，妥当なのはどれか。**

【国家総合職・平成27年度】

1 北米自由貿易協定（NAFTA）は，米国，カナダ，メキシコの3か国間で1994年に発効した。交渉時に労働組合や環境保護団体が強い抗議行動を行ったため，これを受けて，締結された協定では，関税と輸入制限の撤廃については極めて限定的な内容となり，また，サービス貿易や知的財産権に関する規定も盛り込まれなかった。

2 アジア開発銀行（ADB）は，米国の強いイニシアティヴによって，1966年に設立された。本部はフィリピンのマニラに置かれ，加盟国からの出資金と債券発行によって資金を調達し，開発資金の融資，融資保証，投資などを行っている。米国が最大の出資国であるため，歴代総裁は米国人から選出されている。

3 対共産圏輸出統制委員会（COCOM）は，兵器に転用できる高度技術の西側諸国から共産圏への移転を制限する目的で運用されていた。冷戦後には，新たに，1996年にワッセナー協約が発効し，工作機械，ハイテク製品，先端技術の輸出管理を行い，武器移転を制限する仕組みができた。同協約は，特に2001年の米国同時多発テロ以降は，テロリストへの武器や軍事技術の移転防止の機能を強めた。

4 1930年代以降，世界恐慌に端を発する不況に対応するため，自由主義国家においては，国内経済の自由化や規制緩和，医療・失業保険・年金等の支出を削減する緊縮財政が進められた結果，国内の階級対立が激化する結果となった。こうした自由主義国家の減耗は「埋め込まれた自由主義」と呼ばれる。

5 2006年のノーベル平和賞はインドのグラミン銀行とその創始者 M.ユヌスに与えられた。グラミン銀行は，それまで一般銀行の低金利融資を得られず，ノンバンクの高金利に苦しんでいた貧困層女性を対象に低金利の大型クレジットを提供するものである。その成功は銀行の所在地からケーララ・モデルと呼ばれる。

No.7 国際金融に関する次の記述のうち，妥当なのはどれか。

【国家総合職・令和元年度】

1 アジア開発銀行（ADB）は，米国と日本が中心となって，アジア太平洋地域の経済成長および開発を目的として発足した。1997年のアジア通貨危機の際には，緊縮財政策を重視する国際通貨基金（IMF）の支援を嫌ったタイ，韓国，インドネシアに対し，アジアの事情を勘案して金融支援を行い，後に，中国，米国の支援を得て設立されたアジア通貨基金（AMF）に発展的に統合された。

2 アジアインフラ投資銀行（AIIB）は，アジア地域を対象に陸路・海路を通じて関係強化を図ることを目的とする中国の世界戦略である「一帯一路」構想の一環として，2015年に発足した。AIIBの開発援助戦略は，人材育成等のソフト面を中心としており，これに賛同した米国，英国，ドイツ，フランスは，創設メンバーとして参加している。

3 世界銀行やIMFは，意思決定の方式として，一国一票制を採る国際連合総会とは異なる加重表決制を採っている。世界銀行では，基本票に加えて，保有する株式1株ごとに各1票の票数を付与している。多くの株式を購入した国は，より多くの投票数を得るので，意思決定により強い影響力を及ぼすことができる。

4 欧州安定メカニズム（ESM）は，ユーロ圏の債務危機国への財政支援を行う常設の支援機構として創設されたが，銀行への直接資本注入や加盟国の国債の直接購入等の機能を有しておらず，十分に機能していないとの指摘がある。また，緊縮財政策や構造改革など国内問題にかかわる内容を支援の条件とすることができないため，支援の実効が上がらないともいわれている。

5 G20サミットは，1973年の石油危機を契機に，グローバルな金融・経済危機に対処するためには，G7サミットのような先進国のみで構成される仕組みではなく，新興国も含めた枠組みが必要であるとの認識の下，設置された。また，2008年にリーマン・ショックが起こると，G20サミットの機能強化を図るため，G20財務大臣・中央銀行総裁会議が組織された。

No.8 第二次世界大戦後の国際社会における主な開発政策に関する次の記述の
うち，妥当なのはどれか。

【国家総合職・平成29年度】

1　第二次世界大戦後に独立した国々はその多くが経済発展の問題に直面すること
となった。このような状況の中，1961年の国連総会において，米国のJ.F.ケネデ
ィ大統領の提唱で，1960年代を「国連開発の10年」とすることが宣言され，途上
国の国民総所得の成長率を最低でも年率５％とすることを目標とする「国際開発
戦略」が採択された。

2　1970年代になると，人間が人間として生存するうえで欠くことのできない財や
サービス，すなわちベーシック・ヒューマン・ニーズ（BHN）が満たされてい
ないということを貧困ととらえる考え方が生まれた。この観点に基づき，国連開
発計画（UNDP）では，BHNアプローチを提唱したが，これは，貧困にかかる
指標にBHNの考え方を用いたものの，貧困層の人々に直接BHNを提供するので
はなく，あくまで経済発展の波及効果によって貧困の解消をめざすものであっ
た。

3　パキスタンの経済学者であるM.ハックの唱えた潜在能力アプローチに基づき，
貧困について，単なる財やサービスの有無によって生じるのではなく，「でき
る・できない」といった能力の有無によって生じるものとして解釈し直したもの
が潜在能力貧困である。この潜在能力貧困を示す指標としては人間開発指数
（HDI）があり，これは平均寿命・教育水準・幸福度・１人当たりの実質国内総
生産の４要素を用いて，1990年に世界銀行によって初めて算出・発表された。

4　2000年に国際的な貧困削減目標として世界銀行によって設定されたのが，ミ
レニアム開発目標（MDGs）である。MDGsは国際社会の支援を必要とする課題に
対して2015年を達成期限とする８つの目標を掲げている。この目標は，BHNや
人間開発といった個々人の生存状況の向上をめざすアプローチよりも，それまで
国際社会で取り組まれてきた途上国全体の経済発展を通じた開発アプローチを重
視するものとなっている。

5　UNDPは2015年に，国際社会が取り組むべき今後の目標として，2030年を達成
期限とする８つの項目からなる「持続可能な開発目標（SDGs）」をMDGsの後
継として策定した。この目標は，国際的な貧困削減目標として途上国にのみ適用
されるものであり，MDGsを踏襲し，さらに高いレベルをめざす内容であるた
め，MDGsの期間中に顕在化した新たな課題への対応は含まれていない。

No.9 ** **国際政治経済に関する次の記述のうち，妥当なのはどれか。**

【国家総合職・令和4年度】

1　第二次世界大戦後，マーシャル・プランの受入れ体制を整備するため，欧州経済協力機構（OEEC）が設立されたが，1951年に自由主義経済の発展のために協力を行う機構として経済協力開発機構（OECD）に発展的に改組され，西欧諸国のほか，米国，カナダ，オーストラリア，日本が原加盟国として参加した。OECDは「先進国クラブ」とも呼ばれ，加盟国の経済成長や貿易の拡大を目的としているが，途上国への開発援助等はその目的に含まれていない。

2　1974年，先進国との経済格差が拡大していた途上国が主導し，第1回非同盟諸国首脳会議において，「新国際経済秩序（NIEO）樹立に関する宣言」が採択され，途上国に対する特恵的制度や資金援助の拡大等を求めた。この会議に参加した途上国77か国は「77か国グループ」と称されている。しかし，同宣言の採択後，第1次石油危機の発生や途上国間の格差の拡大等により，途上国間の結束が弱まり，国際政治経済体制の変革には結び付かなかった。

3　「関税および貿易に関する一般協定（GATT）」に代わり，世界貿易機関（WTO）が1995年に国際機関として設立された。WTOでは紛争解決手続において，1か国でも賛成すれば議長の決定案の採択が行われるネガティブ・コンセンサス方式が採用され，提訴された紛争当事国が裁定を遵守しない場合には必要な手続きを経て対抗措置をとることができるなど，紛争解決手続が強化された。一方，近年，上級委員会の委員に欠員が生じ，その機能が停止するなどの事態が発生した。

4　1990年代後半に，タイの財政赤字と債務危機により同国の通貨価値が急落したことを契機にアジア通貨危機が発生した。わが国はアジア諸国への金融支援を行うため，アジア通貨基金（AMF）の設立を主導し，米国と中国の賛同を得たが，韓国や東南アジア諸国連合（ASEAN）からの強い反対を受け実現しなかった。その後，ASEANと日本，中国，韓国によるASEAN＋3において国際金融協力に合意するなど，金融分野においてASEAN＋3が大きな役割を果たした。

5　北米自由貿易協定（NAFTA）は，経済統合を進める欧州に対抗する自由貿易圏をつくることを目的として米国主導により1974年に発効し，サービス貿易の自由化や知的財産権の保護の導入など随時見直しが行われてきた。一方，カナダおよびメキシコに対する貿易赤字の削減等のため，米国のD.トランプ政権は，NAFTAの再交渉を行うこととしたが，交渉は難航し，合意には至らなかった。

No.10 政府開発援助（ODA）に関する次の記述のうち，妥当なのはどれか。

【国家総合職・平成28年度】

1　先進諸国のODAの調整を行っている経済協力開発機構（OECD）の開発援助委員会（DAC）は，多国間援助および二国間援助のうち借款を除く贈与をODAと定義している。援助には資金援助だけではなく，技術支援もあり，途上国からの研究生の受入れや，コンサルタントの派遣なども含まれる。このような技術援助をグラント・エレメントと呼び，ODA支出総額の25％以上にすることが目標とされている。

2　わが国の二国間ODA実績（支出総額）の地域別配分を見ると，昭和45（1970）年にはアジアへの支出が９割以上を占めていたが，平成12（2000）年には同支出は３割未満となった。現在は，アフリカの開発効果の向上が課題となっており，平成25（2013）年の中東・北アフリカおよびサブサハラ・アフリカへの支出は５割以上を占めている。

3　わが国のODA実績（支出純額）は，平成元（1989）年に世界最大となり，1990年代を通じてほぼ一貫して，規模の面で世界一の援助供与国としてDAC諸国のODA供給量の約２割を支え続けた。厳しさを増す財政状況の中で，ODA予算（当初予算ベース）は，平成10（1998）年度以降減少傾向に転じ，世界一の援助供与国ではなくなった。

4　ODAは二国間で直接供与されることもあれば，世界銀行や国連などの国際機関のプログラムを通じて途上国に供与されることもある。平成25（2013）年のわが国のODA実績（支出純額）の内訳は，二国間ODAが全体の約３割，国際機関に対するODAが約７割となっており，わが国と被援助国との関係強化よりも，専門的知識や政治的中立性を持った国際機関を支えることを重視した配分となっている。また，二国間ODAの約８割を技術協力が占めている。

5　平成４（1992）年に策定された「開発協力大綱」においては，わが国と開発途上国との互恵的な協力をめざすべきである，という開発協力の理念が示された。一方，「開発協力大綱」を改定し，平成27（2015）年に閣議決定された「政府開発援助大綱（ODA大綱）」においては，わが国が発展途上国に援助をもたらす指導的な関係にあるという開発援助の理念が示され，中長期的な援助政策が包括的に取りまとめられた。

実戦問題 **2** の解説

→問題はP.263 **正答3**

No.5 の解説 国際経済の歴史と理論

1 ✕ **自由放任主義は18世紀後半にフランスやイギリスで主張された。**

国際関係というよりも経済学の常識に関する選択肢である。この概念とフランス重農主義との関係を知らなくても，アダム・スミスの「見えざる手」を想起できれば「17世紀ドイツ」という設定がおかしいことはすぐわかる。

2 ✕ **途上国が主張した「新国際経済秩序」は，**
先進国に有利な経済システムの改革を求めたものであった。

新国際経済秩序（「新経済秩序」ではない）は，1974年の国連資源特別総会で「新国際経済秩序の樹立に関する宣言」に盛り込まれた概念である。具体的には，**自国の天然資源に対する恒久的主権や途上国の一次産品に対する公正価格制度**を求めるものであった。「ヨーロッパ資本の投資を活発化」が先進国に有利な話で，途上国が求めるものでないことがわかれば，すぐに誤りと判断できる。

3 ◎ **英仏のブロック経済圏に対抗する必要から日独の領土拡張政策は進められた。**

正しい。世界恐慌後，植民地を持つ英仏などは，本土と海外領土の経済的結び付きを強化するとともに，それ以外の地域への関税を高めて保護貿易的な「ブロック経済圏」を形成した。これに対し，植民地を持たない日独などは「自給自足」や「生存圏」などという言い方で，ブロック経済圏の設定を念頭に，領土拡大のための軍事的侵略の道を選んだ。

4 ✕ **地域統合は「規模の経済」を追求するためのものである。**

地域統合することが，なぜ「規模の経済の弊害を是正する動き」になるのかが正誤を判断するポイントである。後半のヨーロッパの地域統合の記述も不十分で，EECなど3共同体が設立された後，**ECを経て，EUが成立した**，という流れである。

5 ✕ **GATT体制の仕組みは今日のWTO（世界貿易機関）へと受け継がれている。**

「今日のGATT」は存在しない。すでにGATTを受け継ぐ国際機関として**WTOが1995年に設立されている。**

なお，WTOが進める世界規模の貿易交渉が，先進国と途上国との対立によって成果を出せないでいる中，各国は特定国間（多くは二国間）のFTAやEPAの締結を進めている。これらは，自由貿易を促進することからWTOの趣旨には合致するが，WTOの求める普遍性や無差別性とは相反する。

1 ✕ NAFTAは関税撤廃に加え広範な分野でのルールを定めた包括協定であった。

アメリカ，カナダ，メキシコの間で1994年に締結されたNAFTA（北米自由貿易協定）は，**全貿易品目について関税を即時あるいは遅くとも15年以内には廃止する（10年以内に99%）**との協定であった。また，関税だけでなく，サービス取引や知的財産権などについての規定も盛り込んだ。

なお，NAFTAを強化したものが2018年にアメリカ，カナダ，メキシコの間で合意されたUSMCA（米国，メキシコ，カナダ協定）である。

2 ✕ アジア開発銀行は日本主導で運営されている。

「アジア開発銀行（ADB）」については，現在も**日本はアメリカと共に最大の出資国である。**また，歴代の総裁は日本から選出されている。

一方，これに対抗するかのように，中国は，増大するアジア地域のインフラ整備のための資金ニーズに応えるためとして，「アジアインフラ投資銀行（AIIB）」を2015年に正式発足させた。日本やアメリカはこれに参加していないが，すでに参加国の数ではアジア開発銀行を上回っている。

3 ◎ ワッセナー協約はテロリストも対象に含めている。

正しい。ワッセナー協約（ワッセナー・アレンジメント）は，**通常兵器の輸出を規制・管理するための国際的な申合せ**（法的拘束力のない紳士協定）である。同様の，戦略物質の輸出管理は冷戦期にCOCOMによって共産圏を対象に行われた例があるが，ワッセナー協約は対象を限定せず，また国家だけでなくテロリストも対象に含めている。

4 ✕ 「埋め込まれた自由主義」は福祉政策と自由貿易の両立を意味する。

ラギーが提唱した「埋め込まれた自由主義」論は，第二次世界大戦後から1970年代までを念頭に，先進諸国の政府が，国際的には自由競争原理の重要さを主張するものの，それは国内的には「埋め込まれ」，むしろ自由競争がもたらす格差を修正する福祉政策をとっているとする指摘である。**自由貿易体制の発展と福祉国家化の進展の同時進行**を説明した点で注目された。

5 ✕ グラミン銀行が提供するのは「マイクロクレジット（少額の融資）」である。

グラミン銀行は，インドではなくバングラデシュにある銀行で，ケーララ・モデルとは関係ない。

ケーララ・モデルとは，インドのケララ州の経済社会状況から名付けられた開発経済のモデルである。その特徴は，所得水準が低いにもかかわらず，教育や保健衛生などは先進国並みの水準に達している点にあり，ノーベル経済学賞受賞者である A.センが高く評価したことで知られる。

No.7 の解説　国際金融　　　　　　　　　→問題はP.265　**正答3**

1 ✕ **アジア開発銀行は，アジア・太平洋地域の国際開発金融機関として，今も重要な役割を果たしている。**

アジア開発銀行（ADB）は，1997年のアジア通貨危機の際，**国際通貨基金（IMF）とともに金融支援を行った。**

また，このとき日本は，外貨不足に陥ったアジアの国を支援するために，アジア版のIMFともいえる「アジア通貨基金」の創設を提案したが，日本の影響力の増大を懸念する米中などの反対で実現しなかった。

➡ もし「発展的に統合された」という記述が正しければ，選択肢の主語はアジア開発銀行（ADB）ではなく，アジア通貨基金になっているのが自然である。こうした不自然さに気づくことも選択肢の正誤の判断では重要である。

2 ✕ **アジアインフラ投資銀行に日本やアメリカは参加していない。**

アジアインフラ投資銀行（AIIB）は中国主導の国際金融機関であり，**中国の一帯一路構想に寄与するインフラ整備への資金提供を主たる役割としている。**当然，支援の中心はインフラ建設というハード面にあり，人材育成等のソフト面に重きが置かれているとはいえない。

3 ◎ **世界銀行やIMFの議決は出資額等に応じた加重表決で行われている。**

正しい。国連では「1国1票」が原則だが，経済分野の専門機関では経済力や出資額等を勘案し，国ごとの票数に差がつけられている。

4 ✕ **欧州安定メカニズムは，ユーロ圏の銀行への資本注入などを行う。**

欧州安定メカニズム（ESM）は，2009年の「欧州債務危機」への対応のために時限的に作られた欧州金融安定基金を恒久化する形で，2012年に設立された。欧州の金融行政の安定に向け，ESMは必要に応じ，**ユーロ圏諸国の国債購入や金融機関への直接支援を行う。**なお，ESMの支援を受ける国は，EUと財政改革などに関する覚書を結んで，**構造改革を推進することが求められる。**

5 ✕ **G20サミットは，リーマン・ショックへの対応の必要から，2008年にスタートした。**

1973年の石油危機を契機に発足したのがG7の枠組みである。1975年からサミット（首脳会議）を開いている。一方，G20は1997年のアジア通貨危機を受けてG7が1999年に創設した枠組みである。当初は財務大臣と中央銀行総裁の会議だったが，2008年のリーマン・ショックへの対応の必要から，同年以降，サミットも定期開催されている（2019年は大阪市で開催された）。

第5章

国際経済

1 ◎ 「国連開発の10年」の提案者はアメリカのケネディ大統領であった。

正しい。10年間単位で目標を定め，先進国の協力によって，途上国の発展を促そうとするものであった。**第１次の目標が５％であった点も正しい。**

2 ✕ BHNアプローチは，経済発展の波及効果が及ばない貧困層に社会サービスを直接提供することを目標とした。

衣食住，教育，保健，雇用などを含めた人間の基本的欲求をベーシック・ヒューマン・ニーズと呼んで，これを満たす必要性を指摘したのは，国際労働機関（ILO）であった。その後，アメリカ政府や世界銀行も加わって，経済発展の恩恵が及ばない人々をターゲットに，**食糧，居住空間，衣服などを提供し，さらに安全な水や衛生環境，交通機関，教育などの社会サービスを拡大する開発政策**が推し進められた。短期的な救済策としては有効であったといわれるが，その効果の長期的持続性については疑問視する意見が多い。

3 ✕ 人間開発指標（HDI）は，３要素（平均余命，教育，所得指数）によって計算される。

ハックは「人間開発」に必要な能力として，健康と知識と人並みの生活水準を挙げ，これらを数量化して人間開発指標（HDI）を開発した。現在，この指数は国ごとに算定され，**国連開発計画（UNDP）が「人間開発報告書」の中で毎年発表している。**

4 ✕ MDGsは経済開発を優先させる開発アプローチよりも，むしろBHNや人間開発を重視している。

MDGs の８分野には，普遍的な初等教育の達成，ジェンダー平等の推進と女性の地位向上，疾病の蔓延防止など，ベーシック・ヒューマン・ニーズや人間開発にかかわりの深い目標が掲げられた。なお，MDGs は，世界銀行によるものではなく，**2000年の国連ミレニアム・サミットで採択された。**

5 ✕ SDGsは国連サミットで採択された。

2015年，ニューヨークの国連本部で，150を超える各国首脳の参加のもと，**「持続可能な開発サミット」が開催され，17の目標と169のターゲットからなる「持続可能な開発目標（SDGs）」が採択された。**SDGs を策定したのはUNDPではないし，当然のことながら，MDGs が十分に実現できなかった課題については，改めて対応策や目標を盛り込んだ。

No.9 の解説 国際政治経済

→問題はP.267 **正答3**

1✕ 途上国への開発援助はOECDの主要目的の1つである。

OECDは，経済成長，貿易自由化，途上国支援の3つを目的に掲げている。OECDの開発援助委員会（DAC）の統計が援助実績の比較等でよく利用されていることからも，すぐに誤りとわかっただろう。

なお，OECDの原加盟国には日本は含まれていない。OECDへの改組は1961年，日本の加盟は1963年である。

2✕ 「新国際経済秩序」の樹立宣言は国連で採択された。

第1次石油危機を受けて**1974年に国連では資源特別総会が開催された**。天然資源の恒久主権の確立等の途上国側の要求が認められ，新国際経済秩序の樹立宣言として採択された。

ちなみに，第1回非同盟諸国会議の開催（1961年）と国連貿易開発会議（UNCTAD）創設の際の「77か国グループ」の誕生（1964年）はともに**1960年代の出来事**である。また，資源保有国とその他の途上国との格差が拡大し，「南南問題」が顕著になっていったのは1970年代後半以降である。

3◎ WTOはGATTよりも紛争解決手続きを強化している。

正しい。**GATTは全会一致のコンセンサス方式をとっていた**ため，1か国の反対だけで手続きがストップした。その反省から，WTOでは選択肢に書かれているようなネガティブ・コンセンサス方式が採用された。

なお，**WTOへの不満から委員の補充を拒否したのはアメリカのトランプ政権**で，バイデン政権になってもこの問題は解消していない。

4✕ アジア通貨基金構想は実現しなかった。

IMFのアジア版であるAMF構想は，円の国際的利用拡大を望む日本が提唱したものの，**アメリカや中国などの支持が得られず実現しなかった**。後半の記述は正しい。

5✕ NAFTAの後継協定は2020年に発効した。

NAFTAの再交渉は，アメリカからメキシコに生産・雇用が流出していると主張するアメリカのトランプ政権の求めに応じて2017年に始まった。新たな協定である**USMCA（米国・メキシコ・カナダ協定）**は，2018年に3か国の合意を得て，2020年に発効した。

1✕ ODAには贈与だけでなく貸与（借款）も含まれる。

先進国の途上国に対する経済支援は，贈与も貸与も政府開発援助（ODA）として扱われる。贈与には無償で行われる技術援助なども含まれる。

政府間の貸与については，当然，民間の金融機関よりも緩やかな条件で行われており，「借款」と呼ばれている。**「グラント・エレメント」とは，借款の条件のうち，金利や融資期間が贈与にどれだけ近いかを示す尺度である。**この数値が，贈与を100％とした場合に25％以上であればODAとみなされる。

2✕ 日本の二国間ODAはアジア向けが依然として多い。

地域別の内訳は年によって違う。アジア向けODAのシェアは傾向的には低下してきたとはいえ，**50％以上を占めている。**ちなみに，アジア向けに次いで多いのは，中東・北アフリカ向けか，アフリカ（サブサハラ）向けのどちらかである。

3◎ 援助総額において日本は世界一ではない。

正しい。日本は一時期，「世界一の援助大国」を誇っていたが，近年は支出純額において世界第1位はおろか，**第4位や第5位になる年も出てきている。**なお，「支出純額」は「支出総額」から政府貸付の回収額などを差し引いた金額である（OECDは2018年の統計から「支出純額」を「贈与相当額計上方式」に変更した）。

4✕ 日本のODAの多くは二国間援助である。

日本のODAに占める二国間援助の割合は，**およそ70〜80％である。**国際機関を通じて実施される多国間援助のほうが少ないのは，ODAが「被援助国との関係強化」などの目的で戦略的に使われているからである。ODAも日本の外交手段として活用されているはずだという点に気づけば，誤りであることは容易にわかる。ちなみに，二国間援助のうち技術援助が占める割合は小さく，**多くは円借款である。**

5✕ 2015年，政府は「開発協力大綱」を策定した。

1992年に策定されたのが「政府開発援助大綱」で，2015年に策定されたのが「開発協力大綱」である。「援助」から「協力」へと言葉を変えた背景には，**日本と途上国の関係が「互恵的な協力」に移行してきているとの認識がある。**当然，もはや「援助をもたらす指導的な関係」になるなどとは考えられていない。

第6章
国際社会

テーマ🔟 国際社会問題
テーマ⓫ 各国情勢

試験別出題傾向と対策

試験名	国家総合職					国家一般職					地方上級 (全国型)				
年度	21 I 23	24 I 26	27 I 29	30 I 2	3 I 5	21 I 23	24 I 26	27 I 29	30 I 2	3 I 5	21 I 23	24 I 26	27 I 29	30 I 2	3 I 5
頻出度 テーマ 出題数	5	3	5	3	2	2	3	0	2	3	0	0	1	0	2
B 10 国際社会問題	2	1	2	3	1	2	2		2	2			1		2
B 11 各国情勢	3	2	3		1		1			1					

　国際関係という学問では，国家間の軍事紛争や政治的対立，あるいは経済における協調政策や協力といったテーマを扱う。だが，国家ではなく個人やその社会生活についても，国際関係は次第に目を向けるようになってきている。それがテーマ10の国際社会問題である。

　本書では，国際人権問題や地球環境問題などを「国際社会問題」として扱う。出題が急増しているわけではないが，すでに国家公務員試験では無視できない分野として確立してきている。

　一方，テーマ11の各国情勢は，同一地域にある，あるいは同一課題を持った国々について，内政に関する知識を問う問題群である。たとえば，中国だけについて内政・外交の歴史的変容を取り上げたような問題や，地域情勢に関する時事問題などは，ここに含めた。また，二国間外交についても，アメリカとキューバが関係改善したといった話のように，その影響が地域的である場合には，ここに分類した。

　どちらかというと時事的な内容が多いことから，過去問を研究することの意味合いは他のテーマに比べて薄い。したがって，本書でもサンプル程度にしか問題を載せていない。

● 国家総合職（政治・国際・人文）

　出題科目に国際法があるためか，人権についての出題は多くはない。地球環境問題についても，それだけで出題されることはあまりなかった。それでも，令和元年度には，人権に関する条約に人権擁護のための国際機関を加えた問題が出され，地球環境保護についても条約や国際的な取組みに関する出題があった。テーマの重要さから見ても，出題数だけを根拠に無視するようなことがあってはいけない。

　国家総合職では「各国事情」を含む問題も散見される。イラクの占領政策についての英語の問題が出されたこともある。各国におけるテロの状況が取り上げられたこともある。各国事情はなかなか対策を立てるのが難しい。普段から世界各地で起こっていることについて，幅広く関心を寄せておくしかないだろう。

地方上級 （関東型）					地方上級 （中部・北陸型）					市役所 （C日程）					
21 | 23	24 | 26	27 | 29	30 | 2	3 | 5	21 | 23	24 | 26	27 | 29	30 | 2	3 | 5	21 | 23	24 | 26	27 | 29	30 | 2	3 | 4	
0	1	1	2	2	1	1	2	3	1	1	0	0	1	1	
	1	1		2			1	1	1				1	1	テーマ🔟
			2		1	1	1	2		1					テーマ⓫

● 国家一般職

　「国際社会問題」では，国際人権問題も地球環境問題もたびたび取り上げられてきた。人権の場合，出題の中心は条約の内容だが，人口移動などの国際社会現象も出題されたことがある。

　一方，「各国情勢」の出題はまれである。ただし，国際紛争や地域機構などに絡めて各国の政治事情が取り上げられることはある。上の表に数字がないからといって，世界各国の事情にまったく関心を持たなくてよいという意味ではない。

● 地方上級

　「国際社会問題」では，人権に関する条約が定期的に取り上げられている。地球環境についても出題されるようになってきた。両分野とも今後は出題を前提とした学習が不可欠になろう。

　「各国情勢」は中部・北陸型だけに出題例が見られる。出題の多いポイントとして注目してほしいのは，アジア各国あるいは世界各国の「民主化」の動きである。政権交代で民主化した国のニュースが大きく取り上げられるようなことがあったら，出題を前提としたメモを作っておくべきだ。

● 市役所

　「国際社会問題」では人権に関する条約についての出題例がある。難民問題については現状理解も不可欠である。

　「各国情勢」ではアジア，中東について前例があるが，基本的にはどの地域から出てもおかしくない。アフリカなど，最近話題が多い地域については，内乱を含む紛争やPKOなども含めて，チェックしておいたほうが無難だろう。

必修問題

国際社会における人権保障に関する次の記述のうち，妥当なものはどれか。

【地方上級（全国型／関東型／中部・北陸型）・平成28年度】

1 　国際連合では，人権保障のための条約や国際協定などが採択されている。しかし，人権侵害を行っている特定の国に対する非難決議等の採択は，内政干渉のおそれがあるため行っていない。

2 　国連ミレニアム宣言は，人権および基本的自由の尊重等を強化するため，さまざまな施策の実施を定めた。これを中心にまとめられたミレニアム開発目標は，目標期限の2015年までに達成することが困難となったため，諸目標がそのまま「**持続可能な開発のための2030アジェンダ**」に継承された。

3 　地域的人権保障体制とは，地域の実情に応じて人権の保障を確保することであり，ヨーロッパでは，**欧州安全保障協力機構（OSCE）**が人権保障に関する基準等の整備に当たっている。

4 　**人間の安全保障**とは，国家の平和と安全のためのアクターを，国家のみならず個人にも拡大するという考え方であり，その主体はもっぱら非政府機構（NGO）とされている。

5 　**人権外交**とは，人権問題を外交の課題とするものであるが，アメリカでは歴史的に黒人差別があったことを受けて，これが実施されたことはない。

難易度　＊

必修問題の解説

　国際社会における人権保障を幅広く取り上げた問題である。加えて，**2**では国連の開発目標も取り上げられている。**3**の内容は専門的だが，他の選択肢の正誤が明らかなので，全体として見れば，それほど難易度は高くない。

1× 国連は南アフリカ共和国のアパルトヘイト政策を非難してきた。

国連では人権侵害を行っている国を非難する決議を採択してきた。なお，人権擁護と内政不干渉のどちらの価値を重視するかについては，人権保護を優先させるべきとの意見がすでに広く受け入れられており，1993年の世界人権会議「ウィーン宣言」でも**「すべての人権の伸長と保護は国際社会の正当な関心事項である」**ことが確認された。

2× SDGsは新たな目標を定めた。

ミレニアム開発目標（MDGs）を踏まえ，持続可能な開発目標（SDGs：「持続可能な開発のための2030アジェンダ」）は，**17分野で169項目の新たな達成目標を掲げた**（テーマ9の重要ポイント3参照）。

➡ そもそも「諸目標がそのまま」ならば，目標期限を延長すればよく，わざわざ名前を変える必要はない。

3◎ OSCEは人権・人道に関する基準整備と履行監視を行っている。

正しい。冷戦時代の1975年，東西ヨーロッパ諸国を網羅して開かれた全欧安全保障協力会議（CSCE）では，人権尊重をヨーロッパ共通の安全保障実現に不可欠な基本原則とすることが確認された。これは東欧諸国の民主化に寄与したともいわれている。CSCEが組織化しOSCEになってからも，**安全保障における人権の重要性を前提に，人権擁護活動を重視している。**OSCEには「民主制度・人権事務所」も置かれている。

4×「人間の安全保障」は，一人ひとりの人間の安全確保の重要性を指摘する。

「人間の安全保障」は「国家の安全保障」と対比され，**一人ひとりの人間の生存を脅かすさまざまな脅威を取り除こうという考え方である。**アクター（主体，担い手）の拡大とは関係ない。

➡ そもそも「もっぱらNGO」という安全保障活動は現実的ではない。

5× 人権状況の改善を促す「人権外交」は，
アメリカのカーター大統領が掲げたことで知られる。

1977年に就任したアメリカのカーター大統領は，たとえ同盟国であっても人権抑圧をしている国には政治的圧力をかける外交方針をとった。ただし，これによって一部の友好国との関係は悪化した。

正答 3

第6章 国際社会

FOCUS

国際社会問題についての出題のうち，国際環境問題については時事ネタが絡むことが多い。実際，今であれば「パリ協定」に触れることなしに選択肢が組まれることはないだろう。歴史的経緯をざっくり理解しただけで満足せず，最近の話題まできちんとフォローするようにしよう。

重要ポイント 1 **人権**

（1）人権条約

世界人権宣言 1948年	すべての人があらゆる差別を受けることなく，基本的人権を享受することをうたった宣言。
国際人権規約 1966年採択 1976年発効	世界人権宣言の内容に法的拘束力を持たせることを目的とした国際法規。以下の4つの規約から構成されている。日本はA規約とB規約は条件つきで批准しているが，2つの選択議定書は批准していない。 ①A規約＝経済的，社会的および文化的権利に関する国際規約 ②B規約＝市民的および政治的権利に関する国際規約 ③個人通報制度に関する選択議定書 ④死刑廃止に関する選択議定書
人種差別撤廃条約 1965年採択 1969年発効	人種，皮膚の色，門地，民族などに基づくあらゆる人種差別を撤廃するとした人種差別撤廃宣言（1963年）に法的拘束力を持たせた条約。
アパルトヘイト犯罪防止条約 1973年採択 1976年発効	南アフリカ共和国で行われていたような人種隔離政策を「人道に対する犯罪」と規定し，各国にそれを行う個人や団体を犯罪者として処罰するよう求める。日本は未批准である。
女子差別撤廃条約 1979年採択 1981年発効	女性に対するあらゆる差別の禁止を求めた女子差別撤廃宣言（1967年）に法的拘束力を持たせた条約。日本は男女雇用機会均等法などの国内法を整備し，1985年にこの条約を批准した。
児童の権利条約 1989年採択 1990年発効	児童権利宣言（1959年）に拘束力を持たせた条約。18歳未満の子どもの権利を保障する。子どもの意見表明権などを保障している点が特徴である。日本は1994年に批准した。
難民条約 1951年採択 1954年発効	戦争や政治的・宗教的迫害のために他国に移り住まなければならなかった「難民」の人権尊重を掲げ，難民を迫害のあるところに追放したり送還したりすることを禁止している。日本は1982年に加入した。
障害者権利条約 2006年採択 2008年発効	障害者の人権および基本的自由の享有を確保し，障害者の固有の尊厳の尊重を促進するための措置等を規定。日本は2014年に加入した。

（2）人権政策

①**人権外交**：人権を侵害している国に対し，援助を打ち切るなどの強硬手段によって，状況の改善を促す外交。1977年に就任したアメリカのカーター大統領が採用したことで知られる。

②**人道的介入**：戦争や内戦などで深刻な人権侵害などが起こっている国に対し，人権擁護の観点から，外交的圧力，経済制裁，軍事力行使などによって介入すること。内政干渉になるとの批判もあるが，政府が有効に機能していない場合には国際社会が国家の人権保護義務を代行してよいとする肯定論が多い。

重要ポイント 2 　環境

（1）気候変動枠組条約

地球サミット （国連環境開発会議）	1992年に国連が主催した環境保護と開発についての国際会議。「持続可能な開発」の理念を基本姿勢に，気候変動枠組条約や生物多様性条約を採択した。
京都議定書 　1997年採択 　2005年発効	先進国の温室効果ガスの排出削減義務を規定。第3回気候変動枠組条約の締約国会議（COP3）で採択。先進各国は2008〜2012年の約束期間に排出削減を実施した。ただし，アメリカやカナダは離脱。
パリ協定 　2015年採択 　2016年発効	COP21で採択された新たな温暖化対策の国際的枠組み。途上国も含めた196の国と地域が参加した。 目標は産業革命前からの気温上昇を2度未満に抑えることで，「1.5度未満」も努力目標として併記した（2021年に全体目標に格上げ）。この目標達成に向け，各国は自主的に温室効果ガスの削減目標を定め，国内対策を実施する義務を負った。 なお，アメリカはトランプ政権時代に離脱したが，バイデン政権で復帰を果たした。

（2）環境関連の国際条約

生物多様性条約 　1992年採択 　1993年発効	生物の多様性に関する枠組み条約。191の国と地域が加盟。条約の目的は，①生物の多様性の保全，②生物資源の持続可能な利用，③遺伝資源の利用から生ずる利益の公正かつ衡平な配分。
カルタヘナ議定書	2000年の締約国会議で採択。遺伝子組換え農作物など人為的に作られた新生物の国境を越える移動について，生態系のバランスを崩さないように規制する。 遺伝子組換え農作物の生産国であるアメリカ，カナダ，オーストラリアなどはこの議定書には不参加。
ラムサール条約	水鳥の生息地などとして重要な湿地に関する条約。日本からの登録湿地数は50か所。
ワシントン条約	絶滅のおそれのある野生動植物の国際取引に関する条約。
モントリオール議定書	オゾン層を破壊するフロン等を規制する条約。2016年の締約国会議で温室効果ガスである代替フロンの段階的削減に合意。
水俣条約	水銀による健康被害や環境汚染の防止をめざす国際条約。2013年に国連環境計画（UNEP）が熊本市で開いた国際会議で採択された。

第6章　国際社会

No.1 **開発と環境問題に対する国際社会の取組みに関する次の記述のうち，妥当なものはどれか。**

【地方上級（全国型／関東型／中部・北陸型）・令和３年度】

1 ローマクラブは，世界の科学者らによるシンクタンクであり，地球の平均気温が産業革命前よりも1.5℃上昇することが環境に及ぼす影響についてまとめた特別報告書『1.5℃の地球温暖化』を発表した。

2 2012年にリオデジャネイロで開催された「国連持続可能な開発会議」において，環境や貧困問題などに関する「持続可能な開発目標（SDGs）」の策定が合意された。

3 地球温暖化対策に関する国際的枠組みであるパリ協定により，先進国全体で温室効果ガスの排出量を1990年比で５％削減することになった。

4 2010年のワシントン条約の第10回締約国会議において，遺伝資源の取得の機会とその利用から生ずる利益の公正かつ衡平な配分の実現をめざして，名古屋議定書が採択された。

5 オゾン層の破壊物質であるフロンを規制するためにバーゼル条約が締結されたが，フロンの代替として開発された物質も強力な温室効果ガスであることから，バーゼル条約の改正が行われた。

No.2 人権に関する次の記述のうち，妥当なのはどれか。

【国家一般職・令和３年度】

1 経済的，社会的および文化的権利に関する国際規約（社会権規約）と市民的および政治的権利に関する国際規約（自由権規約）は，共産圏で自由権が尊重されていないことを批判する西側諸国と社会権を優先すべきと考える東側諸国との利害が一致し，1954年に起草された後，同年中に採択された。また，わが国は自由権規約を批准しているが，社会権規約は批准していない。

2 世界人権宣言が採択された後，1950～1960年代にかけて欧州，米州，アフリカ，東南アジアにおける各地域的国際機構において相次いで地域独自の人権条約が採択された。これらの地域のうち，欧州においてのみ人権裁判所が設置されており，欧州人権裁判所では個人が訴えることができ，その判決には拘束力がある。

3 女子差別撤廃条約は，1979年に国際連合で採択された条約であり，締約国が男女の事実上の平等を促進するための暫定的な特別措置（ポジティブ・アクション）をとることが許容されているほか，締約国は「男女の定型化された役割に基づく偏見および慣習」などの撤廃を実現するための措置をとることが求められている。

4 1993年にウィーンで開催された世界人権会議において，人権の意味合いが地域により異なるという主張が認められ，同会議で採択されたウィーン宣言では，地域的特殊性を前提としたうえで人権や基本的自由が保護されなければならないことが合意された。また，同宣言における勧告に基づいて旧ユーゴスラビア国際刑事裁判所（ICTY）が設立された。

5 国連人権理事会は1946年に設置され，世界人権宣言や国際人権規約などの作成に携わってきたが，2004年の「ハイレベル委員会」報告書を受けて，その翌々年に国連人権委員会に改組された。しかしながら，その業務内容については，人権問題を抱える一部の国の反対もあり，改組される前の国連人権理事会の業務内容と同様のものに限定されている。

【国家総合職・平成28年度】

1 越境する環境問題解決に向けて国際的協力を図るため，1968年，フィンランドが国連の経済社会理事会において，国連人間環境会議の開催を提案し，1972年にヘルシンキ会議が開催された。20年後の1992年リオ会議では，「持続可能な開発」を合い言葉に調整が進められ，同会議で署名に至った「国連気候変動枠組条約（温暖化防止条約）」では，当初から締約国の二酸化炭素の排出削減目標数値が明示される形となった。

2 1970年，「核不拡散条約（NPT）」が発効し，これにより締約国による核保有への新規参入の道が閉ざされたが，条約締結以前の核保有国（米・ロ・英・仏・中5か国）については，条約発効後50年間に限りその保有が認められた。国際的な核不拡散の動きを受けて，当該条約発効以降，非締結国であっても，新たに核保有宣言をする国は出ていない。

3 「テロリズム」の定義は，国連総会において，「むきだしの暴力を媒介として遂行される政治目的達成のための殺傷・破壊行為」と決議されており，かつて見解の相違の見られたパレスチナに対するイスラエルの行動に関する評価についても，国連総会において一致が得られ，2001年「包括的テロ防止条約」が締結された。

4 「世界の文化遺産および自然遺産の保護に関する条約（世界遺産条約）」は，顕著な普遍的価値を有する文化遺産・自然遺産を，人類全体のための世界の遺産として保護することを目的として，1972年の国連教育科学文化機関（UNESCO）総会において採択され，わが国は1992年に同条約を締結した。世界遺産委員会では，締約国からの推薦に基づき，顕著な普遍的価値を有すると認められる文化遺産・自然遺産が世界遺産に登録される。

5 人種差別一般への取組みとしては，1963年に「あらゆる形態の人種差別の撤廃に関する宣言（人種差別撤廃宣言）」，1965年には，「あらゆる形態の人種差別の撤廃に関する国際条約（人種差別撤廃条約）」が採択された。しかし，人種差別撤廃条約は人種差別を幅広く定義する一方，国家が差別を行うことのみを禁じており，社会に存在する差別を禁止する義務までは当事国に課していない。

No.4 人権に関する次の記述のうち，妥当なのはどれか。

【国家総合職・令和元年度】

1 人権の国際化は，1948年に加盟国への拘束力を有する世界人権宣言が採択された後，国際人権規約が採択されるなど，国際連合を中心に進められた。しかし，その後，人権をめぐる各国の対立が激化し，地域の特徴を反映した人権保障の必要性が認識されるようになったことから，1980年代に，欧州，中南米，アフリカ，アジアのそれぞれの地域において，相次いで人権条約が採択され，人権裁判所が設置された。

2 K.アナン元国連事務総長は，国連のすべての活動で人権を統合する考えとして「人権の主流化」に言及し，国連人権委員会の改組を提案した。この後，国連総会決議を受け，2006年，従来の国連人権委員会に替えて国連人権理事会が設置された。この国連人権理事会の下で行われる普遍的・定期的レビュー（UPR）は，国連のすべての加盟国の人権状況を定期的に審査するものである。

3 国連における人権に関する専門機関として，国連人権高等弁務官事務所（OHCHR）が置かれ，この機関では，犯罪被害者の権利保護に特化した活動を行っている。人権課題は，各国の国内問題としての側面も有している一方，居住国において解決されない場合も想定されるため，国連加盟国に居住するすべての人々は，OHCHRに対して直接人権救済を求めることができる。

4 世界中に貧困，飢餓，武力紛争，虐待，性的搾取といった困難な状況に置かれている15歳未満の児童がいる現実に目を向け，児童の権利を国際的に保障し，促進することを目的として，1946年に「児童の権利に関する条約」が採択された。これを受けて国連児童基金（UNICEF）が設立され，第二次世界大戦で被災した子どもたちに対する緊急支援を担うこととなった。

5 経済のグローバル化が進展するにつれて，人権を侵害する主体が国家のみならず企業等へと多様化していることに伴い，新たに，国家，企業，非政府組織（NGO）等が参加する国連グローバル・コンパクトが発足した。参加団体は，人権，労働，環境等に関する原則に違反した場合，罰則等の制裁が科されることになっているため，企業からは自主的な取組みを阻害するものと指摘されている。

No.5 国際的な犯罪に対する国際社会の取組みに関するア～エの記述のうち，妥当なもののみをすべて挙げているのはどれか。

【国家総合職・平成29年度】

ア：急速に複雑化，深刻化する国際組織犯罪に対処するため，国際的な規範作りが求められるようになり，国連においては，2000年に「国際的な組織犯罪の防止に関する国際連合条約」が総会で採択された。同条約は，組織的な犯罪集団への参加や犯罪収益の洗浄を犯罪とすること等について規定しており，2003年に発効した。

イ：情報技術の発達に伴うサイバー犯罪の出現により，国際的に協調して有効な対策をとる必要があるとの認識が高まり，わが国の主導により，コンピュータ・システムに対する違法なアクセス等一定の行為を犯罪とすること等を規定する「サイバー犯罪に関する条約」が国連総会で採択された。しかし，わが国では2017年3月現在も同条約の締結に至っていない。

ウ：2001年の米国同時多発テロを契機として，主要国首脳会議（サミット）においても各国の組織犯罪対策の専門家会合が設置され，国際組織犯罪の問題が議論されてきた。その後，銃器の不正取引，人身売買等の国際組織犯罪の支援国家に対する非難決議をめぐって生じた意見対立を理由として，2014年からロシアの主要国首脳会議への参加が停止されることとなった。

エ：国際犯罪組織に対処するためには関係国間の情報交換，捜査協力等が不可欠であり，国際刑事警察機構（ICPO）を通じた国際協力もその一つである。ICPOは，各国等の警察機関を構成員とする国際機関であり，国際犯罪等に関する情報の収集と交換，犯罪対策のための国際会議の開催等を主な活動とし，2015年にはサイバー犯罪対策等を行うシンガポール総局を開所した。

1 ア，イ
2 ア，エ
3 イ，ウ
4 イ，エ
5 ウ，エ

実戦問題解説

→問題はP.282 **正答2**

No.1 の解説 開発と環境問題

　基礎知識に時事知識を加えた問題である。**4**と**5**は環境関係の国際条約の名前と目的についての基礎知識が試されている。

1✕ 『1.5℃の地球温暖化』を発表したのは
IPCC（気候変動に関する政府間パネル）である。

1.5度目標は2015年のパリ協定で努力目標になり，**2021年に全体目標に格上げ**された。これを促した『1.5℃の地球温暖化』は2018年に世界の科学者が集まるIPCCが発表した報告書である。なお，民間のシンクタンクであるローマクラブは1972年に『成長の限界』を発表し，人口増加と環境破壊によって成長が限界に達することに警鐘を鳴らした。

2◎ **SDGsは2012年に策定が合意され，2015年に採択された。**

正しい。2015年に目標起源を迎えるMDGsの後継となるSDGsは，地球サミット（1992年）から20年後となる2012年に開かれた「国連持続可能な開発会議」で策定が合意された。その後，**2015年の国連サミットで採択**された。

3✕ パリ協定の目標は産業革命前からの気温上昇について定められている。

地球温暖化対策の国際的枠組みである「パリ協定」は，当初，気温上昇の目標値を「2度未満」とし，「1.5度未満」に努力すると定めた。その後，2021年に「1.5度未満」が全体目標になった。ちなみに，温暖化対策についての初の国際的枠組みとして**2005年に合意された「京都議定書」**では，温室効果ガスの排出量の削減目標が国ごとに定められていた。

4✕ 遺伝資源の利用などについて定めているのは生物多様性条約である。

名古屋議定書は，遺伝資源の取得と利益配分を実施するための手続きを定めたもので，2010年の生物多様性条約の締約国会議で採択された。**ワシントン条約は野生動植物の国際取引を規制する条約**で，国際空港にも展示があるなどよく知られているので，誤りとすぐわかる。

5✕ フロンを規制しているのは「モントリオール議定書」である。

「バーゼル条約」は有害物質の越境移動を規制している条約であるが，これを知っている人はそう多くはないだろう。一方，フロンの規制が「モントリオール議定書」によって行われているというのは基礎知識である。

1 ✕　日本は国際人権規約に条件つきで参加している。

国際人権規約は，1966年に採択され，1976年に発効した。**日本は1979年に自由権規約も社会権規約も批准したが**，国内法との関係で留保している部分がある（公務員のストライキ権など）。

2 ✕　地域人権条約はアジア地域にはまだない。

国際人権規約に先立ち，47か国が加盟する欧州評議会で**「ヨーロッパ人権条約」が1953年に採択された**。その後も，米州人権条約（1978年）やアフリカ諸国の「人間と人民の権利憲章」（1981年）など，いくつもの地域人権条約が採択されたが，アジア地域に同様の条約はない。

3 ◎　女子差別撤廃条約の締結国には
「男女の定型化された役割に基づく偏見及び慣習」を
なくすための措置をとることが求められている。

正しい。**女子差別撤廃条約は，1967年の女子差別撤廃宣言に法的拘束力を持たせた条約で，1979年に採択された**。日本は男女雇用機会均等法などの国内法を整備した後，1985年にこの条約を批准した。

4 ✕　1993年のウィーン宣言の勧告により設置されたのは，
国連に人権高等弁務官事務所（OHCHR）である。

世界人権会議のウィーン宣言は，地域の特殊性は考慮しなければならないとしながらも，**人権の普遍性を重視**し，「すべての人権および基本的自由の促進および保護は，その政治的，経済的および文化的制度の如何を問わず，国家の義務である」とした。ちなみに，**旧ユーゴスラビア国際刑事裁判所は国連安保理決議によって設立された**もので，ウィーン宣言とは関係ない。

5 ✕　国連人権委員会は2006年に国連人権理事会へと改組・強化された。

前半では「国連人権委員会」と「国連人権理事会」の順番が入れ替えられている。安保理を想起すれば委員会よりも理事会のほうが格上だろうとすぐ気づけるので，誤りはすぐにわかる。後半には，改組の前後で業務が変わらないという内容が出てくるが，常識的に考えてこれもおかしいと思うべきだろう。

No.3 の解説　国際社会問題

→問題はP.284　**正答4**

1 ✕　締約国の削減目標は京都議定書によって定められた。

　大きな国際会議では，まず合意しやすい原則や方向性だけを決めて，具体的な数値目標などは各国の内政事情に配慮して別に定めるという政治手法がとられることがある。気候変動枠組条約については，**締結から5年後の1997年，「京都議定書」によって各国の削減目標が定められた。** 京都議定書のことを知らなくても「当初から」が怪しいと気づくことが大切である。なお，国連人間環境会議に関する国名・都市名も違っている。フィンランド・ヘルシンキではなく，正しくはスウェーデン・ストックホルムである。

2 ✕　北朝鮮，インド，パキスタンは核保有を宣言している。

　「核保有宣言をする国は出ていない」と書いてあるのを見て，すぐに北朝鮮のことを頭に思い浮かべた人も多かったことだろう。「公式にはいっていないのかもしれない」と仮に思ったとしても，前半にも大きな誤りがあるから正誤の判断は容易である。核保有5か国が50年間の期限付きで核保有をしているという話は，核拡散の実情を考えれば「ありえない」こととわかるであろう。もちろん，**核不拡散条約が核兵器の保有期限を定めている，という事実はない。**

3 ✕　包括的テロ防止条約は締結されていない。

　テロリズムの定義は国際法で明確に定義されているわけではないが，選択肢に書かれている定義は，戦争や革命といった他の政治的行為にも当てはまる緩やかなものであり，適切とは思えない。テロが「terror」に由来する以上，社会に恐怖や不安を与えることがねらいとなっていることや，国家以外の主体，つまりはテロ組織が主として行う行為であること，などに触れていないと定義としては不十分だろう。

　なお，テロを防止するための包括条約については，議論には上がったものの，実現の見通しは立っていない。航空機テロや核テロなど**個別のテロ行為については，テロとは何かを定義せずに，一定の行為を禁止することで防止する条約が成立している。**

4 ◎　世界遺産条約はUNESCO総会で1972年に採択された。

　正しい。条約は1975年に発効したが，日本の参加は遅れ，1992年にようやく実現した。経済規模に応じて支払われる分担金の規模が大きすぎたのが一因とされている。

5 ✕　人種差別撤廃条約は社会における人種差別の禁止を求めている。

　人種差別撤廃条約はその第2条（d）で，締約国は「いかなる個人，集団又は団体による人種差別も禁止し，終了させる」としており，国家による差別はもちろん，社会的な差別の撤廃も求めている。

1 ✕ 世界人権宣言は加盟国に対する法的拘束力を持たない。

世界人権宣言に法的拘束力を持たせたものが国際人権規約である。また，地域ごとの人権条約や人権裁判所は，まだアジアでは成立していない（欧州，米州，アフリカには存在する）。

2 ◎ 2006年，国連の人権委員会は人権理事会へと格上げされた。

正しい。人権理事会には加盟国の人権状況を審査する権限が与えられている。名称は「理事会」となり権限も強化されたが，安全保障理事会などとは異なり，組織上の位置づけは国連総会の下部機関である。

3 ✕ 国連人権高等弁務官事務所は人権保護を目的に活動している。

国連人権高等弁務官事務所（OHCHR）は，**世界各地の人権に関する状況を調査し，国連総会と人権理事会に報告する。**人権侵害にも対処するが，犯罪被害者の権利保護に特化した活動をしているわけではない。

OHCHRは人権侵害を訴える通報を団体・個人から受け取れるが，OHCHRはそれを国連の適切な機関に付託し，対処を求める。個人を直接救済するわけではない。

4 ✕ 児童の権利条約は1990年に発効した。

児童の権利条約は，**1959年の児童権利宣言に法的拘束力を持たせた条約として1989年に採択され，1990年に発効した。**一方，国連児童基金（UNICEF）は，1946年に設立された国連機関（補助機関）である。第二次世界大戦で被災した子どもへの支援が創設当初の目的だったが，その後，開発途上国の子どもへの支援へと役割を拡大させた。

5 ✕ 国連グローバル・コンパクトは，

企業・団体に責任ある国際市民としての意識・行動を求める協約である。

国連グローバル・コンパクトは，**参加する企業・団体に，人権，労働，環境，腐敗防止の4分野で10の原則の遵守を求める。**1999年の世界経済フォーラム（ダボス会議）における国連のアナン事務総長の提唱をきっかけとして始まった企業・団体の意識改革運動であり，国家が参加するものではない。また，原則に違反しても罰則等の制裁はない。

No.5 の解説　国際犯罪

→問題はP.286 **正答2**

ア〇 国際組織犯罪防止条約は2003年に発効した。

正しい。日本は国内法の整備を経て2017年に同条約を締結した。また，3つの議定書のうち，銃器議定書を除く2つ，すなわち人身取引議定書と密入国議定書も同時に締結した。

イ✕ 日本は2012年にサイバー犯罪条約に加盟した。

サイバー犯罪条約は2001年に欧州評議会で採択された条約で，2004年に発効した（国連総会ではない）。ヨーロッパ以外からは，日本のほか，アメリカもこの条約に加盟した。なお，**欧州評議会はヨーロッパにおいて法・人権などの基準を定めている国際機関**で，欧州人権条約や欧州人権裁判所を持つことで知られる。日本やアメリカはオブザーバーの地位を認められている。

ウ✕ ロシアはクリミア併合の強行によりサミットへの参加が停止された。

2014年，ウクライナの領土であったクリミア地方は独立を宣言し，その後ロシア連邦に併合された。ロシアの意向に沿って，ロシア系武装勢力が事実上の管理を行う中で行われたことから，欧米諸国はウクライナの主権侵害に当たるとしてロシアを非難し，主要国首脳会議（サミット）ではロシアの参加が停止された。

エ〇 ICPOにはサイバーセキュリティに特化した拠点がある。

正しい。新組織は2015年にシンガポールに置かれ，トップには日本人が就任した。

　　よって，正答は**2**である。

➡ 国際犯罪に関する初めての出題である。この分野の基礎知識は普通持たないので，ここでも論理的に考えることとしたい。組合せでは「**ア・ウ**」がないので，どちらかあるいは両方が違っていることが事前にわかっている。

まず**ウ**は，国際犯罪に関係なく，なぜサミットからロシアは除名されたのかの知識があれば解ける。ウクライナとの紛争が原因であることは知られているので，**ウ**は誤りとわかる。そもそも，「非難決議」についての意見対立だけでは，1つの国家を国際会議から排除できないだろう。

また**イ**は，「わが国の主導により」採択された国連条約を「わが国が締結していない」としている点がいかにもおかしい。それに，もし事実なら，恥ずかしくて公務員試験に取り上げられることもないはずである。

必修問題

東南アジア諸国に関する次の記述のうち，妥当なものはどれか。

【地方上級（関東型／中部・北陸型）・令和元年度】

1 フィリピンでは，2016年の大統領選挙でドゥテルテ氏が当選し，麻薬取締りの強化を進めて**国連人権高等弁務官事務所**から表彰される一方で，親中路線をやめて，中国との国交を断絶した。

2 インドネシアでは，2004年に不正蓄財問題によってユドヨノ元大統領が辞任した後，イスラム革命が勃発してカリフ制国家が樹立され，メガワティ氏が暫定大統領に就任した。

3 マレーシアでは，政府系投資銀行からの不正入金問題でマハティール前首相の権威が失墜したため，2018年の下院総選挙は与党連合が敗北して初の政権交代が実現する結果となり，ナジブ氏が新首相に就任した。

4 タイでは，2006年にタクシン元首相の不正蓄財を糾弾する民衆運動によって社会的混乱が生じたところに，一部の将校が軍事クーデターを決行して，暫定政権を樹立した。

5 ネパールでは，2008年に制憲議会が開かれて立憲君主制に移行し，独自の「**国民総幸福量（GNH）**」を国家の指標として打ち出した。

難易度 ＊

必修問題の 解説

　各国情勢でまず注意すべきはアメリカと中国・韓国だが，近年は東南アジアや南アジアの国々についての出題も増えている。5つの選択肢がそれぞれ違う国の問題では，基本的な政治制度や最近の出来事が問われることが多い。

1 × ドゥテルテ大統領の強硬な麻薬取締りは人権上の問題を指摘された。

　ドゥテルテ大統領は強硬な麻薬取締りを実行したが，その際，容疑者殺害を含む超法規的な手法を容認したことから，**国連人権弁務官事務所から非難された**。また，ドゥテルテ大統領は，アキノ前政権の対米重視の外交政策を修正し，**中国との関係改善を積極的に図った**。もちろん中国と国交断絶などしていない。

2 × インドネシアで「イスラム革命」は勃発していない。

　インドネシアは大統領制をとる民主主義国である。2004年には国民による初の直接投票でユドヨノが現職のメガワティを破り大統領に選出された（それまでは議会による間接選挙）。なお，ユドヨノ政権はその後10年間続いた。

3 × 2018年の選挙の結果，マハティールが首相に復帰した。

　マレーシア初の政権交代の部分は正しい。野党連合を率いて選挙に勝利し，首相に就任したのは，**1981年から21年にわたり同国の首相を務めたマハティールであった**（2020年まで）。

4 ◎ タイでは2006年と2014年に軍事クーデターが起きた。

　正しい。タイでは，政治的混乱が見られる際，軍部が無血クーデターを起こし，暫定政権を樹立した後に，改めて民政移管するケースがしばしば見られる。近年では，**2001年に成立したタクシン政権が2006年に起きた軍部のクーデターで崩壊した**。2008に民政に移管したが（首相にはタクシン元首相の妹のシナワットが就任），2014年には再び軍部のクーデターが起きて，暫定政権となり，ようやく2019年の総選挙で民政復帰が実現した。

5 × ネパールは2008年に君主制から民主制に移行した。

　ネパールでは2008年の制憲議会で民主制への移行が決まった。そして2015年に新憲法が公布され，**新議会の選挙が2017年に実施された**。ちなみに，「国民総幸福量」を打ち出したのはブータンである。

正答 **4**

第6章
国際社会

FOCUS

　各国の政治事情については，時事的な話題を中心に，ときには歴史にまで視野を広げて，多面的な内容が出題される。対策としては，話題となった国や地域を中心に，まずは時事の知識を確認しておこう。

重要ポイント 1 東アジア情勢

(1) 中国

1949年	中華人民共和国が誕生。第二次世界大戦後の共産党と国民党の内戦は，国民党の台湾追放に終わる。 その後，中国は「2つの中国」を容認していない。中国と国交を結んだ国は台湾（中華民国）との国交を断絶しなければならない。 毛沢東は1966年からの文化大革命で権力基盤を強化し，建国から亡くなる1976年まで最高指導者の地位にあった。
1969年	中ソ国境紛争。1960年代初頭から中ソの意見対立は見られたが，この国境紛争で本格的な「中ソ対立の時代」を迎えた（両国の関係が改善されたのは冷戦終結以降）。
1972年	米中関係が正常化（国交樹立は1979年）。前年の1971年，アメリカは突然，翌年のニクソン大統領の訪中を発表。中華人民共和国は国際社会への復帰を果たし，国連では中華民国（台湾政府）が追われ，中華人民共和国（北京政府）が正式な中国代表となった。
1978年	鄧小平時代（1978〜1989年）に入り，改革開放路線で市場経済に移行。工業，農業，国防，科学技術の「4つの近代化」が掲げられ，国内改革と対外開放が進められた。
1989年	天安門事件。政治的自由を求めた政治運動を政府が弾圧。
1992年	共産党の独裁体制を維持しつつ経済を発展させる「社会主義市場経済」を基本方針に掲げた。江沢民時代（1989〜2002年）は経済発展をさらに推進。
2001年	世界貿易機関（WTO）に加盟。その後の経済成長は目覚ましく，2010年には名目GDPで日本を抜いて世界第2位の経済大国になった。
2002年	胡錦濤主席が就任（2002〜2012年）。「和諧社会」「小康社会」というスローガンを掲げ，格差の是正と安定成長に努めた。
2012年	習近平主席が就任（2012年〜）。中国西部から中央アジアを経てロシア・欧州へ向かう「シルクロード経済帯（一帯）」と中国沿岸部からインド洋を経てアフリカなどへ向かう「21世紀海上シルクロード（一路）」を中国が中心になって経済開発するとした「一帯一路構想」を発表した。

(2) 韓国

1993年	金泳三大統領就任（初の文民出身大統領）。
1998年	金大中大統領就任。後継の盧武鉉大統領と共に北朝鮮に対する対話重視政策（太陽政策）を採用（〜2008年）。
2008年	経済回復を最重要課題とする李明博大統領が就任。
2013年	韓国史上初の女性大統領として朴槿恵大統領が就任。一連の不祥事により2017年に弾劾が成立して罷免。
2017年	「共に民主党」（革新系）の文在寅大統領が就任。
2022年	「国民の力」（保守系）の尹錫悦大統領が就任。

重要ポイント 2 アメリカ情勢

(1) 選挙

①**大統領選挙**：4年ごとに実施される。憲法には3選禁止規定がある。

　アメリカ大統領選挙は各州に配分された「選挙人」の獲得競争であり，過半数の選挙人を獲得した候補が当選となる。選挙人の数はその州の上下両院議員数であり，したがって人口の多い州に多く配分されている。原則として各州で1位となった候補がその州の選挙人をすべて獲得する。

　こうして決められる当選者は，全米単位で集計した有権者票の最多獲得者と一致するとは限らない。2016年の選挙でも，全米合計得票数ではクリントン候補がトランプ候補を上回った。

②**連邦議会選挙**：2年ごとに実施され，任期2年の下院議員（435名）の全員と任期6年の上院議員（各州2名の計100名）の約3分の1が改選される。州単位で選出される議員によって構成される上院は，条約の批准権など，連邦国家としての基本姿勢に関する権限を持つ。

(2) 外交

①**オバマ大統領**：就任直後から「核なき世界」の実現に向けて努力することを表明し，2009年のノーベル平和賞を受賞した。2015年にはキューバとの関係改善を図り，54年ぶりに国交を回復させた。

②**トランプ大統領**：アメリカ第一主義を掲げ，国際協調への参加には慎重姿勢をとる。2017年に就任してまもなく，TPP（環太平洋パートナーシップ）協定や温室効果ガスの削減をめざすパリ協定からの離脱を表明した。

③**バイデン大統領**：21世紀は「民主主義と専制主義（権威主義）の闘い」になるというのが外交政策の基本認識。中国とロシアの拡大主義に対する警戒感から，米英豪3か国の軍事同盟AUKUS（オーカス）を発足させたり，日米豪印（クアッド）の首脳会合を定例化するなど，同盟諸国との連携強化を進めている。

第6章

国際社会

No.1 東南アジア諸国に関する次の記述のうち，妥当なのはどれか。

【国家一般職・平成26年度】

1 タイとわが国は，タイが交易の拠点として発展したアユタヤ朝の時代に日本人町が形成されていたなど，1887年に修好宣言がなされる以前からも長い交流の歴史を持つ。現在もわが国とは経済面等で緊密な関係となっており，2007年には貿易のみならず投資，政府調達等幅広い分野における経済関係の強化をめざす日タイ経済連携協定が発効したほか，2012年の外国からのタイ向け直接投資におけるわが国の投資額の割合は，タイに対する直接投資額全体の半分以上を占めた。

2 インドネシアでは独立以降スハルト大統領による権威主義的な統治が行われていたが，1998年にスハルト体制が崩壊すると，アチェやパプアで分離運動が活発化した。パプアでは1999年に独立の是非を問うために行われた住民投票の結果に反対する民兵組織の破壊行為により治安状態が極めて悪化したため，国連は国連平和維持活動を開始し，以降2013年現在までわが国も国際連合平和維持活動等に対する協力に関する法律に基づき自衛隊施設部隊を派遣する等の支援業務を行っている。

3 シンガポールは1965年にマレーシアより分離独立して以来，人民行動党が議会の全議席を維持する一党支配が続いており，この安定した政治基盤をもとに外資導入を軸とした工業化を推進したことで高度成長を達成した。また同国は二国間の経済連携協定（EPA）等の締結を重視しており，2006年に米国が中心となって交渉が開始された環太平洋パートナーシップ協定（TPP）については当初交渉参加を見送っていたものの，2012年から交渉に参加することとなった。

4 フィリピン南部のミンダナオ地域はスペインによる植民地支配下で圧迫されたムスリム諸部族の主な居住地域となった経緯から，現在も住民の約8割がイスラム教徒で，モロ・イスラム解放戦線（MILF）などのイスラム系反政府勢力が活動している。2010年に大統領に就任したB.アキノ大統領は同勢力を掃討すべく2012年にミンダナオへ国軍を投じたことから，G.アロヨ前政権から継続していたMILFとの停戦交渉は中断された。

5 マレーシアはマレー系や中国系，インド系などで構成される多民族国家であるが，1969年に生じた民族暴動以降，経済的・社会的立場を引き上げるために中国系・インド系民族をさまざまな面で優遇するブミプトラ政策が実施されている。しかし，同政策による民族間での経済格差の拡大が社会問題となっており，2008年に実施された総選挙では独立以来一貫して政権を担当していた統一マレー国民組織が敗北し，野党連合の首班であったアンワルが首相に就任した。

No.2 世界の諸地域の情勢に関する次の記述のうち，妥当なのはどれか。

【国家総合職・平成26年度】

1 豊富な海底資源の埋蔵が推定されている南シナ海に関しては，中国と東南アジア諸国連合（ASEAN）との間で，2002年に「南シナ海に関する行動宣言」が署名され，2011年には同宣言の実効性を高めるため「南シナ海に関する行動宣言ガイドライン」が採択された。この中では，中国と東南アジア諸国との間で天然ガスの共同開発を行うこととされており，2012年からその具体的な方法について協議が開始された。

2 パキスタンでは1999年，カルギル紛争等によりインドとの間で関係が悪化する中，首相への権限集中を進めるN.シャリフ首相と軍が対立し，P.ムシャラフ陸軍参謀長による軍事クーデターが発生した。その後，民政移管が発表され，2008年には大統領選挙により人民党のA.ザルダリ共同議長が新大統領に選出されたが，ムシャラフは陸軍参謀長名で非常事態を宣言，憲法の効力を一時停止する等の措置を講じたため，民主化プロセスは停滞した。

3 アフガニスタンにおいては，2001年の米国同時多発テロ事件後，国際テロ組織アルカイダを支援するタリバーンに対する米国や英国等による軍事行動が行われ，タリバーン政権が崩壊した。同年，N.マーリキー首相が率いる新政権が発足し，2011年には米軍や国際治安支援部隊（ISAF）の撤収が完了したが，その後2013年末までの間においては，タリバーンを含む反政府武装勢力の活動等により，治安情勢は引き続き懸念される状態にあった。

4 イスラエルとパレスチナの間では，1993年のオスロ合意を通じて和平プロセスが開始され，2003年には「ロードマップ」が策定されたが，その履行は進んでいない。2011年にはパレスチナの国連教育科学文化機関（UNESCO）への加盟が承認されたことを受け，イスラエル政府が東エルサレムへの入植の加速化を決定した。また，2012年にはガザ地区からのロケット弾攻撃を受けて，イスラエル軍による空爆が行われた。

5 スーダンでは，北部のアラブ系イスラム教徒主体の政府と，南部のアフリカ系キリスト教徒主体の反政府勢力との間で20年以上にわたり内戦が継続していたが，2005年に南北包括和平合意が成立し，同合意に基づいて実施された2011年の住民投票の結果を受け，南部スーダンが分離・独立した。一方，スーダン西部のダルフール地方では，2003年に政府とイスラム過激派との戦闘が激化したため，国連安全保障理事会の決議に基づきフランス軍を中心とする国際部隊が介入し，主要都市を奪回した。

第6章

国際社会

◆◆ No.3 アフリカの国際政治に関する次の記述のうち，妥当なのはどれか。

【国家総合職・平成22年度】

1 アフリカ諸国の「統一と連帯」を目的として，1963年，当時のアフリカの数少ない独立国であった南アフリカにおいてアフリカ統一機構（OAU）が創設された。大半の加盟国にとっては，植民地時代の恣意的に確定された国境の修正こそが念願であったため，設立時の憲章も領土保全原則を植民地支配の残滓として明確に否定した。

2 アフリカにおける脱植民地化は1960年代に急速に進んだが，南部アフリカのモザンビークは，1970年代半ばに宗主国のポルトガルにおいてクーデタが発生するまでその独立を実現できなかった。独立後も，社会主義政権とそれに対峙する反政府勢力との間で内戦が勃発し，和平を実現できたのは冷戦終結後の1992年であった。

3 西アフリカの域内経済統合の推進を目的として，1975年，西アフリカ諸国経済共同体（ECOWAS）が創設された。地域経済の統合を進めるうえで不可欠の基盤とされたのが，当該地域の政治的安定である。原加盟国であるナイジェリア，コートジボワール，シエラレオネ，リベリアは，アフリカでは例外的に独立以降，2009年末時点までにクーデタや内戦を経験していない。

4 1980年代のアフリカでは旱魃の影響で広範囲にわたって砂漠化が進行し，深刻な飢餓が広がると，1985年，アフリカ開発会議（TICAD）は，世界銀行および国際通貨基金（IMF）に対してアフリカ諸国への構造調整政策の適用の見送りを要請した。その結果，両機関から融資を受けているアフリカ諸国に市場経済原理，複数政党制が導入されたのは1990年代に入ってからのことであった。

5 1992年のブトロス・ブトロス＝ガリ国連事務総長の報告書『平和への課題』は，ソマリアでのPKOの失敗を省みて，アフリカにおける紛争の原因を開発の停滞にあるととらえ，2000年までに達成すべき課題として，初等教育の完全普及などの「国連ミレニアム開発目標」を定めた。

実戦問題 **1** の 解説

→問題はP.296 **正答1**

No.1 の解説 東南アジア情勢

　各国情勢についての問題。時事的な内容も含まれているが，その点の正誤は気にせず，こうした形式の問題が出題される可能性を理解しておこう。

1◎ **日本とタイとのEPAは2007年に発効した。**
正しい。直接投資の状況は年々異なるが，当時はこれが正しかった。ちなみに，日タイEPAにより，物品の貿易に関しては双方とも90％以上の関税を撤廃することになった。ただし，コメは例外扱いとされている。

2✕ **インドネシア独立直後の大統領はスカルノである。**
インドネシアの独立は第二次世界大戦終結直後の1945年8月である。独立からの初代大統領がスカルノで，第三世界のリーダーになろうとソ連や中国とも積極的に交流を持った。スカルノがクーデタ事件で失脚した後，1968年から1998年まで大統領職を務めたのがスハルトである。**スハルトはスカルノとは対照的に親米・反共路線をとった。**もし独立から1998年までとなると50年以上の長期政権になってしまう。その点からも誤りの可能性が高いことに気づく。なお，パプアについての後半の記述は**東ティモールについてのものである。**また東ティモールでのPKOは2005年に終了している。日本が施設部隊を派遣した点は正しい。

3✕ **シンガポールはTPPの当初からの参加国である。**
TPPはもともとシンガポール，ブルネイ，ニュージーランド，チリの4か国の自由貿易協定がベースになっている。アメリカ主導であったら，トランプ政権が離脱を主張したとき，国際的な非難がもっと高まったに違いない。なお，シンガポールは議会制民主主義の国であり，一党支配的な時代が当初あったとはいえ，**1981年以降は野党も議席を得ている。**

4✕ **ミンダナオ和平はアキノ大統領時代に実現した。**
フィリピンでは，長年の懸案であったミンダナオ問題がB.アキノ大統領時代（2010〜2016年）に解決された。政府と反政府勢力は，2012年10月に和平に関する「枠組み合意」に署名し，その後**2014年3月には包括和平協定に調印した。**和平協定にはムスリムの自治権を認めることが明記されていたが，アキノ大統領はこれに関する法律を制定する前に任期を終えた。バンサモロ自治政府（バンサモロはミンダナオ島のムスリムの総称）を樹立するための法律の制定は次のドゥテルテ大統領に残された（2019年に実現）。

5✕ **ブミプトラ政策はマレー系住民の優遇策である。**
ブミプトラとは「土地の子」の意味で，マレー系住民の優遇策のことである。経済的に豊かな中国系住民が政治の実権を握ることのないように工夫された政策で，たとえば公務員の採用などではマレー系住民が優遇される。ちなみに，後半の政権交代の記述も間違っている。2013年の選挙でも**与党連合「国民戦線」が過半数の議席を獲得し，**56年に及ぶ長期政権を維持した。初の政権交代が実現したのは2018年である。

1は領土をめぐる対立の現状を，**2～5**は紛争が見られた国の現状を取り上げている。時事的な知識が必要とされているが，逆をいえば，時事的な知識で対応できる。

1× 南シナ海における資源開発は各国独自に進められている。

資源開発をめぐる南シナ海の政治問題については，2002年には平和的手段での解決などを明記した「行動宣言」が出されたが，法的拘束力を持つ規範については2017年に「枠組み」が承認されたものの，まだ成立には至っていない。また，南シナ海の天然資源の開発については，一部に共同開発を模索する動きがあるものの，まだ**「行うこととされた」わけではない。**

2× パキスタンでは2001年に民政に移管して以来，民主政権が続いている。

1999年のクーデタで政権を握ったムシャラフは，2001年に大統領となって民政移管を果たし，その後の2007年の大統領選挙でも当選した。しかし，2008年の議会選挙では反ムシャラフ側が勝利し，これを受けてムシャラフは大統領を辞任した。その後の大統領選挙ではザルダリが当選した。このプロセスは民主的なものであり，当然**「停滞した」と結論づけるのはおかしい。**ちなみに，パキスタンではその後も民主的な大統領選挙が実施されている。

3× 2001年にアフガニスタンに誕生したのはカルザイ政権である。

米英などの軍事行動によってタリバン政権が崩壊した後，アフガニスタンでは反政府各派による臨時政府（暫定統治機構）が作られた。そのリーダーに選ばれたのがカルザイで，彼は2004年の選挙において正式に大統領に就任した。選択肢にある**マーリキーはイラクの政治家で，**2006年から2014年まで首相を務めた。要するに名前が違うという誤りの選択肢である。ちなみに，ISAFが2011年に撤退したという点も間違っている（撤退完了は2014年）。

4◎ パレスチナは2011年にUNESCOに加盟した。

正しい。2005年までにパレスチナ国家の正式な樹立を実現するとした2003年の「中東和平のロードマップ」は，関係国の合意と国連の支持を受けたものであったが，**実行されないまま今日に至っている。**そのため，パレスチナ自治政府は，国家としての存在感を高め，既成事実化を進めるために，国連をはじめ国際機関への加盟申請を続けている。

5× スーダン西部ではPKOが活動している。

ダルフール地方で2003年に勃発したのは，アラブ系の政府軍とアフリカ系住民との民族紛争である。これに対し，AU（アフリカ連合）とEU（欧州連合）が停戦監視団を送ったが効果がなく，国連安保理の決議でAUと共に**PKO（国際連合アフリカ連合ダルフール派遣団）を実施することとなった**（2019年6月現在活動中）。「フランス軍を中心とする国際部隊が介入して」の部分はまったくの誤りである。

No.3 の解説　アフリカ情勢　→問題はP.298　正答**2**

1✕ **OAUは憲章において領土保全を掲げていた。**

OAUは領土保全を憲章に明記し，第1回首脳会議で国境線尊重を約束した。そもそも現状の国境の変更を掲げたら，多くの国が周辺国との紛争を抱えてしまい，国際機構として成立しえないだろう。また，**アパルトヘイト（人種隔離）政策をとっていた南アフリカ共和国はOAUに加盟していない。**

2◎ **ポルトガルの各植民地は，**
ポルトガルの独裁政権が崩壊した1975年に独立宣言した。

正しい。**モザンビークだけでなく，アンゴラも1975年に独立を宣言した。**しかし，両国では内戦が勃発することとなり，独立国家としての体制が整うまでにはかなりの時間がかかった。ちなみに，内戦終結はモザンビークでは1992年，アンゴラでは2002年であった。

3✕ **西アフリカ諸国のいくつかは激しい内戦を経験した。**

選択肢にある4か国はすべて独立後に内戦を経験している。ナイジェリアでは1967～1970年に分離独立をめざす東部地域で**「ビアフラ戦争」**が起き，コートジボワールは2000年代に，シエラレオネは1991～2002年にかけて，リベリアも1989年から2003年の間に2度，それぞれ内戦を経験している。

なお，15か国が加盟する**西アフリカ諸国経済共同体（ECOWAS）**では，域内の経済統合の推進とともに防衛相互援助も実施している。

4✕ **TICADは日本政府が主導するアフリカの開発を支援する会議で，**
1993年に第1回が開催された。

TICADは，Tokyo International Conference on African Development の略で，**日本政府が主導する「アフリカ開発会議」である。**

なお，アフリカ諸国が市場経済政策に転換したのは1980年代である。IMFや世界銀行の構造調整政策を受け入れたためであった。

5✕ **「国連ソマリア活動」は，「平和への課題」に基づいて実施されたが，**
成果を上げられなかった。

1992年6月，国連のガリ事務総長は「平和への課題」と題する改革案を示し，12月にはそこに盛り込まれた「平和強制」を実現すべく「国連ソマリア活動」が実施された。アメリカ軍を中心とする多国籍軍が派遣されたが，ソマリアの武装勢力は国連に対して宣戦を布告し，事態は悪化した。

なお，**国連ミレニアム開発目標は2000年にまとめられ，**2015年を目標年限として実施された。

No.4 革命に関する次の記述のうち，妥当なのはどれか。

【国家総合職・平成22年度】

1　ポーランドでは19世紀初頭に，イギリス名誉革命やフランス革命に影響を受けて，身分制社会からの脱却と自由市民社会の設立をめざした独立自主労組「連帯」が結成され，L.ワレサの指導の下に革命が起き，王政が打倒され，共和政が成立した。

2　中国では20世紀初頭に孫文の指導の下，辛亥革命によって清朝が打倒され，共和政国家である中華民国が樹立されたが，第二次世界大戦後に中国共産党の毛沢東の指導の下，文化大革命によって，共産主義体制を採用した中華人民共和国が成立した。

3　エジプトでは1952年にナセルの指導の下，アラブ諸国の統一と政治的自由化を求める革命が起き，王政が打倒され共和政が成立した。その後ナセルはアラブ連合の設立をめざしたが，シリアなどの反対により設立には至らなかった。

4　チリでは1970年にS.アジェンデの指導の下，クーデタにより軍事政権を成立させるチリ革命が起こり，社会主義体制が採用されたが，1973年に軍政は終了し，アメリカ合衆国の支援を受けたA.ピノチェトが選挙により大統領となった。

5　イランでは1979年にホメイニの指導の下，イスラム原理主義に基づく体制変革を目標とするイラン・イスラム革命によって，それまで欧米型の近代化を急激に進めていたパフラヴィ（パーレビ）王朝が打倒され，イスラム法学者が指導する政治体制が樹立された。

***
No.5 2016年に行われた米国大統領選挙の仕組みに関するア～オの記述のうち，妥当なものはどれか。

【国家総合職・平成29年度】

ア：The U.S. Constitution requires that the President must be a natural-born citizen of the United States, at least 35 years old, have been a resident of the United States for 14 years, and have been a governor or senator.

イ：The election process begins with the primary elections and caucuses and moves to nominating conventions, during which political parties each select a nominee to unite behind. The nominee also announces a Vice Presidential running mate at this time.

ウ：At stake in each primary or caucus is a certain number of delegates, or individuals who represent their states at national party conventions. The candidate who receives at least two thirds of his or her party's delegates wins the nomination.

エ：General election campaigning begins after a single nominee is chosen from each political party, via primaries, caucuses, and national conventions. The general election occurs every four years on Election Day, held the first Tuesday in December.

オ：In the general election, voters vote for a group of people known as electors. They are part of the Electoral College[*], the system used to choose the winner. Each state has certain number of electors based on their population. There are a total of 538 electors. A candidate needs the vote of more than half (270) to win the Presidential election.

［注］ ＊ Electoral College：選挙人団

1 ア，イ
2 イ，エ
3 イ，オ
4 ウ，エ
5 ウ，オ

【国家総合職・平成29年度】

Mere words cannot give voice to such suffering, but we have a shared responsibility to look directly into the eye of history and ask what we must do differently to curb such suffering again. Someday the voices of the hibakusha will no longer be with us to bear witness. But the memory of the morning of August 6th, 1945 must never fade. That memory allows us to fight complacency. It fuels our moral imagination. It allows us to change.

And since that fateful day, we have made choices that give us hope. The United States and Japan forged not only an alliance, but a friendship that has won far more for our people than we could ever claim through war. The nations of Europe built a Union that replaced battlefields with bonds of commerce and democracy. Oppressed peoples and nations won liberation. An international community established institutions and treaties that worked to avoid war and aspire to restrict and roll back, and ultimately eliminate the existence of nuclear weapons.

Still, every act of aggression between nations; every act of terror and corruption and cruelty and oppression that we see around the world shows our work is never done. We may not be able to eliminate man's capacity to do evil, so nations — and the alliances that we've formed — must possess the means to defend ourselves. But among those nations like my own that hold nuclear stockpiles, we must have the courage to escape the logic of fear, and pursue a world without them.

We may not realize this goal in my lifetime. But persistent effort can roll back the possibility of catastrophe. We can chart a course that leads to the destruction of these stockpiles. We can stop the spread to new nations, and secure deadly materials from fanatics.

1 B.オバマ米国大統領は，欧州連合（EU）との初めての首脳会議のためにチェコ共和国を訪問したとき，核実験の凍結と一方的核軍縮の方針を明らかにした。これらの取組みに対しノーベル平和賞が授与された。

2 B.オバマ米国大統領は現職の米国大統領としては初めて広島を訪れ，被爆者団体との会合を行い，原爆死没者慰霊碑を訪れた。そこで原爆投下について謝罪

し，核兵器廃絶へ向けた努力の必要性を訴えた。

3 2016年に広島でG7外相会合が開かれ，参加したすべての外相が平和記念資料館を訪問し，原爆死没者慰霊碑で献花を行った。J.ケリー米国国務長官は式典後にメッセージを公表し，核兵器の先制使用を否定する方針を明らかにした。

4 2016年のG7伊勢志摩サミットでは数多くの成果文書が発表されたが，その中にはテロおよび暴力的過激主義対策に関する行動計画とともに，核兵器による抑止の意義を再確認しつつ，核兵器削減を世界に呼び掛ける共同声明が含まれていた。

5 2016年に広島を訪れたB.オバマ米国大統領は，世界で最も豊かで最も力を持つ国どうしの戦争により多大な惨禍が生み出されたと振り返り，原爆による10万人を超える死者を悼んだうえで，核保有国は恐怖の論理から勇気を持って逃れ，核兵器のない世界を追求すべきことを訴えた。

第6章

国際社会

次は，キューバとの国交回復が発表された直後の米国政治に関する記述である。A～Dに当てはまるものの組合せとして最も妥当なのはどれか。

【国家総合職・平成28年度】

The United States and Cuba resumed diplomatic relations on July 20, 2015 after an interruption of 54 years. The re-opening of embassies is the latest in a series of friendly steps that began when Barack Obama, America's president, and ▢ **A** ▢, Cuba's leader, announced last December that the two countries would move towards normalizing relations. Cuba freed 53 political prisoners in January. The United States loosened its ▢ **B** ▢ and made it easier for citizens to travel to the island. In May it dropped Cuba from its list of state sponsors of terrorism, which paved the way for Cuba to open American bank accounts.

Full normalization, though, is still a long way off. Only ▢ **C** ▢ can repeal the ▢ **B** ▢, which bars most exports, imports and investment across the Florida Strait. Although opposition to better relations has lessened among Cuban émigrés and their descendants, conservatives insist they reward a repressive regime. The ▢ **D** ▢ Party, which controls both houses of Congress, can keep the economic sanction on the statute books for the foreseeable future. Marco Rubio, a senator from Florida who is campaigning to be the party's presidential nominee, says he will try to block confirmation of an American ambassador. The United States' new embassy in Havana may have no envoy to lead it.

［注］resume 回復する　pave the way 道をひらく
　　　repeal 解除する　émigré 移民
　　　statute 制定法　envoy 公使，大使

	A	B	C	D
1	Fidel Castro	arms sales	Capitol Hill	Labor
2	Raúl Castro	trade embargo	Capitol Hill	Republican
3	Raúl Castro	arms sales	the White House	Democratic
4	Fidel Castro	trade embargo	the White House	Republican
5	Raúl Castro	trade embargo	Capitol Hill	Democratic

実戦問題 2 の解説

→問題はP.302 **正答5**

No.4 の解説 革命

　各国事情を理解するための前提となる近現代史を取り上げた問題である。

1 ✕ **ワレサが率いた「連帯」は共産主義政権下で民主化を推し進めた。**
　「連帯」は，**1980年代末に活躍したポーランドの民主化運動組織である。**当時のポーランドでは，ソ連の政治的影響下にあった統一労働者党（共産党）が政権を握っていた。「連帯」は王政を打破して共和政を実現させたわけではない。

2 ✕ **文化大革命は1966年から約10年間続いた思想闘争・政治闘争である。**
　中華人民共和国の成立は1949年である。中国共産党がいわゆる国共内戦に勝利した結果もたらされたものであった。一方，文化大革命は，内政の失敗によって失脚した毛沢東が，**自らの復権と絶対的権威の確立をかけて行った政治運動であった。**毛沢東はせっかく誕生した共産主義政権を資本主義に変質させようとする者がいると指摘して，中国全土で粛正運動を展開した。

3 ✕ **エジプトとシリアの国家連合である「アラブ連合」は1958年に設立された。**
　共和政に移行した後，エジプトのナセル大統領は「汎アラブ主義」を掲げ，アラブのリーダー役を務めようとした。その際，シリアがこの考え方に共鳴し，**両国の連合国家である「アラブ連合共和国」が設立された。**しかし，エジプト主導で政権運営がされたことからシリア側の不満が高まり，結果として1961年にシリアが離脱して「連合」は解体した。

4 ✕ **アジェンデ政権は大統領選挙によって成立した。**
　アジェンデ政権の誕生は，クーデタによるものではなく，民主的な選挙の結果であった。彼の社会主義的な政策はアメリカの反発を受け，**1973年にピノチェト将軍による軍事クーデタが起きた。**

5 ◎ **現在もイランは，イスラム共和制の国である。**
　正しい。イランは，イスラム共和制（イスラム教を統治原理の根幹に据えた立憲共和制）の国で，**ホメイニ師の唱えた「イスラム法学者による統治」が行われている。**具体的には，大統領の上に「最高指導者」がいて，イランの政治全般に大きな影響力を行使している。日本のメディアでは「イランの最高指導者ハメネイ師」などと表記される。なお，1979年の革命後，イランが原油の産出を減らしたため，そしてイラン・イラク戦争が勃発して中東情勢が緊迫化したため，**第2次石油危機が起きて先進国経済は混乱した。**

英文の要旨

ア アメリカ憲法は，大統領の要件として，アメリカ生まれであること，35歳以上であること，14年以上アメリカに住んでいたこと，そして州知事か上院議員であったことを挙げている。

イ 大統領選挙は，予備選挙や党員集会（caucus）に始まり，その後，各政党が大統領候補を選ぶ党大会に進む。党大会では指名された候補者が選挙を共に戦う副大統領候補も発表する。

ウ それぞれの予備選挙や党員集会で獲得すべきは，全国党大会に州を代表して参加する個人，すなわち代議員の数である。党全体の代議員の3分の2以上を得た候補者が党の指名を獲得する。

エ 一般投票に向けた選挙運動は，予備選挙・党員集会や党大会を経て，各党によって1人が大統領選挙候補者に指名された後に始まる。一般投票は，4年ごとの選挙日，すなわち12月の最初の火曜日に行われる。

オ 一般投票で有権者は選挙人と呼ばれる一群の人に投票する。彼らは当選者を選ぶための「選挙人団」の一部である。各州は人口に応じて一定数の選挙人を有する。全米では538名の選挙人がいる。大統領選挙に勝利するには，選挙人の過半数以上（270）の票が必要である。

ア× 大統領になった人の多くは州知事や上院議員を経験しているが，憲法がそれを求めているわけではない。事実，トランプ大統領は政治家としての経験がまったくないまま大統領に就任した。

イ○ 正しい。アメリカでは政党が大統領選挙に立てる候補者を決定するために予備選挙や党員集会が行われる。

ウ× 共和党と民主党では，最も多くの代議員を獲得した者が党の指名を受け，大統領候補になる。

エ× 一般投票は11月の最初の火曜日に行われる。

オ○ 正しい。アメリカ大統領選挙は名目的には今も間接選挙なので，当選には各州から選ばれた選挙人の過半数の票が必要とされる。

　したがって，**3**が正答である。

　2016年5月，アメリカのオバマ大統領は，現職大統領として初めて被爆地の広島を訪問した。アメリカ大統領政治の時事問題であるが，日本にとって重要な歴史的出来事でもあるので，出題は当然であろう。国家総合職の「国際事情」の問題である。

　演説内容の要旨は以下のとおりである（アメリカ大使館仮訳に基づく）。

単なる言葉では，このような苦しみを伝えることはできません。しかし私たちは歴史を真っ向から見据え，このような苦しみが2度と起きないようにするために，どのように行動を変えればいいのかを考える責任を共有しています。いつの日か，証人としてのヒバクシャの声を聞くことがかなわなくなる日が来ます。けれども1945年8月6日の朝の記憶が薄れることがあってはなりません。この記憶のおかげで，私たちは現状を変えなければならないという気持ちになり，私たちの倫理的想像力に火がつくのです。そして私たちは変わることができるのです。

あの運命の日以降，私たちは希望に向かう選択をしてきました。日米両国は同盟を結んだだけでなく友情も育み，戦争を通じて得るものよりはるかに大きなものを国民のために勝ち取りました。欧州諸国は，戦場の代わりに，通商と民主主義の絆を通した連合を築きました。抑圧された人々や国々は解放を勝ち取りました。国際社会は，戦争の回避や，核兵器の制限，縮小，最終的には廃絶につながる機関や条約をつくりました。

しかし，国家間のすべての侵略行為や，今日世界で目の当たりにするすべてのテロ，腐敗，残虐行為，抑圧は，私たちの仕事に終わりがないことを物語っています。人間が悪を行う能力をなくすことはできないかもしれません。ですから私たちがつくり上げる国家や同盟は，自らを防衛する手段を持つ必要があります。しかし私自身の国と同様，核を保有する国々は，恐怖の論理から逃れ，核兵器のない世界を追求する勇気を持たなければなりません。

私が生きている間に，この目標を実現することはできないかもしれません。しかし粘り強い努力によって，大惨事が起きる可能性を低くすることができます。保有する核の根絶につながる道を示すことができます。核の拡散を止め，大きな破壊力を持つ物質が狂信者の手に渡らないようにすることができます。

時事の知識がないと，誰がどこで行った演説かは簡単には判断できない。主語は「we」が多いが，3段落目と4段落目に「my」が出てくるので，個人の演説とわかる。つまり「共同声明」であるとする**4**は誤りになる。

残り4つの選択肢は，アメリカの大統領か国務長官の演説と書かれているが，どちらかはわからないので，内容上の誤りを探すことになる。正誤を判断するポイントは，**1**については「一方的核軍縮」，**2**については「原爆投下について謝罪」，**3**については「核兵器の先制使用を否定する方針」である。いずれも引用部分には出てこないし，アメリカ政府を代表する政治家が気軽にいえる話ではない。**1**と**3**は自国の防衛力を低下させることにもなりかねない。**2**は核兵器の使用を是認する米国内の世論の反発を招きかねない。したがって，**5**が正答となる。

なお，**5**の後半については問題文の3段落目に同様の表現がある。前半の「10万人」などの表現は引用部分にはないが，実際の演説では言及されている。「この演説に関する説明」なので，引用部分以外の点も類推して，これを正答とするしかない。

アメリカ外交あるいは北中米の地域情勢に関する時事問題。時事とはいえ，歴史的な出来事だったので出題は当然といえる。

A：「Raúl Castro」が入る。

フィデル・カストロは，1959年のキューバ革命の立役者で，キューバ共産党による一党独裁体制を確立し，自身は共産党委員長と国家元首である「国家評議会議長」を長く務めた。2016年11月に死去。すでに2008年に元首の地位は実弟のラウル・カストロに譲っていた。

Aが含まれる英文の要旨

大使館の再開は，バラク・オバマ米大統領とキューバの指導者Aが昨年12月に両国が関係正常化に向かうと発表してから始まった一連の友好措置の最新のものである。

B：「trade embargo（禁輸措置）」が入る。

両国は悪かった関係を改善したのである。それまで武器（arms）を売ってきたとは思えない。

Bが含まれる英文の要旨

アメリカはBを緩和し，また市民がその島（＝キューバ）に旅行する際の手続きを簡便化にした（＝渡航制限解除）。

C：「Capitol Hill（連邦議会）」が入る。

Cが含まれる英文の要旨

フロリダ海峡をまたぐ大半の輸出，輸入，投資を禁止するBを廃止できるのはCだけである。

D：「Republican（共和）」が入る。

Dが含まれる英文の要旨

両院をコントロールしているD党は，当面，法令集にこの経済制裁を載せ続けることができる。

以上から，正答は**2**である。

➡ Aは似たような人名の選択で，Bには「embargo」という見慣れない単語が出てくる。ならば，アメリカ政治についての基礎知識でわかるCとDから先に考えたほうがよい。Dに労働党が入らないのは明らかなので，民主党か共和党の選択になるが，英文の第2段落は，「しかしながら，完全正常化への道のりは長い」で始まる。国交回復をめざすオバマ大統領は民主党だったので，反対しているとすれば連邦議会の共和党だろうとわかる。これでCとDが確定し，この時点で正答が**2**に決まる。

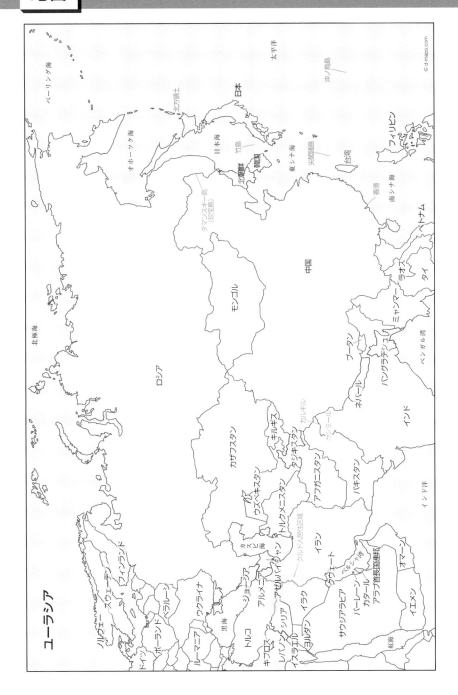

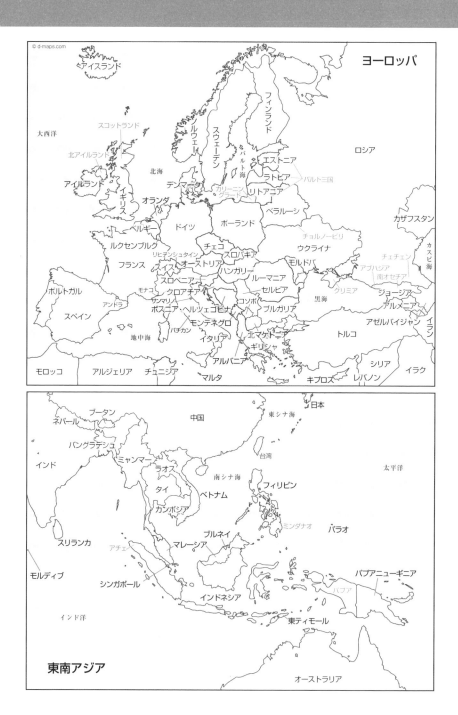

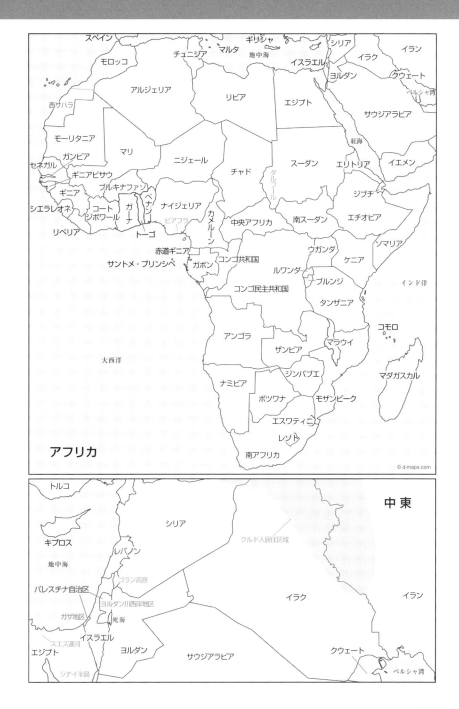

アフリカ

© d-maps.com

中　東

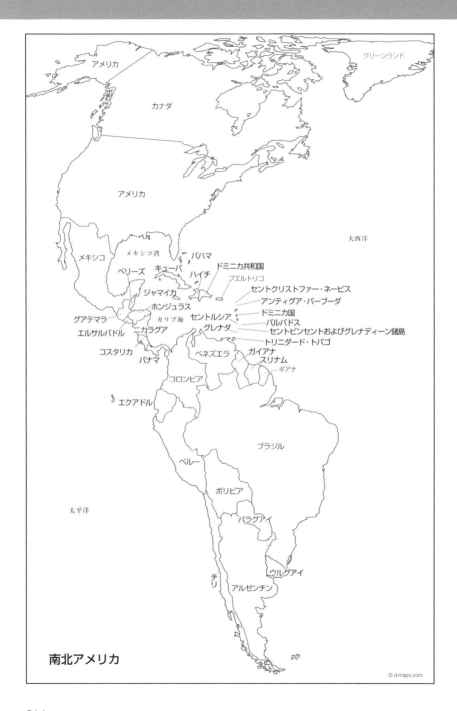

アメリカ

グリーンランド

カナダ

アメリカ

大西洋

メキシコ

メキシコ湾

バハマ

ベリーズ

キューバ

ドミニカ共和国

ハイチ

プエルトリコ

セントクリストファー・ネービス

ジャマイカ

アンティグア・バーブーダ

ホンジュラス

ドミニカ国

グアテマラ

カリブ海

セントルシア

バルバドス

エルサルバドル

セントビンセントおよびグレナディーン諸島

ニカラグア

グレナダ

トリニダード・トバゴ

コスタリカ

パナマ

ベネズエラ

ガイアナ

スリナム

コロンビア

ギアナ

エクアドル

ブラジル

ペルー

ボリビア

太平洋

パラグアイ

ウルグアイ

チリ

アルゼンチン

南北アメリカ

© d-maps.com

索引

索
引

●本書の内容に関するお問合せについて

『新スーパー過去問ゼミ』シリーズに関するお知らせ，また追補・訂正情報がある場合は，小社ブックスサイト（jitsumu.hondana.jp）に掲載します。サイト中の本書ページに正誤表・訂正表がない場合や訂正表に該当箇所が掲載されていない場合は，書名，発行年月日，お客様の名前・連絡先，該当箇所のページ番号と具体的な誤りの内容・理由等をご記入のうえ，郵便，FAX，メールにてお問合せください。

〒163-8671 東京都新宿区新宿1-1-12　実務教育出版　第二編集部問合せ窓口
FAX：03-5369-2237　　　E-mail：jitsumu_2hen@jitsumu.co.jp

【ご注意】
※電話でのお問合せは，一切受け付けておりません。
※内容の正誤以外のお問合せ（詳しい解説・受験指導のご要望等）には対応できません。

公務員試験
新スーパー過去問ゼミ7　国際関係

2023年9月30日　初版第1刷発行　　　　　　　　　　　　　　〈検印省略〉

編　者　資格試験研究会
発行者　小山隆之

発行所　株式会社 実務教育出版
　　　　〒163-8671 東京都新宿区新宿1-1-12
　　　　☎編集 03-3355-1812　　販売 03-3355-1951
　　　　振替 00160-0-78270

組　版　森の印刷屋
印　刷　壮光舎印刷
製　本　ブックアート